Refúgio verdadeiro

© **2012** por Tara Brach
Título original: *True Refuge: finding peace and freedom in your own awakened heart*

Direitos desta edição:
© **2021** Editora Lúcida Letra

Coordenação editorial: Vítor Barreto
Tradução: Aline Carvalho da Costa
Revisão: Joice Costa e Celina Karam
Projeto gráfico: Aline Haluch

1ª edição, 03/2021

DADOS INTERNACIONAIS DE CATALOGAÇÃO NA PUBLICAÇÃO (CIP)

B796r   Brach, Tara.

   Refúgio verdadeiro : encontrando paz e liberdade no seu próprio coração desperto / Tara Brach ; tradução de Aline Carvalho da Costa. – Teresópolis, RJ : Lúcida Letra, 2021.

   352 p. ; 23 cm.

   ISBN 978-65-86133-22-6

   1. Budismo - Psicologia. 2. Emoções - Aspectos religiosos - Budismo. I. Costa, Aline Carvalho da. II. Título.

CDU 294.3

ÍNDICE PARA CATÁLOGO SISTEMÁTICO:
1. BUDISMO : PSICOLOGIA   294.3

(BIBLIOTECÁRIA RESPONSÁVEL: SABRINA LEAL ARAUJO – CRB 8/10213)

Refúgio verdadeiro

Encontrando paz e liberdade
no seu próprio coração desperto

TARA BRACH. Phd.

Tradução de Aline Carvalho da Costa

LÚCIDA LETRA

Para Jonathan, cujo coração é um refúgio amoroso e seguro,
E cujo estado de espírito é uma das maiores alegrias desta vida.

Quisera poder mostrar-te,
quando você se sentir só ou na escuridão,
a surpreendente luz do seu próprio ser.

HAFIZ
(Traduzido para o português
a partir da versão em inglês
de Daniel Ladinsky.)

Sumário

PRÓLOGO:
AMANDO A VIDA NÃO IMPORTA O QUE ACONTEÇA   15

PARTE I
NOSSA BUSCA POR REFÚGIO
1. VENTOS DE REGRESSO À CASA   22
   - Nosso grito por socorro   24
   - Voltando para casa na presença amorosa   26
   - Aprendendo a confiar nas ondas   28
   - Presença natural: alerta, aberta e terna   30
   - Voltando à presença   32

2. DEIXANDO A CASA: O TRANSE DO PEQUENO EU   36
   - O projeto perfeição   37
   - O projeto perfeição desmorona   39
   - O eu do traje espacial é o pequeno eu   40
   - Acordando do transe   43
   - O transe e o despertar são ambos naturais   45

3. MEDITAÇÃO: O CAMINHO PARA A PRESENÇA   50
   - Treinando a sua mente   53
   - Fora da almofada: 61
   - Treino de meditação e vida cotidiana   61
   - Confiando no seu coração e na sua consciência   63
   - Meditação guiada: estar aqui   67

4. TRÊS PORTAIS PARA O REFÚGIO   70
   - O portal da verdade   72
   - O portal do amor   77
   - O portal da consciência   79
   - Comece onde você está   82

PARTE II
O portal da verdade — 85

5. RAIN: Cultivando a atenção plena em tempos difíceis — 86
- Reconheça o que está acontecendo — 87
- Aceite que a vida seja exatamente como é — 88
- Investigue com gentileza — 89
- Não se identifique: repouse na consciência natural — 90
- Aplicando RAIN à acusação — 91
- Diretrizes para praticar com RAIN — 95

6. Despertando para a vida do corpo — 106
- Nossa cadeia de reatividade — 108
- Tocando o chão — 110
- Entrando no corpo — 111
- E se parecer intenso demais? — 113
- Reconhecendo a vida não vivida — 118
- Ganhando vida por meio do corpo — 121
- Plantando-nos no universo — 122

7. Possuído pela mente: a prisão do pensamento compulsivo — 128
- "Perdido em pensamentos" — 129
- Pensamentos compulsivos são um falso refúgio — 130
- Sufocados pela obsessão — 131
- Tomado pela emoção — 134
- Trazendo RAIN para os pensamentos obsessivos — 138
- Real, mas não verdadeiro — 143

8. Investigando crenças centrais — 149
- Sofrimento: a chamada para investigar crenças — 150
- O portal do vício — 152
- Por que crenças centrais são tão poderosas? — 154
- Tomado pelas crenças de medo — 156
- Nossas crenças se tornam o nosso destino — 157
- — a não ser que nós as enxerguemos — 157
- No buraco negro — 159
- O poder da investigação — 162
- Vivendo além das crenças — 167
- Refúgio na verdade — 168

PARTE III
O portal do amor

9. REMÉDIO DO CORAÇÃO PARA O MEDO TRAUMÁTICO   174
    O legado do trauma   175
    Entendendo o trauma   179
    Tomando refúgio no amor   182
    A necessidade de novos recursos   186
    Cultivando um refúgio interno   187
    Graça feroz: nos tornando quem somos   194

10. AUTOCOMPAIXÃO: LARGANDO A SEGUNDA FLECHA   204
    Viciado na autoculpa   205
    "Não é culpa sua... de verdade"   208
    Soltando a segunda flecha   211
    Vendo além das nossas falhas   212
    Um coração de mãe   214
    Quando nós causamos dano   218
    O desejo de fazer reparações   220

11. A CORAGEM DE PERDOAR   226
    Que lobo você vai alimentar?   227
    Perdão compreensivo   229
    RAIN com a raiva   231
    Círculos de compaixão que se ampliam   235
    Como um buda responderia?   238
    Perdão não é passividade   242
    Um coração destruído   244
    A liberdade de um coração que perdoa   246

12. DANDO AS MÃOS: VIVENDO A COMPAIXÃO   251
    Criando separação: eu e o outro   253
    Vendo além da máscara   255
    O "outro" é parte de nós   256
    A compaixão pode ser cultivada   258
    Inspirando: "ouvido do coração"   260
    Falando e ouvindo verdades difíceis   263
    Expirando: oferecendo nosso carinho   266
    Oferecendo bênçãos   270

13. Perdendo o que amamos: a dor da separação — 279
- A comunidade da perda — 280
- Defendendo-nos contra a perda — 281
- A armadura da culpa — 282
- A segunda flecha: autoculpa — 285
- A luta para sermos bons — 286
- Face a face com o controlador — 289
- Aprofundando o render-se — 290
- Perdas sem luto — 292
- "Por favor, me ame" — 295
- Vendo além dos véus — 298
- Postura para a sua oração: — 300
- Chegando: — 300
- Ouvindo: — 301
- Expressando a sua oração: — 301
- Incorporando a oração: — 302
- Ao longo do dia: — 303

PARTE IV
O portal da consciência — 305
14. Refúgio na consciência — 306
- Através da válvula redutora — 308
- Confiando em quem somos — 310
- Lembrando de parar — 313
- Aprendendo a soltar: — 315
- treinando a consciência aberta — 315
- Explorando o espaço interno — 317
- O passo para trás — 318
- As três qualidades da consciência desperta — 319
- Tornando-se uma criança maravilhada — 321

15. Um coração que está pronto para tudo — 329
- Permissão para amar a vida — 330
- Feliz sem motivo — 332
- A dança do vazio — 334
- Um coração que está pronto para qualquer coisa — 337

- Recursos adicionais — 345
- Índice — 347
- Agradecimentos — 349
- Sobre a autora — 351

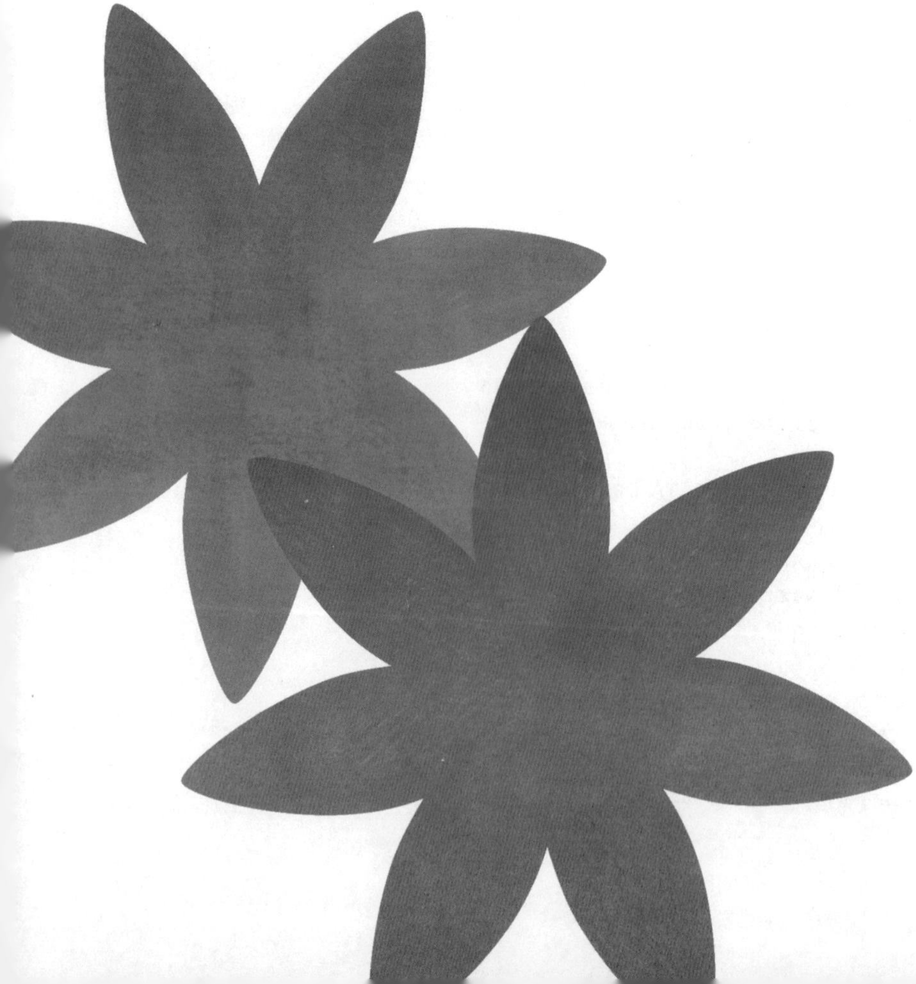

Prólogo:
Amando a vida
não importa o que aconteça

Minhas primeiras lembranças de ser feliz são de brincar no oceano. Quando nossa família começou a ir a Cape Cod no verão, os pinheiros, as dunas altas e a ampla faixa de areia branca me faziam sentir no meu verdadeiro lar. Passávamos horas na praia, mergulhando e pegando onda, dando cambalhotas debaixo d'água. Um verão após o outro, a nossa casa se enchia de amigos e familiares — e, mais tarde, de cônjuges e novas crianças. Era um paraíso compartilhado. O cheiro do ar, o céu aberto e o mar sempre convidativo davam lugar a tudo na minha vida — incluindo qualquer dificuldade que carregasse no meu coração.

Então veio a manhã não tão distante quando dois carros cheios de amigos e familiares saíram para a praia sem mim. Da garota que precisava ser arrastada para fora da água na hora das refeições, eu me transformara em uma mulher que já não podia andar na areia ou nadar no oceano. Depois de duas décadas de um declínio misterioso na minha saúde, eu finalmente tivera um diagnóstico: eu tinha uma doença genética sem cura, e o tratamento básico se resumia a analgésicos. Sentada no deque da nossa casa de veraneio e olhava os carros saindo da garagem, eu me sentia destroçada pela dor e pela solidão. Entre minhas lágrimas, estava ciente de um único desejo: "Por favor, por favor, que eu possa encontrar uma maneira de ter paz, *que eu possa amar a vida não importa o que aconteça.*"

Este livro nasceu da minha própria busca por um lugar de paz, conexão e liberdade interior, mesmo diante dos maiores desafios da vida. Eu o chamo de "refúgio verdadeiro", porque não depende de nada fora de nós mesmos — uma determinada situação, uma pessoa, uma cura, mesmo um estado de espírito ou emoção em particular. O anseio por tal refúgio é universal. É o que está por trás de todos os nossos desejos e medos. Queremos saber que podemos lidar com o que está por vir. Queremos confiar em nós mesmos, confiar na vida. Queremos viver a plenitude de quem nós somos.

Minha busca por refúgio me levou a aprofundar os ensinamentos espirituais e práticas meditativas budistas que eram tão centrais na minha vida. Sou psicóloga clínica e venho ensinando meditação por mais de 30 anos. Sou também a fundadora e professora sênior do *Insight Meditation Center* de Washington, D.C. Meu trabalho comigo mesma e com outras pessoas deu origem ao meu primeiro livro, *Radical Acceptance* (Aceitação Radical, sem tradução para o português), e comecei também a treinar psicólogos e leigos sobre como trazer a meditação para a cura emocional. Na época do meu diagnóstico, quando a insegurança desta existência sacudiu o meu mundo interior, os ensinamentos que sempre me guiaram se tornaram mais concretos e vivos.

Na tradição budista que ensino, a palavra páli "dukkha" é usada para descrever a dor emocional que atravessa nossas vidas. Embora seja frequentemente traduzida como "sofrimento", dukkha engloba todas as nossas experiências de estresse, insatisfação, ansiedade, tristeza, frustração e inquietação básica de viver. A palavra dukkha originalmente se referia a um carrinho com a roda danificada. Quando estamos sofrendo, estamos desequilibrados, sacudindo desconfortavelmente pela estrada da vida. Sentimo-nos quebrados ou "de fora", desconectados de um senso de pertencimento. Às vezes, isso aparece como uma inquietação leve ou descontentamento; outras vezes como a dor aguda do sofrimento ou as garras do medo. Mas se ouvirmos profundamente, vamos encontrar abaixo da superfície de tudo o que nos incomoda uma sensação oculta de que estamos sozinhos e inseguros, de que algo está errado com a nossa vida.

Em *Radical Acceptance*, escrevi sobre o sentimento profundo e penetrante de vergonha, a dor de acreditar que "alguma coisa está errada *comigo*". Agora me refiro a dukkha em um sentido mais amplo. Desde que aquele livro foi publicado, tive contato com grandes perdas — a morte do meu pai, o declínio físico e mental de pessoas queridas e os desafios da minha própria doença crônica. Muitos dos meus alunos também tiveram suas vidas viradas de pernas para o ar. Alguns perderam o emprego; eles se preocupam em ter o suficiente para viver e por desejarem muito ter empregos significativos. Outros estão distantes dos amigos e da família e sentem falta de conexões próximas. Muitos lutam contra o envelhecimento, as doenças e a inevitabilidade da morte. Para eles, esse "alguma coisa está errada comigo" está misturado com a dor de lutar contra a própria vida.

O Buda ensinou que essa experiência de insegurança, isolamento e "incorreção" básica é inevitável. Nós humanos, disse ele, somos condicionados a nos sentir separados e em desacordo com a nossa vida inconstante e fora de controle. E desse sentimento central se desdobra todo o conjunto das nossas emoções perturbadoras — medo, raiva, vergonha, tristeza, ciúme —, todas as nossas histórias limitantes e os comportamentos reativos que aprofundam a nossa dor.

Mas o Buda também fez uma promessa radical que o Budismo compartilha com muitas tradições de sabedoria: podemos encontrar refúgio verdadeiro dentro dos nossos próprios corações e mentes — aqui mesmo, neste exato instante, no meio das nossas vidas momento a momento. Encontramos refúgio verdadeiro sempre que reconhecemos o espaço silencioso de consciência por trás de todo o nosso trabalho e esforço. Nós encontramos refúgio sempre que nossos corações se abrem com ternura e amor. Encontramos refúgio sempre que nos conectamos com a claridade e a inteligência inatas da nossa natureza verdadeira.

Em *Refúgio Verdadeiro*, uso a palavra "presença" para tentar capturar o imediatismo e a vivacidade dessa consciência intrínseca. A presença é difícil de descrever porque ela é uma experiência concreta, não um conceito. Eu, quando sinto o despertar interior silencioso que está aqui, volto para casa com um sentimento de plenitude. Estou em casa no meu corpo e no meu coração, em casa na

Terra com todos os seres. A presença cria um santuário sem fronteiras onde há espaço para tudo na minha vida — mesmo a doença que me impede de surfar as ondas.

Este livro está cheio de histórias de pessoas descobrindo a presença no meio da crise e da confusão. Ele também explora alguns dos maiores desafios que eu mesma tive que enfrentar ao longo das décadas passadas. Espero que algumas dessas histórias se conectem ao coração da situação em que você se encontra. Por meio delas, vamos explorar as forças que nos afastam da presença e o porquê de nós tão frequentemente buscarmos falsos refúgios. Sugiro também muitas práticas diferentes — algumas antigas, outras novas, algumas especificamente apoiadas pela neurociência — que me abriram, assim como a muitas outras pessoas, de forma confiável à presença. Essas práticas incluem uma das meditações de consciência plena mais práticas e aplicáveis no dia-a-dia com as quais trabalhei nos últimos anos. Chamada RAIN (um acrônimo para os quatro passos do processo), ela nos ajuda a lidar com muitas emoções difíceis no momento em que acontecem e pode ser personalizada para quase qualquer situação.

Refúgio Verdadeiro é organizado em torno de três portais de refúgio fundamentais que são encontrados em toda corrente do budismo, assim como em muitas outras tradições: verdade (do momento presente), amor e consciência. Como você vai ver, cada um desses portais se abre diretamente para a cura e a liberdade espiritual. Eles são as chaves para superar dificuldades muito comuns, tais como pensamentos obsessivos, crenças limitantes e medo traumático, e para entrar em contato com a autocompaixão e a intimidade nos relacionamentos. Também são a chave para encontrar a paz e a felicidade, para nos sentirmos em casa nas nossas próprias vidas.

Aquele dia em Cape Cod eu não sabia se poderia ser feliz com um futuro de dor e limitação física. Enquanto eu chorava, Cheylah, um dos nossos poodles, se sentou ao meu lado e começou a me cutucar com preocupação. A presença dela foi reconfortante, me reconectou ao aqui e agora. Depois de acariciá-la por um tempo, nos levantamos para uma caminhada. Ela tomou a liderança à medida que andávamos por um caminho tranquilo com vista para a baía. Logo após a tristeza, fiquei silenciosa e aberta. Meu coração abraçava tudo — a dor nos meus joelhos, a expansão de água espumante, Cheylah, meu futuro desconhecido, os sons das gaivotas. Nada estava faltando, nada estava errado. Esses momentos de refúgio verdadeiro prenunciaram um dos grandes presentes do caminho budista — que nós podemos ser "felizes sem motivo". Podemos amar a vida exatamente como ela é.

Se você se sentiu atraído por este livro, você já está despertando em um caminho de refúgio verdadeiro. Talvez você já tenha estado em guerra consigo mesmo e queira uma relação mais gentil. Você pode estar lutando com um vício e querer livrar a sua vida da compulsão e da vergonha. Você pode estar encarando uma perda — de um trabalho, de alguém que você ama, da sua saúde física e mental — e se perguntando se o seu coração um dia estará inteiro outra vez. Você pode estar entristecido com a enormidade do sofrimento no nosso mundo e procurando um caminho para ser parte da cura. Não importa o quanto a situação seja desafiadora, sempre existe um caminho para se refugiar numa presença que liberta e cura.

Escrever este livro foi uma jornada de descobertas à medida que eu aprendia todos os dias com a minha própria experiência e com a das pessoas a minha volta. Minha prece é para que tais ensinamentos e práticas lhe ofereçam companhia e confiança, conforme vamos percorrendo, juntos, o caminho espiritual.

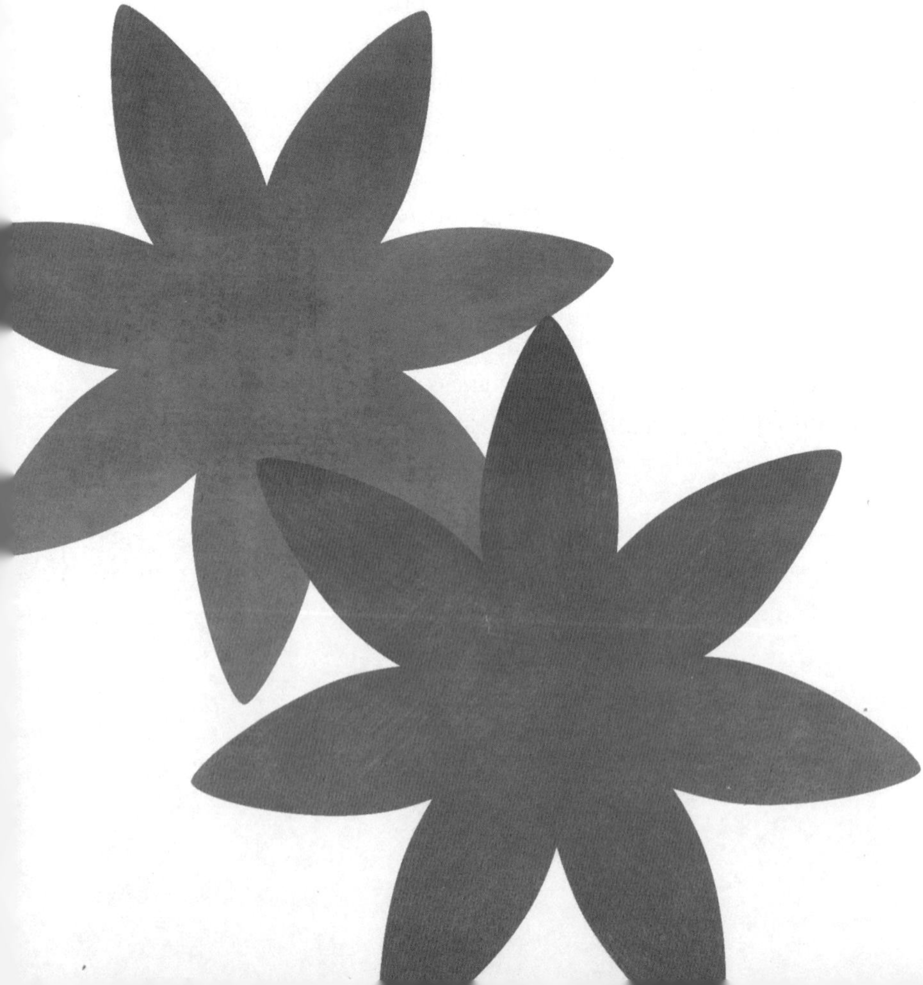

PARTE I

Nossa busca por refúgio

1. Ventos de regresso à casa

*Ah, não ser separado,
nem através da menor partição
excluído da lei das estrelas.
O interior — o que é isso?
se não o céu intensificado,
atravessado por pássaros e profundo
com os ventos de regresso à casa.*

RAINER MARIA HILKE

No fim de um dia inteiro de um workshop de meditação, Pam, uma mulher entre 65 e 70 anos, me chamou em um canto. Ela e seu marido, Jerry, estavam no fim de uma provação que tivera início três anos antes. Agora, próximo à morte devido a um linfoma, Jerry tinha pedido a Pam para ser sua cuidadora principal, a pessoa que iria guiá-lo e apoiá-lo na sua passagem. "Tara", ela implorou, "eu realmente preciso de ajuda."

Pam estava desesperada para fazer o que pudesse pelo marido. "Eu queria tanto salvá-lo", ela me disse. "Pesquisei sobre medicina ayurvédica, acupuntura, ervas chinesas, todos os tratamentos alternativos que pude encontrar, rastreei todos os resultados de testes... Nós derrotaríamos essa coisa." Ela se sentou cansada na cadeira, ombros caídos. "E agora eu tenho mantido contato com todos, dando atualizações... coordenando cuidados em um hospice. Se ele não está cochilando, tento mantê-lo confortável, leio para ele..."

Respondi gentilmente, "Parece que você vem tentando muito cuidar bem do Jerry... e tem estado *muito ocupada*." Com essas palavras, ela deu um sorriso de reconhecimento. "Humm, ocupada. Parece loucura, não é?". Ela fez uma pausa. "Desde que lembro, eu sempre tenho estado realmente ocupada... Mas agora... bem, eu simplesmente não consigo me sentar e deixá-lo partir sem lutar."

Pam ficou em silêncio por alguns momentos e, então, me olhou ansiosamente. "Ele pode morrer qualquer dia agora, Tara... Não existe alguma prática ou ritual budista que eu possa aprender? Tem alguma coisa que eu deveria estar lendo? Talvez o *Livro Tibetano dos Mortos*? Como eu posso ajudá-lo com isso... como posso ajudá-lo a morrer?".

Antes de responder, pedi a ela para ouvir internamente e me contar o que ela estava sentindo. "Eu o amo tanto e estou aterrorizada de falhar com ele." Ela começou a chorar. Depois de um tempo, ela falou novamente. "Toda a minha vida eu tive medo de não ser capaz, eu acho que sempre me esforcei demais tentando fazer um bom trabalho. Agora estou com medo de falhar naquilo que mais importa. Ele vai morrer e eu vou me sentir *realmente* sozinha, porque falhei com ele."

"Pam", eu disse, "você já fez tanto... mas o tempo para toda essa atividade passou. Neste ponto, você não precisa fazer nada acontecer, você não precisa *fazer* nada." Esperei um momento e então completei, "Só esteja com ele. Deixe-o saber do seu amor através da plenitude da sua presença."

Naquele momento difícil invoquei um ensinamento simples que é central para o meu trabalho com meus alunos de meditação e clientes de terapia: é pela percepção da presença amorosa como a nossa essência, é ao *sermos* essa presença que nós descobrimos a verdadeira liberdade. Diante de uma perda inevitável, essa presença atemporal traz a cura e a paz aos nossos corações e aos corações das outras pessoas.

Pam acenou com a cabeça. Ela e Jerry eram católicos, ela me disse, e as práticas de atenção plena que eles aprenderam nas minhas aulas semanais os ajudaram a experimentarem sua fé mais profundamente. Mas a Pam agora estava sobrecarregada com a piora dramática do Jerry. "Eu sei que os auxiliares do hospice estão fazendo o que podem para ajudar, mas eu sinto como se isso não devesse estar acontecendo — tanta exaustão, tanta dor. Ninguém deveria ter que passar por algo assim; é simplesmente errado." Para a Pam, assim como para tantas pessoas, a doença parecia injusta, um inimigo contra o qual devemos resistir. Ela estava cara-a-cara com "dukkha", o sofrimento em vida.

"Naqueles momentos mais difíceis", sugeri, "você deve parar e reconhecer o que você está sentindo — medo, raiva ou tristeza— e, então, internamente sussurrar a frase 'eu consinto'". Eu havia ouvido essa frase recentemente proferida pelo Padre Thomas Keating, e pensei que, como católica, a Pam poderia achá-la particularmente valiosa. Dizer "eu consinto", ou como eu ensino mais frequentemente, "sim", relaxa nossa armadura contra o momento presente e nos permite encarar os desafios da vida com um coração mais aberto.

Pam acenava com a cabeça, mas tinha um olhar concentrado, preocupado. "Eu quero fazer isso, Tara, mas quando estou mais perturbada, a minha mente dispara. Eu começo a falar comigo mesma... eu falo com ele... como eu vou *me lembrar* de parar?" Era uma boa pergunta, que me fazem com frequência. "É provável que você esqueça, pelo menos algumas vezes", respondi, "e isso é totalmente natural. Tudo o que você pode fazer é ter a intenção de parar, a intenção de sentir o que está acontecendo e 'deixar acontecer'". O rosto da Pam se suavizou com entendimento. "Isso eu posso fazer. Posso ter a intenção, com todo o meu coração, de estar lá quando o Jerry precisar."

Nosso grito por socorro

"Todas as religiões e tradições espirituais começam com o grito 'Socorro!'", escreveu o psicólogo e filósofo americano William James. Nas minhas sessões de aconselhamento e encontros com meus alunos de meditação, os gritos de socorro que ouço vêm de várias formas". "Como eu lido com esse medo que me domina?" "Com essa sensação de fracasso, de inutilidade?" "Com essa angústia da perda?".

Como a Pam estava descobrindo, não importa o quanto a gente tente controlar a vida, temos que lidar com a dura realidade da mudança, da perda e da mortalidade. A insegurança é inerente a esse mundo impermanente. E então nós rezamos por refúgio: "Socorro! Eu quero me sentir protegido e seguro... amado e em paz. Quero pertencer a algo maior que eu mesmo. Quero me sentir confortável na minha vida."

No entanto, se olharmos com honestidade para as nossas vidas, fica claro que nós em geral não respondemos com sabedoria a nossa própria prece profunda. Em vez de buscar o refúgio verdadeiro, nos voltamos para o que chamo de *falsos refúgios*. São falsos porque, embora possam trazer uma sensação temporária de conforto e segurança, geram mais sofrimento em longo prazo. Nós podemos, como a Pam, ter medo do fracasso e nos refugiarmos em permanecer ocupados, em nos esforçarmos para nos sairmos bem, ou em cuidarmos dos outros. Ou podemos não nos sentirmos merecedores de ser amados e nos refugiarmos em buscar fortuna ou sucesso. Talvez tenhamos medo de críticas e nos refugiemos em evitar riscos e sempre agradar aos outros. Ou nos sentimos ansiosos ou vazios e nos refugiamos no álcool, em comer demais ou em usar a internet. No lugar de consentirmos e nos abrirmos ao que realmente estamos sentindo, nos voltarmos para falsos refúgios é uma forma de evitar a dor emocional. Mas isso só nos afasta ainda mais do conforto real, de nos sentirmos em casa.

Enquanto perseguirmos falsos refúgios, o sofrimento vai nos perseguir. Quantos de nós temos um sono agitado, acordando no meio da noite cheios de ansiedade ou pavor? Ou lutamos para chegar ao fim do dia, tensos ou inquietos demais para saborear o que está acontecendo naquele exato momento? Em vez de nos trazer satisfação ou banir o nosso medo, nossos falsos refúgios alimentam uma autodúvida fundamental. Pam tinha se dedicado de todo coração aos cuidados com o Jerry. Apesar disso, nada do que ela fazia parecia suficiente. Seus esforços ansiosos para "fazer tudo certo" reforçavam seu senso de inadequação, de não se sentir à vontade com quem ela era e o que podia oferecer ao Jerry.

Com frequência, é só quando somos sacudidos pela crise —

uma traição amorosa, a morte de alguém que amamos, nossa morte iminente — que enxergamos claramente: nossos falsos refúgios não funcionam. Eles não podem nos salvar do que mais tememos, a dor da perda e da separação. Uma crise tem a força de estilhaçar nossas ilusões, de revelar que neste mundo impermanente realmente não há nada a que possamos nos agarrar. Nesses momentos, quando nossas vidas estão sendo destroçadas, o pedido por socorro pode se tornar completamente consciente. Esse pedido é o desejo do coração de um refúgio que seja amplo o bastante para abraçar nossa experiência mais profunda de sofrimento.

Voltando para casa na presença amorosa

Um mês depois da minha conversa com a Pam, ela me ligou para avisar que o Jerry tinha morrido. Então, ela me contou o que aconteceu na noite após a nossa conversa. Quando chegou de volta ao apartamento deles, ela convidou o Jerry para se juntar a ela numa prece silenciosa. "Quando terminamos," contou ela, "nós compartilhamos nossas preces. Eu lhe disse o quanto eu queria que ele sentisse o meu amor." Pam ficou quieta por um momento e, em seguida, sua voz embargou. "Ele havia rezado com a mesma intenção... que eu pudesse sentir o amor dele. Nós apenas nos abraçamos e choramos."

Mesmo naquelas semanas finais, Pam reconheceu, ela tinha lutado contra o impulso de ficar ocupada, encontrar meios de se sentir útil. Uma tarde, Jerry começou a falar sobre ter somente um curto tempo sobrando, e sobre não estar com medo da morte. Ela se abaixou, deu um beijo nele e falou rapidamente, "Oh, querido, hoje foi um dia bom, você parece ter tido mais energia. Me deixe fazer um chá de ervas para você." Ele ficou em silêncio, e o silêncio a sacudiu. "Ficou tão claro para mim naqueles momentos que outra coisa que não fosse ouvir o que realmente estava acontecendo — qualquer coisa além de estar completamente presente — na realidade nos separava. Eu não queria que admitíssemos o que estava acontecendo em alto e bom som; isso só tornava tudo real. Então, eu evitava a realidade sugerindo uma xícara de chá. Mas minha tentativa de me afastar da verdade me levava para longe dele, e isso era desolador."

Enquanto a Pam fervia água para o chá, ela rezou, pedindo que seu coração estivesse completamente presente com o Jerry. Essa prece a guiou nos dias que se seguiram. "Naquelas últimas poucas semanas, continuamente, tive que soltar as minhas ideias de como o seu processo de morte deveria ser e o que mais eu deveria estar fazendo, e só me lembrar de dizer 'eu consinto'. A princípio eu repetia mecanicamente as palavras, mas após alguns dias eu senti como se meu coração realmente começasse a consentir." Ela descreveu como parava quando era invadida por sentimentos fortes e checava internamente para ver o que estava acontecendo. Quando sua barriga ficava tensa com as garras do medo e sentimentos de desamparo, ela permanecia com aqueles sentimentos, consentindo a profundidade da sua vulnerabilidade. Quando o impulso inquieto para "fazer alguma coisa" surgia, ela o observava e ficava quieta, deixando-o surgir e passar. Quando as enormes ondas de tristeza passavam, ela dizia novamente, "eu consinto", se abrindo para o enorme peso doloroso da perda.

Essa presença íntima com a sua experiência interna permitiu à Pam ajudar o Jerry. Como ela disse, "Quando tudo em mim estava verdadeiramente consentindo o medo e a dor, eu sabia como cuidar dele. Eu pressentia quando sussurrar palavras de encorajamento ou apenas ouvir, formas de acalmá-lo com um toque... como cantar para ele, estar quieta com ele. Como *estar* com ele."

Antes de encerrar a ligação, Pam dividiu comigo o que ela considerava ser o presente dos seus últimos dias com Jerry, a resposta às suas preces: "No silêncio, eu pude enxergar além de uma percepção de 'ele' e 'eu'. Ficou claro que havia um campo de amor — abertura total, calor, luz. Ele se foi, mas aquele campo de amor está sempre comigo. Meu coração sabe que eu cheguei em casa... realmente cheguei em casa no amor."

Aprendendo a confiar nas ondas

A disposição da Pam de estar presente com o seu mundo interno, não importa o quanto fosse doloroso, tornou possível a sua conexão com a vastidão do amor. Sua capacidade crescente para a presença, para permanecer com a verdade da sua experiência momento a momento, a tornou capaz de encontrar o caminho de casa mesmo no meio de uma enorme perda. A presença é a essência do refúgio verdadeiro.

Um tipo diferente de perda me atraiu para o meu primeiro retiro budista de atenção plena. Na época, eu estava à beira do divórcio e meu filho, Narayan, tinha apenas 4 anos. Eu já tinha me beneficiado da meditação budista e esperava que um período de prática intensiva pudesse me ajudar a driblar a ansiedade e o estresse. Após deixar Narayan com os meus pais em New Jersey, dirigi em uma tempestade de neve até o centro do retiro em Massachusetts. Durante a viagem lenta e gelada, tive muito tempo para refletir sobre o que mais importava para mim. Eu não queria uma separação que enterrasse o amor que eu ainda dividia com o meu marido; não queria que nos tornássemos estranhos indiferentes e até mesmo hostis. E eu não queria uma separação que privasse Narayan de se sentir seguro e amado. Minha prece profunda era para que, apesar de tudo o que estava acontecendo, eu pudesse encontrar uma forma de permanecer conectada com o meu coração.

Nos cinco dias que se seguiram, ao longo de horas de meditação silenciosa, tive vários ciclos de períodos de clareza e atenção, seguidos de períodos em que eu era inundada pela sonolência, atormentada pelo desconforto físico, ou em que ficava perdida numa mente distraída. Em um início de noite, fui invadida por pensamentos sobre os próximos meses: eu e meu marido deveríamos contratar advogados ou um mediador para lidar com o processo de divórcio? Quando deveríamos nos mudar para casas separadas? E, o mais importante, como eu poderia apoiar nosso filho durante essa transição? À medida que cada pensamento doloroso surgia, eu queria muito me aprofundar e resolver tudo na minha mente. No entanto, alguma coisa em mim sabia que eu precisava permanecer com as sensações desagradáveis no meu corpo. Um verso de Ryokan, um poeta zen do século XVIII, me veio à mente: *"Para encontrar a lei budista, ande à deriva para o leste e o oeste, venha e vá, entregando-se às ondas".*

A "lei budista" se refere à verdade de como as coisas realmente são. Nós não podemos entender a natureza da realidade até que desistamos de controlar a nossa experiência. Não tem como vermos claramente o que está acontecendo se em algum nível estamos tentando ignorar ou contornar a tempestade. Durante os últimos dias do retiro, tentei me desapegar cada vez mais, mas me sentia repetidamente frustrada pela minha velha conhecida estratégia para me sentir melhor — resolver as coisas. Nesse momento o verso de Ryokan era pleno de possibilidade: talvez eu devesse me entregar às ondas. Talvez o único caminho para a paz verdadeira fosse me abrir à vida exatamente como ela é. Se não, por trás dos meus esforços para gerenciar as coisas, eu sempre sentiria uma ameaça à espreita, alguma coisa logo ali na esquina que iria causar problema.

Tentei me abrir para as ondas de sentimento, mas meus velhos hábitos não desistiriam facilmente. Eu entrava em contato com um aperto no meu peito, mas voltava imediatamente a me preocupar com a nova pré-escola do meu filho, com dividir carona, com como achar uma babá com horários mais flexíveis. Então eu ficava hipercrítica, me julgando duramente por "desperdiçar" o meu tempo no retiro. Gradualmente reconheci que o meu coração estava contraído, com medo de deixar a intensidade da vida tomar conta de mim. Eu precisava de ajuda para "confiar".

Os professores conduziram o grupo todo em uma meditação de bondade amorosa todas as tardes, e eu decidi tentar juntar essa prática à minha prática de meditação sentada. A forma clássica da meditação consiste em enviar preces amorosas para nós mesmos e para círculos crescentes de outros seres. Comecei oferecendo bons desejos para mim mesma: "Que eu possa estar feliz e relaxada; que eu possa estar feliz e relaxada". A princípio, repetir as palavras parecia um exercício mental superficial, mas logo algo mudou. Meu coração falava sério: eu me importava com a minha própria vida, e ficar consciente desse cuidado suavizou um pouco o aperto no meu coração.

Agora eu conseguia me entregar com maior facilidade às ondas de medo e tristeza e simplesmente notar os pensamentos e sensações físicas flutuantes — aperto e dor — que iam e vinham. Sempre que as preocupações que me prendiam apareciam, eu sentia que elas também eram ondas, ondas persistentes que pressionavam desconfortavelmente o meu peito. Sem resistir, deixando as ondas tomarem conta de mim, comecei a relaxar. Em vez de lutar contra os picos de tempestade, repousei em um oceano de consciência que abraçava todas as ondas em movimento. Eu alcançara um santuário que parecia ser grande o suficiente para conter o que estava acontecendo na minha vida.

Presença natural: alerta, aberta e terna

A presença não é um estado exótico que nós precisamos procurar ou fabricar. Em termos bem simples, *ela é a sensação de alerta, abertura e ternura que surge quando estamos completamente presentes na nossa experiência*. Você com certeza experimentou a presença, mesmo sem tê-la chamado assim. Talvez você a tenha sentido deitado na cama e ouvindo grilos numa noite quente de verão. Você pode ter sentido a presença enquanto andava sozinho num bosque. Você pode ter entrado completamente em contato com a presença enquanto testemunhava alguém morrendo ou nascendo.

A presença é a consciência intrínseca à nossa natureza. Ela é imediata e concreta, sendo percebida por meio de nossos sentidos. Se você olhar com atenção para qualquer experiência de presença, você vai encontrar as três qualidades que eu mencionei acima.

Estar *alerta* tem a ver com a consciência básica que está ciente do que está acontecendo, a inteligência que reconhece o fluxo inconstante da experiência momento a momento — os sons que estão à nossa volta, as sensações no nosso corpo, os nossos pensamentos. É a qualidade "sabedora" da consciência.

Nossa *abertura* é o espaço da consciência no qual a vida acontece. Tal consciência não se opõe à nossa experiência, nem a avalia de forma alguma. Mesmo quando nossos sentimentos e pensamentos estão dolorosamente agitados, ela apenas reconhece o que está acontecendo e permite que nossa vida emocional seja o que é. Assim como ocorre com o céu quando os sistemas meteorológicos vêm e vão, o espaço amplo da consciência não é maculado pelas expressões variáveis da vida que passam por nós. E ainda assim a consciência tem uma sensibilidade natural e a capacidade de expressar afeto. Essa receptividade é o que chamo de *ternura*. Nossa ternura nos permite responder com compaixão, amor e respeito ao que quer que surja, em toda a sua beleza e tristeza.

Podemos nos referir a elas como as três qualidades da presença, mas na verdade elas são inseparáveis. Pense em um céu ensolarado. Não há como separar a luz do céu do espaço que ela ilumina; não tem como separar o calor que sentimos do espaço e da luz ao nosso redor. Luz, espaço e calor são expressões inseparáveis de um todo.

Nosso desejo de viver plenamente — a partir da nossa essência — nos chama para casa nessa presença natural. Nossa compreensão da verdade surge da lucidez da presença. O amor flui da receptividade da presença. Vivacidade e criatividade florescem quando habitamos a abertura da presença. Tudo o que estimamos já está aqui, originado na presença. Cada vez que gritamos por socorro, nosso desejo pode nos lembrar de voltar para nosso verdadeiro refúgio, em direção à cura e à liberdade da presença natural.

Voltando à presença

Depois do meu retiro, voltei para casa com a intenção de me refugiar na presença sempre que estivesse irritada, ansiosa e tensa. Eu estava alerta quando a primeira erupção ocorreu, uma semana após a minha volta. Meu ex-marido me ligou para dizer que ele não poderia cuidar do Narayan naquela noite, me deixando enrolada para encontrar uma babá para que eu pudesse atender aos meus clientes de terapia. "Eu sou o ganha-pão e não posso nem mesmo contar com ele para *isso*!", minha mente balbuciou. "Mais uma vez ele não está fazendo a parte dele, mais uma vez ele está me deixando na mão!" Mas, quando terminei o dia, tirei um tempo para parar e entrar em contato com o julgamento e a acusação que persistiam no meu corpo, e minha postura justiceira se abrandou. Sentei-me quieta enquanto os pensamentos de acusação e as bolhas de irritação iam e vinham. Sob o ressentimento estava uma pergunta ansiosa: "Como eu vou me virar?" Quando deixei as ondas subterrâneas de ansiedade passarem por mim, encontrei um lugar íntimo de quietude que tinha mais espaço para respirar — e mais perspectiva. É claro que eu não tinha como saber como seria o futuro. O único tempo que eu tinha era o agora mesmo, e naquele momento estava tudo bem. Desse espaço eu pude sentir o estresse do meu ex-marido em arrumar um novo lugar para morar, elaborar nossos cronogramas e, mais profundamente, se adaptar a um futuro diferente do que ele tinha imaginado. Isso me ajudou a ser mais tolerante e pacífica.

Em outros momentos eu era muito mais resistente a me entregar às ondas, especialmente quando meu ex-marido e eu discordávamos sobre finanças ou sobre os detalhes do nosso acordo de custódia. Qualquer tipo de concessão parecia um caminho para que ele levasse vantagem sobre mim. Descobri que primeiro eu precisava ter autocompaixão, realmente honrando minha necessidade de cuidar de mim mesma. Então eu conseguiria contemplar até mesmo os pensamentos mais raivosos e malvados com perdão. Pouco a pouco, o meu coração se abria e eu me permitia simplesmente sentir as correntes dolorosas de raiva e medo passando por mim. Então, como eu vivenciara no retiro, eu me reconectei com uma presença espaçosa que incluía o que quer que estivesse acontecendo, e me permiti observar minha vida com mais sabedoria. Repousando nessa presença, eu pude começar a distinguir claramente minhas próprias necessidades saudáveis — de separar nossas finanças de maneira justa, de ter nossos próprios espaços para morar — dos meus impulsos ansiosos e desconfiados. Eu me senti confortável comigo mesma quando lutava pelo que necessitava, mas não quando eu tentava exercer um controle rígido. E, como descobri, quanto mais o meu ex-marido sentia que eu estava tentando ser respeitosa e flexível, mais ele retribuía.

Buscar refúgio na presença possibilitou que eu e meu ex-marido continuássemos a ser bons amigos e ainda considerarmos o outro como um membro da família. Mas não foi fácil. Nós dois éramos dedicados à prática espiritual, então entramos no processo de separação ingenuamente, acreditando que poderíamos navegar suas águas de forma justa e madura. Nenhum de nós antecipou que, quando estivéssemos realmente estressados, agiríamos propositalmente de uma forma prejudicial. Ainda assim houve momentos em que fizemos isso — enganamos um ao outro, dissemos coisas das quais nos arrependemos, algumas vezes transpiramos raiva e desdém. O que nos salvou nessa época dolorosa foi o compromisso de manter os interesses do nosso filho em primeiro plano, e de não abrir mão de amar um ao outro. A prática de buscar refúgio na presença me permitiu perdoar-nos pela nossa humanidade e ajudou a manter viva a nossa preocupação mútua.

Quando estamos sofrendo, nosso pedido de "Socorro!" pode surgir de um lugar profundo dentro de nós. Como a Pam descobriu ao lado do Jerry, e como eu experimentei no fim do meu primeiro casamento, nosso desejo sincero nos desperta. Ele nos guia para a integridade e a liberdade que podem ser encontrados no momento presente. E, ainda assim, quando estamos em apuros, aqui e agora é em geral o último lugar onde queremos estar. O que nos impede de vir para casa, para o verdadeiro refúgio da presença? O que nos impede de escolher estar aqui? Chamo este desafio à presença de "transe do pequeno eu", e nós vamos explorá-lo no próximo capítulo.

Meditação guiada: uma pausa para a presença

Uma entrada natural na presença é através do corpo. Você pode fazer essa meditação curta em qualquer momento que você tenha um pouco de silêncio e privacidade.

> *Encontre um lugar para sentar-se confortavelmente e feche os olhos. Comece com três respirações conscientes: inspire longa e profundamente, enchendo os pulmões, e então expire lentamente, sentindo um soltar de qualquer tensão no seu corpo e mente.*
>
> *Convide sua consciência a encher completamente o seu corpo. Você consegue imaginar sua forma física como um campo de sensações? Você consegue sentir o movimento e a qualidade das sensações — formigamento, vibração, calor ou frio, dureza ou suavidade, tensão ou fluidez? Tire alguns momentos para trazer a sua atenção completa para essa dança de sensações.*
>
> *Agora deixe a sua consciência se abrir para o espaço à sua volta. Você consegue se imaginar recebendo a sinfonia de sons, deixando-a lhe invadir? Consegue ouvir os sons se modificando, não só com seus ouvidos, mas com a sua consciência plena? Tire alguns momentos para ouvir os sons com a atenção aberta.*
>
> *Mantendo seus olhos fechados, deixe sua consciência receber o jogo de imagens e luzes nas suas pálpebras. Você pode notar a cintilação da luz e da escuridão ou algumas formas, sombras ou figuras de luz. Tire alguns momentos para olhar.*
>
> *Sentindo a sua respiração e o espaço à sua volta, seja receptivo a qualquer aroma que possa estar no ar. Descubra como é cheirar e receber os odores presentes na área à sua volta.*

Em seguida deixe todos os sentidos bem abertos, seu corpo e mente relaxados e receptivos. Permita que a vida flua livremente através de você. Permaneça o tempo que quiser ouvindo e sentindo a sua experiência momento a momento. Observe o fluxo de sensações se modificando, sons, vivacidade, e também o fundo de presença que está aqui. Permita-se apreciar este espaço íntimo, desperto da presença. Quando terminar, sinta a possibilidade de trazer uma consciência alerta e aberta para o que quer que você faça em seguida.

À medida que você segue ao longo do dia, pare por um instante de tempos em tempos, desperte outra vez os seus sentidos, primeiramente sentindo as sensações corporais e ouvindo os sons. Com a prática, você se sentirá cada vez mais confortável na presença natural.

2 . Deixando a casa: o transe do pequeno eu

*O que quer que tenha vindo do ser
está aprisionado em ser, embriagado
esquece o caminho de volta.*
RUMI

Nós nascemos com um espírito lindo e aberto, atento com inocência e resiliência. Mas nós trazemos essa bondade para um mundo difícil.

Imagine que no momento do nascimento nós começamos a desenvolver um traje espacial para nos ajudar a percorrer o nosso novo ambiente estranho. O propósito desse traje espacial é proteger-nos da violência e da ganância e conquistar o carinho de cuidadores que, em vários graus, estão limitados pelo seu próprio autocentramento e por suas inseguranças. Quando nossas necessidades não são atendidas, nosso traje espacial cria as melhores estratégias defensivas e proativas possíveis. Isso inclui tensões no corpo e emoções como raiva, ansiedade e vergonha; atividades mentais como julgar, ter pensamentos obsessivos e fantasiar; e uma gama completa de táticas comportamentais para ir atrás do que quer que esteja faltando — segurança, alimento, sexo e amor.

Nosso traje espacial é essencial para a sobrevivência, e algumas das suas estratégias realmente nos ajudam a nos tornar adultos produtivos, estáveis e responsáveis. E ainda assim o mesmo traje espacial que nos protege pode impedir que passemos pelas nossas vidas de forma espontânea, alegre e livre.

É nesse momento que o nosso traje espacial se torna a nossa prisão. Nossa percepção de quem somos passa a ser definida pelas "ações" do traje espacial, seus pontos fortes e fracos. Passamos a nos identificar com a nossa habilidade de resolver problemas ou a nos comunicar; a nos identificar com os nossos julgamentos e obsessões; a nos identificar com a nossa ansiedade e a nossa raiva. "Nos identificar" significa que nós pensamos que somos o traje espacial! Temos a impressão de que realmente *somos* a pessoa que tem a ansiedade e a raiva, *somos* a pessoa que julga; *somos* a pessoa que os outros admiram; *somos* a pessoa que é especial ou imperfeita e solitária.

Quando nos fundimos a esse traje espacial, começamos a viver no que eu chamo de transe, e a nossa percepção de quem somos fica radicalmente contraída. Esquecemos quem está olhando através da máscara do traje espacial; esquecemos nosso coração amplo e nossa consciência. Esquecemos a presença misteriosa que está sempre aqui, por trás de qualquer emoção passageira, pensamento ou ação.

Viver em transe é como estar preso em um sonho e, enquanto estamos nele, estamos isolados da nossa própria experiência momento a momento, desconectados deste mundo vivo. Nós deixamos a nossa casa — nossa consciência e vivacidade —, e sem saber ficamos confinados em um fragmento distorcido da realidade.

Cada um de nós tem um estilo próprio de deixar a nossa casa — as estratégias do nosso traje espacial para lidar com a dor e com as necessidades não atendidas. Ainda assim o despertar é um processo universal. Seja lenta ou rapidamente, enxergamos que vínhamos vivendo em uma realidade contraída e frequentemente dolorosa. Queremos nos reconectar com a nossa inocência, a nossa bondade básica. Queremos saber a verdade sobre quem somos. Nosso desejo sincero nos leva em direção ao caminho do refúgio verdadeiro.

Esse despertar começou na minha própria vida oito anos antes do meu primeiro retiro budista, e eu gostaria de dividir esse início com vocês. Como vocês já sabem com base no capítulo 1, esse despertar certamente não foi alcançado todo de uma vez. Ainda assim, quando o transe se dissolve, podemos ver o potencial para a liberdade e um caminho para sair do sofrimento.

O projeto perfeição

Desde que consigo me lembrar, eu anseio por saber a verdade, ser uma pessoa consciente e gentil. Quando descobri a ioga na faculdade, me convenci de que tinha encontrado um caminho rápido para me tornar a pessoa que eu queria ser. Logo depois de me formar, entrei em um *ashram* — uma comunidade dedicada à ioga — próximo de Boston. Eu tinha certeza de que, se desse tudo de mim, esse caminho me levaria à liberdade espiritual.

Nossa comunidade seguia um regime rigoroso, levantando antes do nascer do sol para um banho frio, seguido de várias horas de ioga, meditação, entoação de cânticos e preces. Nós também trabalhávamos longas horas administrando um centro de ioga, um restaurante vegetariano e uma loja na Harvard Square. Eu era dedicada e zelosa, frequentemente levantando ainda mais cedo ou ficando acordada até mais tarde do que meus companheiros iogues para práticas espirituais adicionais.

Meu desejo espiritual sincero estava entrelaçado a uma crença — compartilhada com essa e muitas outras comunidades espirituais e religiosas — de que para sermos felizes e livres deveríamos purificar nossos egos de todo o egoísmo, agressão e insegurança. A euforia de um estilo atlético de ioga e os sentimentos por vezes arrebatadores que surgiam na meditação me encorajavam e me faziam acreditar que eu estava progredindo. E ainda assim, em outros momentos, eu ficava intensamente consciente das minhas "impurezas" e me jogava, com renovado vigor, nas minhas práticas espirituais.

Tal esforço para ser perfeita é um sinal externo de viver em transe. Meu transe era alimentado e sustentado pela crença de que eu era uma pessoa limitada e inaceitável. Sem estar plenamente consciente disso, eu carregava muitos ideais sobre como uma pessoa espiritualizada deveria se sentir, se apresentar e se comportar. Eu também tinha ideais de como uma pessoa mundana "bem ajustada" deveria ser. Eu me examinava com frequência minuciosamente para ver como eu estava me saindo em comparação com a minha noção daquela pessoa perfeita. É claro que eu quase sempre deixava de atingir a meta — logo abaixo da superfície espreitavam o meu egoísmo e motivos ambivalentes, minha ambição e julgamento. Olhando para trás, posso ver como uma combinação de uma aspiração espiritual genuína com um perfeccionismo inconsciente se tornou tão confusa e inflamável. Consigo ver, como afirma a poeta Danna Faulds, que "o perfeccionismo não é pré-requisito para nada além de dor".

O PROJETO PERFEIÇÃO DESMORONA

As práticas matinais no *ashram* me energizavam e libertavam temporariamente da tensão de um foco autocentrado. Eu apreciava a doçura da meditação e do canto com os meus amigos, e a camaradagem do café da manhã juntos e da carona para o trabalho. Embora essa sensação de bem-estar em geral durasse várias horas, uma manhã eu tive um colapso evidente.

Naquela época, eu era diretora do nosso centro de ioga e estávamos atrasados para promover o nosso maior evento do ano, que tinha a participação de um grande número de professores renomados. Quando o líder da nossa comunidade chegou atrasado, e visivelmente perturbado, para a nossa reunião semanal de equipe, perguntei a ele o que estava acontecendo.

"O que está acontecendo?", ele disse com a voz quase descontrolada. "Dê uma olhada nisso". Ele jogou na minha frente o folheto que eu tinha criado para o evento e eu, imediatamente, vi o erro de digitação em negrito — era a data errada. Senti um aperto no coração e meu rosto arder de vergonha. Tínhamos acabado de imprimir três mil folhetos. Eu tinha estragado tudo.

Falamos sobre produzir um novo folheto, reprogramar o envio por correio e em buscar outras formas de fazer propaganda. Embora a minha mente lutasse para resolver o problema, o peso do fracasso era como uma grande pedra no meu peito. No fim da nossa reunião, comecei um pedido de desculpas: "Era minha responsabilidade," falei em voz baixa e monótona, "e eu sinto muito por ter feito essa confusão..." Então, conforme eu sentia os olhos dos outros em mim, senti um lampejo de raiva e as palavras saíram:

"Mas, vocês sabem, tem sido uma enorme quantidade de trabalho e eu ando totalmente sozinha." Eu podia sentir os meus olhos queimando, mas segurei as lágrimas. "Teria sido bom se alguém tivesse se disponibilizado a revisar... talvez assim esse tipo de coisa não tivesse acontecido."

Pelo resto da semana, fiquei presa num sentimento de autoaversão. A cada hora, a minha mente reencenava cada incidente recente que destacava as minhas falhas. Eu me vi mentindo para escapar de uma obrigação social, exagerando o tamanho da minha turma de ioga para outro professor, fofocando com uma amiga para me sentir mais incluída. Em vez de generosidade e serviço desinteressado, meu foco estava no meu próprio progresso espiritual e em meu esforço para brilhar como professora de ioga. Mais uma vez, me vi encarando o que eu menos gostava em mim mesma: insegurança e autocentramento. Me senti desconectada de todos à minha volta e presa dentro de um eu que eu não queria ser.

À medida que lutava para passar por aqueles dias difíceis, me dei conta de que desde que me conhecia por gente, eu tentava provar que estava bem, tentava me assegurar de que estava progredindo. Eu tinha uma *checklist* de realizações — como estudante e ativista social, iogue e professora. Em todos esses papéis, eu tentava incorporar a definição de uma "boa pessoa" — prestativa, boa ouvinte, confidente construtiva, "positiva" em todas as situações. Eu praticava ioga e meditação com fervor. Ainda assim, agora a minha noção de competência se desfizera por um único erro, a minha noção de ser uma pessoa boa e espiritualizada fora apagada por um momento de reatividade raivosa.

O EU DO TRAJE ESPACIAL É O PEQUENO EU

Quando ensino sobre transe, os alunos, às vezes, pressupõem que qualquer experiência do eu é ruim ou não espiritual, que é algo que eles devem eliminar ou transcender. Essa era certamente a minha visão no *ashram* — a minha noção do eu era inseparável da imperfeição! Hoje em dia penso no eu do traje espacial como um *pequeno eu*, ou, como é mais comumente conhecido, como "ego".

O "ego" normalmente vem com conotações negativas, mas, na realidade, o pequeno eu (ou ego) é uma parte natural do nosso condicionamento e é essencial para atravessarmos a vida. Em todos os humanos, ele surge da percepção do "eu" e inclui todas as atividades mentais que promovem e defendem o nosso funcionamento. Ele inclui o eu medroso e protetor que algumas tradições chamam de corpo do medo. Ele inclui o eu deficiente que busca satisfazer suas necessidades de alimento e sexo, segurança e respeito.

Ainda assim, esse pequeno eu não é o nosso *verdadeiro eu* — ele não abarca a plenitude de quem somos. Explicando de outra forma, quando nos identificamos com um pequeno eu, estamos nos percebendo como um aglomerado de ondas do oceano, sem reconhecer que somos feitos de oceano. Quando entendemos que nosso verdadeiro eu é oceano, o padrão familiar das ondas — nossos medos e o hábito de ficar na defensiva, nossos desejos e o hábito de nos manter ocupados — se mantém como sendo uma parte de nós, mas não nos define.

Nossa identidade equivocada está na essência dos ensinamentos do Buda. Ele percebeu que estamos todos condicionados a nos apegar a experiências prazerosas ou que nos sejam familiares (o que ele chamou de apego), e resistir a experiências desagradáveis (o que ele chamou de aversão). Tanto o apego quanto a aversão estreitam a nossa percepção de quem somos — fazendo com que nos agarremos a uma identidade com existência limitada, individual e isolada.

Essa identidade equivocada é sustentada pelas histórias que contamos para nós mesmos. Nós acreditamos que somos a voz na nossa cabeça, acreditamos que somos o personagem nas nossas histórias e acreditamos que a nossa visão do mundo "lá fora" é a realidade. Você pode ter uma vida ocupada e estressante, com mais demandas de trabalho, família e amigos do que você acha que consegue dar conta. Talvez isso traga histórias e sentimentos de como você está sobrecarregado — de como você sempre tem coisas demais a fazer, do quanto os outros esperam demais de você, de como você deseja ter mais tempo livre, mas não quer ser irresponsável. Tais histórias facilmente levam a falsos refúgios como o excesso de trabalho, mentir para proteger o seu tempo e consumir em excesso para entorpecer a ansiedade. Repetindo suas histórias continuamente, você fortalece a sua identificação com um eu sitiado e excessivamente complacente. Essa se torna a percepção dominante de quem você é. Você fica preso dentro do traje espacial.

Ou imagine o que acontece se você acredita que todos estão realmente preocupados apenas com o próprio bem-estar e que, se você não leva vantagem em uma situação, alguém mais levará. Você pode sentir raiva, ou mesmo se sentir ofendido, sempre que as outras pessoas tentam fazer as coisas do jeito delas. Isso pode levar a falsos refúgios como controlar as outras pessoas e focar no acúmulo de poder e posses. Criando histórias que sustentam a sua visão de mundo, sua identidade se consolida como um eu agressivo e controlador.

Quanto mais as nossas histórias são orientadas pelo medo, mais aprisionados ficamos na nossa percepção confinada de um eu. Não somente a nossa mente acredita, como eu acreditei, que "há alguma coisa errada comigo", mas o nosso corpo fica aprisionado pelas emoções correlacionadas a essa crença — depressão, vergonha e ainda mais medo. Então "há alguma coisa errada comigo" não é apenas uma ideia que podemos soltar facilmente, trata-se de uma convicção visceral. *Parece* real. Quando somos feridos por alguém, a crença de que algo está errado com a pessoa também parece real. Estamos presos em um transe que nos separa da nossa vida interior e dos outros.

Nossa identificação com um pequeno eu é sempre gerada e sustentada fora da luz da consciência. E ela continua enquanto não estamos cientes de que as nossas histórias são apenas histórias (não a realidade), não estamos cientes dos sentimentos brutos no nosso corpo, não estamos cientes do medo ou do desejo que guia os nossos comportamentos. Essa é a natureza do transe: ele é incompatível com a consciência e se dissolve quando nos refugiamos na presença.

Acordando do transe

Minha semana de autoaversão, disparada por um erro de digitação, iniciou um processo vitalício de reconhecer e soltar a minha identificação com o pequeno eu. Como as minhas dúvidas pessoais pareciam tão "não espirituais", não falei sobre elas com ninguém. No trabalho, eu era profissional. Me afastei das brincadeiras ocasionais e da diversão nas refeições em grupo, e quando eu realmente tentava ser sociável, me sentia uma impostora.

Várias semanas mais tarde, as mulheres no nosso *ashram* decidiram formar um grupo no qual pudéssemos falar sobre desafios pessoais. Pensei que talvez aquela fosse uma oportunidade para ser mais autêntica.

Nosso primeiro encontro foi em uma noite de verão. Ao longo da primeira hora, à medida que as outras mulheres falaram sobre seu estresse no trabalho, sobre problemas com os filhos e a saúde, senti minha ansiedade aumentar. Por fim, quando houve uma pausa na conversa, minha confissão veio em jorro. "Sei que faço muita ioga e dou muitas aulas, que parece que sou uma pessoa prestativa, atenciosa... isso pode ser verdade em alguns pontos, mas também é uma fachada. O que eu estou escondendo, o que eu não quero que ninguém veja, é o quanto sou autocentrada, egoísta e julgadora." Depois de parar e olhar em volta para os rostos solenes, dei o mergulho real. "Isso é algo difícil de dizer, mas... não acredito que eu seja uma boa pessoa, e isso faz com que seja muito difícil eu me sentir realmente próxima de qualquer pessoa".

Não tenho lembrança de como as outras mulheres reagiram à minha tentativa de honestidade. Elas podem ter sentido empatia ou reconhecido emoções similares nelas mesmas, mas eu estava muito presa à minha própria vergonha para notar. Saí do encontro o mais rápido que pude, me retirando para o meu quarto, onde me enrolei em posição fetal no meu futon e chorei.

Ao mencionar a minha experiência em voz alta para o grupo, eu havia despido uma camada da proteção do pequeno eu. Por me sentir em carne viva e exposta, comecei mentalmente a me repreender por simplesmente ter falado. Como eu encararia todo mundo no dia seguinte? Eu disse a mim mesma que deveria levantar naquele momento e fazer um pouco de ioga. Mas, ao em vez disso, comecei a tentar descobrir o que realmente saíra errado, o que estava fazendo com que eu me sentisse tão mal em relação a mim mesma.

De repente percebi que esse processamento interior ainda era mais do mesmo. Eu ainda estava tentando controlar as coisas tentando resolvê-las, tentando praticar mais, tentando controlar como os outros deveriam me ver. Reconhecer esses falsos refúgios me fez parar — eu não queria ficar presa.

Uma voz interior perguntou, "O que aconteceria se, neste momento, eu não tentasse fazer nada, tornar nada diferente?" Imediatamente senti o aperto visceral do medo e então um conhecido buraco profundo de vergonha — os próprios sentimentos que eu evitava desde que me conhecia por gente. Mas então a mesma voz interior sussurrou, muito tranquila, um refrão familiar: "Apenas deixe estar".

Eu me estiquei deitada de costas, respirei profundamente algumas vezes e senti o peso do meu corpo apoiado no futon. Várias vezes a minha mente tentou escapar para repassar o que eu dissera horas mais cedo ou ensaiar o que mais eu podia dizer para me explicar. Várias vezes a intenção de "deixar estar" me trouxe de volta ao medo e à vergonha que eu vivenciava. Em algum momento durante a noite, deitada lá sozinha no escuro, estas emoções deram lugar à tristeza. Fiquei impressionada com o quanto da minha vida — minha vivacidade e meu amor — se perdiam quando eu estava presa em sentimentos de indignidade. Eu me deixei abrir para aquilo completamente também, agora soluçando profundamente, até que a tristeza aos poucos diminuiu.

Eu me levantei, me sentei na almofada em frente ao meu altar de meditação e continuei a prestar atenção. Minha mente se aquietou naturalmente, e eu fui ficando cada vez mais consciente da minha própria experiência interior — uma presença silenciosa que estava coberta de ternura. Essa presença era um espaço de ser que incluía tudo — ondas de tristeza, a sensação das minhas lágrimas secando, os sons de grilos, a noite úmida de verão.

Nesse espaço aberto, outra vez borbulharam pensamentos — a memória de estar na defensiva no encontro com a equipe e a minha tentativa subsequente de realmente me desculpar; eu dando a aula de ioga programada para a manhã seguinte, tentando projetar uma energia positiva, confiante. Desta vez, à medida que essas cenas eram exibidas, eu me senti como se estivesse observando uma personagem numa peça. A personagem estava continuamente tentando se proteger, mas, no processo, ela se desconectava cada vez mais de si mesma, da autenticidade, do amparo potencial de se sentir conectada aos outros. E, em cada cena, eu a vi perpetuamente "agindo" para se sentir melhor, "agindo" para evitar a dor, "agindo" para evitar o fracasso.

Enquanto eu estava sentada lá assistindo a essa peça, tive, pela primeira vez, uma sensação convincente de que essa personagem não era "eu". Seus sentimentos e reações eram certamente familiares, mas eles eram apenas ondulações na superfície daquilo que eu realmente era. Da mesma forma, tudo o que estava acontecendo naquele momento — os pensamentos, as sensações de estar sentada de pernas cruzadas, a sensibilidade, o cansaço — fazia parte do meu ser, mas não podia me definir. Meu coração se abriu. Que triste ter vivido num mundo tão confinado, que triste ter me sentido tão controlada e tão sozinha!

O TRANSE E O DESPERTAR SÃO AMBOS NATURAIS

Quando estamos em transe e presos numa emoção como o medo, a vergonha ou a raiva, nossa inteligência interior sabe que algo está em desarmonia. Por um tempo, até mesmo décadas, podemos pensar erroneamente que "alguma coisa está errada comigo", que nós precisamos consertar as nossas imperfeições e de alguma forma evitar fracassar. Então, de forma repentina ou gradual, reconhecemos que é a nossa percepção errada de quem somos que está causando a dificuldade. Vemos o quanto temos vivido dentro da identidade de um eu pequeno, isolado e deficiente. Naquele momento de reconhecimento, é fácil acumular mais uma ilusão: "sou imperfeito por ser repetidamente pego em transe." E, na verdade, cada despertar da consciência, de perceber e permitir "o que está acontecendo", começa a dissolver a nossa identidade estreitada e a nos relaxar na nossa plenitude natural.

Aquela noite no meu altar, uma velha noção de um eu desaparecia. Quem eu era, então? Naqueles momentos, senti que a verdade do que eu era não podia ser contida em nenhuma ideia ou imagem de um eu. Em vez disso, era o espaço da própria presença — o silêncio, a abertura desperta — que parecia ser a minha casa. Um sentimento de gratidão e reverência tomou conta de mim e nunca me deixou completamente.

Como tenho visto desde então, existem vários caminhos para despertar, e a maioria deles inclui treinar nossa atenção, seja formal ou informalmente. Uma amiga fez um curso de pintura que a ensinou a ver além da ideia de "árvores" ou "nuvens", passando a enxergar um mundo misterioso de formas mutantes, tons, sombras e essência. Como ela descreveu, "em vez de ser a observadora notando um tipo particular de árvore, havia simplesmente esta intimidade subjetiva de texturas vivas, cores... eu era parte de uma dança de vivacidade." Uma mãe que eu conheço me contou como a sua consciência se abriu depois que ela fez um curso sobre como falar com adolescentes. Conforme ela ouvia a filha, ela conscientemente notou e soltou suas ideias de como sua filha deveria ser e assimilou os sons da sua voz, o seu olhar, e o que ela sentia que o coração da filha estava tentando comunicar. Aprender a ouvir sem julgamento também ampliou a sua percepção de si mesma: "eu já não estava presa no papel de mãe crítica... que sopro de ar fresco!"

De forma mais confiável, a prática regular de meditação treina a nossa atenção para reconhecer a aparência do transe — nossas histórias profundamente familiares de fracasso e culpa, e as camadas de medo, raiva ou depressão. No capítulo seguinte, vou mostrar como podemos praticar a volta para a presença repetidamente, e como a percepção de quem somos vai continuar despertando na nossa consciência. Com o tempo, vamos reconhecer o transe mais rapidamente quando nos perdermos nele, e vamos saber que culpar a nós mesmos — ou aos outros, ou ao mundo — ou lutar pelo controle ou pela perfeição não é a saída. Ao contrário, o sofrimento do transe nos lembra de voltar para casa, para este momento, e de nos reconectar com a verdade maior de quem somos.

A experiência de despertar para o nosso eu verdadeiro pode ser difícil de descrever. Como o professor indiano Sri Nisargadatta diz: "Na realização você se sente completo, pleno, livre... e ainda assim nem sempre é capaz de explicar o que aconteceu... você só consegue descrever em termos negativos: 'nada mais está errado comigo'". Quando o véu do transe é levantado, os prazeres e as dores, as esperanças e os medos do nosso pequeno eu do traje espacial ainda vêm e vão, mas eles não mais nos definem. Nós não levamos tanto as coisas de forma pessoal, não sentimos mais que "alguma coisa está errada comigo". Em vez disso, começamos a confiar na inocência e na bondade do ser que o nosso transe tinha obscurecido. Isso acaba por ser um tremendo alívio e um gosto de liberdade.

MEDITAÇÃO GUIADA: BONDADE AMOROSA —
SENDO GENTIL CONSIGO MESMO

A meditação da bondade amorosa (*metta*, em páli) nos desperta para a conexão com todas as formas de vida. Com frequência, o ponto de partida é oferecer um carinho para o nosso próprio ser. Essa prática simples é uma forma rápida e direta de despertar do transe. Respeitando-nos com bondade, começamos a dissolver a identidade de um eu isolado, imperfeito. Isso cria a base para a inclusão de outras pessoas em um coração que ama incondicionalmente (Veja "Bondade amorosa: Vendo através da máscara")

Sente-se confortavelmente em silêncio e relaxe qualquer área do corpo que possa estar tensa ou rígida. Tire alguns momentos para sentir a respiração no coração: inspirando, sinta que você está recebendo calor e energia, expirando, sinta que você está soltando no espaço.

Em silêncio, ou falando baixinho, comece a oferecer a si mesmo preces de bondade amorosa. Para começar, escolha quatro ou cinco frases que façam sentido para você. Elas podem incluir:

Que eu possa ser preenchido com bondade amorosa.

Que eu possa me manter na bondade amorosa.

Que eu me sinta seguro e em paz.

Que eu me sinta protegido de danos internos e externos.

Que eu seja feliz.

Que eu me aceite exatamente como sou.

Que eu experimente paz natural, profunda.

Que eu experimente a alegria natural de estar vivo.

Que eu encontre refúgio verdadeiro no meu próprio ser.

Que meu coração e minha mente despertem; que eu seja livre.

À medida que você repete cada frase, se abra para quaisquer imagens e sentimentos que surjam com as palavras. Encare a meditação como um experimento, sentindo quais palavras e imagens servem melhor para suavizar e abrir o seu coração. Você pode experimentar colocar a mão gentilmente sobre o coração para ver se isso aprofunda a experiência de se abraçar com bondade.

Leve o tempo que quiser, se oferecendo essas frases e refletindo com elas. Quando você estiver terminando a sua meditação, sente-se em silêncio por alguns momentos e observe as emoções no seu corpo e no seu coração. Há uma sensação nova de espaço e ternura? Você se sente mais à vontade consigo mesmo?

Ao longo do dia: *Quanto mais você se lembrar de se considerar de uma forma mais bondosa, mais prontamente vai encontrar uma sensação de conexão e liberdade do transe. Você pode praticar em qualquer lugar, oferecendo para si mesmo as frases de bondade amorosa à medida que você anda, dirige e realiza as tarefas da vida cotidiana.*

Se você ficar agitado ou chateado: *as preces de bondade amorosa podem parecer discordantes e artificiais se você estiver tomado por medo, vergonha ou confusão. Em alguns momentos, elas podem até mesmo destacar o quanto você se sente indigno e mal consigo mesmo. Sem julgamento, inclua essa reatividade na meditação: "que isso também possa ser acolhido com bondade amorosa". Então, simplesmente, recomece a sua meditação, aceitando qualquer pensamento ou sentimento que surgir.*

Se as palavras parecem mecânicas: *não se preocupe se, às vezes, você se pegar apenas recitando as frases. Seu coração tem períodos naturais de se sentir aberto ou fechado. O que mais importa é a sua intenção de despertar a bondade amorosa.*

3. Meditação: o caminho para a presença

Existe alguma coisa que eu possa fazer para me iluminar?
Tão pouco quanto o que você pode fazer para fazer o sol nascer de manhã.
Então para que servem os exercícios espirituais que você prescreve?
Para garantir que você não esteja dormindo quando o sol começar a nascer.
ANTHONY DE MELO

Você faz visitas regulares a si mesmo?
RUMI

Jeff estava convencido de que ele tinha deixado de amar Arlene, sua esposa, e que nada podia salvar seu casamento de 26 anos. Ele queria alívio da opressão de se sentir continuamente julgado e considerado imperfeito. Arlene, por sua vez, estava magoada e com raiva porque ela achava que o Jeff evitava qualquer comunicação verdadeira ou qualquer intimidade emocional. Como um último recurso, ela o convenceu a participar de um workshop de fim de semana para casais promovido pela igreja deles. Para total surpresa de ambos, eles saíram com um raio de esperança com relação ao seu futuro juntos. A mensagem que levaram foi "o amor é uma decisão." Embora nem sempre nos sintamos amorosos, os orientadores do workshop insistiram, o amor estará presente se escolhermos despertá-lo.

Ainda assim, ao voltarem para casa, uma vez que seus velhos estilos de atacar e se defender foram acionados, parecia que decidir pelo amor era uma manobra mental ineficaz. Desencorajado, o Jeff me procurou para uma sessão de aconselhamento. "Não sei como ir do ponto A para o ponto B", afirmou. "Como quando estávamos juntos ontem... a minha mente me dizia para decidir pelo amor, mas isso não fez diferença... o meu coração estava bloqueado. A Arlene me acusou de alguma coisa e tudo o que eu queria era me afastar dela!"

"Vamos olhar novamente para o que aconteceu ontem," sugeri. Eu o convidei a fechar os olhos, colocar-se de volta na situação, e então soltar sua noção de quem estava certo ou errado. "Simplesmente permita-se vivenciar como é no seu corpo se sentir acusado e querer escapar." O Jeff se sentou em silêncio, seu rosto se contraindo em uma careta. "Continue permitindo que os sentimentos estejam presentes," falei, "e descubra o que se revela."

Pouco a pouco, seu rosto se suavizou. "Agora estou me sentindo preso e triste," ele disse. "Nós perdemos tanto tempo presos nisso. Eu me afasto, muitas vezes sem perceber... isso a machuca... ela fica chateada... então eu muito conscientemente quero ir embora. É triste estar tão preso."

Ele olhou para mim e eu acenei compreendendo. "Como seria, Jeff, se em vez de se afastar durante este tipo de encontro, você fosse capaz de dizer a ela exatamente qual é a sua experiência?" Então eu completei, "E, se ela também, sem acusá-lo de nada, fosse capaz de reportar os sentimentos dela?"

"Nós precisaríamos saber o que estamos sentindo!" Ele disse com uma risadinha. "Nós em geral estamos ocupados demais reagindo."

"Exato!" Respondi. "Vocês dois precisariam prestar atenção ao que está acontecendo dentro de vocês. E isso vai contra o nosso condicionamento. Quando estamos emocionalmente agitados, nos perdemos em nossas histórias sobre o que está acontecendo, e ficamos presos em comportamentos impulsivos — como acusar o outro ou encontrar um caminho de fuga. É por isso que precisamos nos treinar para prestar atenção, para que não fiquemos a mercê do nosso condicionamento."

Continuei explicando como a prática da meditação cultiva nossa capacidade para a presença, para entrar em contato direto com a nossa experiência real, momento a momento. Isso nos dá mais espaço interno e criatividade para responder — em vez de reagir

— às nossas circunstâncias. Quando sugeri que ele e Arlene poderiam considerar vir para as minhas aulas semanais de meditação, ele prontamente concordou. Eles estavam lá na noite da quarta-feira seguinte e, um mês depois, participaram de um retiro de meditação de fim de semana que eu conduzi.

Algumas semanas depois do retiro, nós três conversamos rapidamente após a aula. Arlene disse que graças às suas práticas de meditação, eles estavam aprendendo a decidir pelo amor: "Nós temos que *escolher* estar presentes um com o outro, repetidas vezes," ela me disse. "Temos que escolher a presença quando estamos com raiva, a presença quando não estamos a fim de ouvir, a presença quando estamos sozinhos e contando as mesmas velhas histórias sobre o quanto o outro está errado. Escolher a presença é a nossa forma de abrir os nossos corações." Jeff concordou com a cabeça. "Percebi que não é sobre ir do ponto A para o ponto B," ele disse com um sorriso. "É sobre trazer a presença completa para o ponto A, para a vida deste momento, não importa o que esteja acontecendo. O resto se desdobra a partir dali."

Tomar refúgio na presença — escolher a presença— é algo que requer treino. Quando o "ponto A" é desagradável, a última coisa que queremos é ficar e sentir a nossa experiência. Em vez de entregar-nos às ondas, queremos ir embora, atacar, nos entorpecer, fazer qualquer coisa menos entrar em contato com a realidade. Ainda assim, como Jeff e Arlene perceberam, refúgios falsos nos mantêm sentindo-nos pequenos e na defensiva. Somente aprofundando a nossa atenção e deixando a vida ser exatamente como ela é que podemos encontrar intimidade real conosco e com os outros. Em mais de trinta e cinco anos de ensino de meditação, tenho visto a presença ajudar inúmeras pessoas a despertar o amor outra vez, a aliviar a angústia emocional e a abandonar vícios. Para muitas pessoas, o compromisso de praticar meditação criou a base para uma linda transformação de coração e alma.

Treinando a sua mente

Quando estamos afundados nos padrões de toda uma vida de insegurança e culpa, é difícil acreditar que a mudança seja possível. Até recentemente, evidências científicas pareciam confirmar este ceticismo. Os neurologistas pensavam que uma vez atingida a idade adulta, o treinamento básico do nosso cérebro estava fixo; estávamos presos ao âmago dos nossos padrões emocionais. Se fossemos passivos, ansiosos e confusos durante as nossas primeiras décadas de vida, estávamos destinados a continuar assim. Hoje, com a ajuda de imagens cerebrais e outras técnicas, pesquisadores descobriram a neuroplasticidade inerente do cérebro: novos caminhos neurais podem ser criados e fortalecidos, e o cérebro e a mente podem continuar a se desenvolver e mudar por toda a vida. Então, embora fiquemos presos em padrões emocionais muito profundos, temos a capacidade de criar caminhos novos para responder à vida.

O que quer que você pense ou faça regularmente se torna um hábito, um caminho fortemente condicionado no cérebro. Quanto mais você pensa no que pode dar errado, mais a sua mente se prepara para antecipar problemas. Quanto mais você ataca com raiva, mais o seu corpo e a sua mente se voltam para a agressão. Quanto mais você pensa sobre como você poderia ajudar os outros, mais a sua mente e o seu coração inclinam-se a serem generosos. Assim como levantar peso fortalece os músculos, a forma como você direciona a sua atenção pode fortalecer a ansiedade, a hostilidade e o vício, ou pode levá-lo ao despertar e à cura.

Imagine a presença como um lago alimentado por uma nascente — claro, tranquilo e puro. Como passamos tanto tempo perdidos na floresta dos nossos pensamentos e emoções, nós muitas vezes temos problemas para achar esse lago. Mas quando sentamos para meditar repetidas vezes, nos familiarizamos com o caminho na floresta. Podemos achar a abertura entre as árvores, conhecemos as raízes em que já tropeçamos antes, confiamos que mesmo se ficarmos presos nas moitas e espinheiros, vamos encontrar o nosso caminho.

A prática regular de meditação desenvolve novos caminhos em nossa mente, caminhos que nos trazem para casa, para a claridade, para a abertura e o conforto da presença. O Buda ensinou muitas estratégias para cultivar estes caminhos, mas ele considerava a prática de atenção plena de especial importância. *Atenção plena é o processo intencional de prestar atenção, sem julgamento, no desdobrar da experiência momento a momento.* Se você ficar perdido em preocupações sobre pagar as contas, a atenção plena percebe os pensamentos preocupados e os sentimentos de ansiedade que os acompanham. Se você se perder ensaiando o que você vai dizer a outra pessoa, a atenção plena percebe o diálogo interno e os sentimentos de excitação e medo. A atenção plena reconhece e permite, sem resistência, todas essas sensações e sentimentos à medida que eles vêm e vão. Os caminhos mais profundamente sulcados na nossa mente são aqueles que levam para longe do momento presente. Intencionalmente direcionando a mente para o que está acontecendo agora, a atenção plena descondiciona esses caminhos e nos desperta para uma sensação nova e profunda de estarmos vivos. Assim como um lago limpo reflete o céu, a atenção plena nos permite ver a verdade da nossa experiência.

O estilo básico de meditação budista que eu ensino é chamado *vipassana*, que significa "ver com clareza". Na meditação *vipassana*, o caminho para a atenção plena começa com a concentração — o foco da atenção em um único ponto. É difícil estar atento à experiência se a sua mente está perdida numa corrente contínua de pensamentos discursivos. Então, primeiro recolhemos e acalmamos a mente através do direcionamento da atenção a uma âncora sensorial. Isso pode significar seguir a respiração, ou escanear o corpo para perceber sensações ou ouvir sons, ou silenciosamente repetir uma frase como "Que eu possa ser feliz" ou "Que eu possa ter paz." Com prática, qualquer âncora que você escolher pode se tornar um ponto de apoio para a sua atenção; como uma boa amiga, ela vai te ajudar a se reconectar com a sensação interna de equilíbrio e bem-estar.

O psiquiatra e escritor Daniel Siegel oferece uma metáfora útil para entendermos como a nossa mente se afasta continuamente da presença quando meditamos. Imagine a sua consciência como uma grande roda de bicicleta. No cubo (centro da roda) está a presença e dali se estende um número infinito de raios até o aro. Sua atenção está condicionada a abandonar a presença, a começar a se mover pelos raios e se fixar em uma parte ou outra do aro. Os planos para o jantar dão lugar a uma conversa perturbadora, um autojulgamento, uma música no rádio, uma dor nas costas, o sentimento de medo. Ou a nossa atenção se perde em pensamentos obsessivos, circulando sem parar em torno de histórias e emoções sobre o que está errado. Se você não está conectado ao centro da roda, se a sua atenção está presa no aro, você está separado da sua totalidade e vivendo em transe.

Selecionar previamente um ponto de apoio ou âncora, como a respiração, permite que você perceba quando deixou a presença e que possa achar o caminho de volta ao cubo com mais facilidade. Chamo esta parte da prática de "voltar". Uma vez que você esteja de volta ao centro da roda, a âncora também o ajuda a silenciar e acalmar a mente. Não importa quantas vezes a sua atenção voe para alguma fantasia ou lembrança no aro, você pode, de forma gentil, retornar ao centro e aterrar-se outra vez na presença.

À medida que a sua atenção se tornar mais estável, você vai sentir que os limites do centro são o relaxamento e a abertura. Esta é a fase da prática que eu chamo de "estar aqui". Você continua a estar em contato com a sua âncora, mas ao mesmo tempo você pode reconhecer e permitir as experiências deletar um espaço extra mutáveis no aro — o som de um cachorro latindo, a dor no seu joelho, um pensamento sobre quanto tempo mais você vai meditar. Em vez de se fixar nessas experiências ou empurrá-las para longe, você as deixa ir e vir livremente. É claro que a mente muitas vezes ainda vai se perder no aro e, nesses momentos, quando perceber, você mais uma vez retorna gentilmente para o centro. É natural que a prática flua entre "voltar" e "estar aqui".

Quanto mais você habitar a quietude alerta no centro da roda e incluir em sua atenção plena o que quer que esteja acontecendo, mais o eixo da presença se torna claro, cálido e brilhante. Nos momentos em que não há controle da experiência — quando há atenção plena sem esforço —, você entra completamente na presença. Centro, raios e aro estão todos flutuando em uma consciência luminosa e aberta.

Lembrando o que importa

Com tantos estilos de práticas de meditação ou práticas contemplativas sendo ensinadas hoje em dia, os alunos, às vezes, se preocupam em escolher "a correta". Porém, mais do que a forma particular da prática ou conjunto de ensinamentos, o que faz a diferença em termos do despertar espiritual é a qualidade da sua seriedade ou *sinceridade*. Somos sinceros quando nos conectamos com o que mais importa ao nosso coração. Nos ensinamentos budistas, o reconhecimento consciente do desejo mais profundo do nosso coração é chamado de aspiração sábia. A sua aspiração pode ser por compreensão espiritual, por amar mais plenamente, por saber a verdade, por encontrar a paz. Qualquer que seja a essência, a consciência daquilo que mais importa para você energiza e guia a sua prática. Como o mestre zen Suzuki Roshi ensinou, "A coisa mais importante é lembrar a coisa mais importante." É útil começar a sua meditação com uma reflexão sobre o que importa para você. Alguns alunos de meditação trazem à mente uma aspiração abrangente, enquanto outros focam em uma intenção particular para aquela sessão ou aquele dia. Por exemplo, você pode se conectar com a sua aspiração por amar plenamente ou decidir acolher qualquer emoção difícil que surja durante a prática. Você pode desejar a verdade — realmente ver o que está acontecendo e o que é real — ou você pode ter a intenção particular de reconhecer e soltar os pensamentos. Quando você começa perguntando ao seu coração o que importa, você já está no caminho para a presença.

Cultivando uma atitude sábia

Se você atualmente medita, tire um momento para refletir sobre a sua atitude global em relação à sua prática. Você acha que deveria estar praticando mais e tendo resultados melhores? Você acha que é muito difícil e se resigna a não fazer um bom trabalho? Você investe tempo, mas acha que suas tentativas são hesitantes? Você fica ansioso para praticar? Curioso sobre o que se desenrola? Relaxado com o seu progresso?

Uma atitude saudável é aquela que se importa sinceramente com a presença e ainda assim não julga o que se desdobra. Em vez disso, consideramos o que quer que aconteça com uma atenção interessada, relaxada e amigável. Tornar a meditação parte de um projeto de autoaperfeiçoamento pode, na verdade, enfraquecer a sua prática. A maioria das pessoas tem um modelo interno para o tipo de experiência meditativa que consideram "boa" (silenciosa, aberta, clara, amorosa e assim por diante) e, então, se julgam quando suas mentes vagueiam ou quando surgem emoções difíceis. Não existe meditação "certa", e se esforçar para fazê-la corretamente reforça a percepção de um eu imperfeito, esforçado. Por outro lado, se resignar a uma tentativa hesitante reforça a percepção de um eu desengajado e desconectado.

Quando o professor budista Thich Nhat Hanh foi convidado a ir ao San Francisco Zen Center nos anos 70, os alunos lhe perguntaram o que poderiam fazer para melhorar a prática. Esse mestre entrou em um monastério aos 16 anos, foi ordenado monge e suportou os horrores da Guerra do Vietnã. Imagino que os alunos esperassem prescrições rigorosas para aprofundar sua vida espiritual. A resposta de Thich Nhat Hanh foi: "Vocês levantam cedo demais em primeiro lugar, vocês deveriam acordar um pouco mais tarde. E a prática de vocês é muito rígida. Tenho apenas duas instruções para vocês esta semana. Uma é respirar, e a outra é sorrir."

Esse é um conselho tão bom. Encare a sua prática (e a sua vida) com um coração sério, mas relaxado. Você pode se dedicar sem tensões ou esforço. Seja você um novato na prática ou um meditante experiente, fique alerta para os julgamentos. Sempre que surgirem, dê permissão à sua experiência para ser o que quer que seja. Julgar é um hábito e, quando você se lembrar de abandoná-lo, vai se reconectar com a tranquilidade interior e a sinceridade que naturalmente o levam para a presença e para a liberdade.

Criando tempo e espaço para praticar

A marca da nossa cultura é que a maioria de nós passa o dia correndo, ajustando o que conseguimos em agendas já lotadas. Mesmo quando não estamos presos aos nossos celulares e telas de computador, ou correndo de um compromisso para o outro, nossas mentes ainda estão cozinhando em fogo brando. Criar algum tempo e espaço para estar com a nossa vida interior vai contra a corrente do mundo à nossa volta.

Alunos novatos na meditação com frequência mencionam o valor de aprender a focar e sossegar a mente, mas eles também citam algo mais básico. Como uma pessoa disse recentemente, "O simples fato de ter aqueles momentos para estar quieto é um presente para a alma." Sair da agitação, parar nossa eterna busca por estar em outro lugar é talvez a oferenda mais linda que podemos fazer ao nosso espírito. E ainda assim é tão simples. Estamos aprendendo, como diz Rumi, a fazer visitas regulares a nós mesmos.

Busque formas de criar um ritmo de prática. Muitas tradições contemplativas recomendam definir um horário regular do dia para meditar — geralmente de manhã cedo, pois a mente está mais calma ao acordar do que mais tarde ao longo do dia. Entretanto, o melhor horário para você é aquele em que você pode realisticamente se comprometer com regularidade. Algumas pessoas escolhem fazer duas meditações curtas, uma no começo e outra no fim do dia.

Por quanto tempo devemos praticar? Entre 15 e 45 minutos funciona para muitas pessoas. Se você começou a meditar agora, 15 minutos podem parecer uma eternidade, mas essa impressão vai mudar à medida que a sua prática evolui. Se você meditar todos os dias, vai experimentar benefícios visíveis (menos reatividade, mais calma), e é provável que você escolha aumentar o tempo de prática. Seja qual for a duração, é melhor decidir antes de começar e ter um relógio ou timer por perto. Assim, em vez de ficar enredado em pensamentos sobre quando parar, você pode se doar por completo à meditação.

Se possível, dedique um espaço exclusivamente para a sua meditação diária. Escolha um espaço relativamente protegido e silencioso onde você possa deixar sua almofada (ou cadeira), de forma que ela esteja sempre lá para você retornar. Você pode querer criar um altar com uma vela, fotos inspiradoras, estátuas, flores, pedras, conchas — qualquer coisa que desperte a sua noção de beleza, encantamento e sagrado. Isso sem dúvida não é necessário, mas pode ajudar a criar um estado de espírito e relembrá-lo daquilo que você ama.

Mantendo a sua prática

Manter uma prática regular pode ser desafiador. Durante os 12 anos em que vivi no *ashram*, eu tinha com quem praticar todos os dias. Com esse tipo de apoio, arrumar tempo para a meditação diária se tornou um fato estabelecido na minha vida. Não foi tão fácil quando saí. Dentro de um ano eu dei à luz o meu filho, Narayan, e me vi com um bebê recém-nascido e um cronograma instável.

Uma manhã eu acordei me sentindo particularmente mal-humorada e, depois de explodir com o pai do Narayan por esquecer alguma coisa no supermercado, ele recomendou que eu tirasse algum tempo para meditar. Entreguei o bebê, me joguei em frente ao meu altar e imediatamente me dissolvi em lágrimas. Eu sentia falta do ritmo da minha prática. Sentia falta de fazer visitas regulares a mim mesma! Naqueles momentos, com o sol entrando pelas janelas, e o som do meu marido conversando com Narayan ao fundo, fiz um juramento. Não importa o que estivesse acontecendo, eu criaria um tempo todos os dias para ficar em silêncio e prestar atenção à minha experiência. Mas tinha uma condição: não importava o tempo que eu passaria sentada.

Desde então, criei esse tempo. Eu em geral medito de 30 a 40 minutos de manhã, mas houve dias, especialmente quando Narayan era pequeno, em que não foi possível. Em vez disso, eu me sentava à beirada da cama logo antes de dormir, e intencionalmente relaxava o corpo, me abrindo para as sensações e emoções que estavam presentes. Então, depois de alguns minutos, eu recitava uma prece e me enfiava embaixo das cobertas. Como meu corpo mudou, e longas sessões sentada se tornaram mais difíceis, eu frequentemente faço uma meditação em pé. Ainda assim, o compromisso com a prática diária "não importa o que aconteça" tem sido um dos grandes apoios na minha vida.

Para algumas pessoas que conheço, minha abordagem é uma via certa para a autopunição. Alguma coisa acontece — um resfriado forte, pegar no sono cedo, simplesmente esquecer — e a promessa foi quebrada. O ponto principal é apreciar, e não se estressar com a prática da meditação. É como na famosa fala da Julia Child, "Se você derrubar alguma coisa, apenas pegue de volta. Quem vai saber?" Se você deixar de praticar por um dia, uma semana ou um mês, simplesmente comece novamente. Está tudo bem.

A menos que você se sinta enriquecido pela meditação, você não vai continuar. É difícil se sentir enriquecido se você passar a meditar de forma mecânica, se você praticar por culpa, se você se julgar por não progredir ou se você se fechar na sensação sombria de que "eu estou por minha própria conta". Uma das melhores maneiras de evitar essas armadilhas é praticar com outras pessoas. Você pode buscar uma aula de meditação com um professor ou encontrar amigos que se interessem em dividir a experiência com você. Se for possível, participe de um retiro de fim de semana ou de uma semana, pois isso vai aprofundar a sua prática, assim como a fé na sua própria capacidade de ficar em paz e atento. Essa é uma época maravilhosa para praticar a meditação! Meditantes têm um conjunto de recursos cada vez maior — CDs, livros, *podcasts*, professores, companheiros de meditação — para apoiá-los à medida que trilham esse caminho (veja "Recursos").

Fora da almofada:
Treino de meditação e vida cotidiana

O autor e estudioso budista Robert Thurman brinca que os budistas estão sempre falando de prática: "Prática, prática, prática," diz ele. "O que eu quero saber é: quando é a atuação?". Não há atuação, mas há a possibilidade de estarmos mais despertos nos momentos da vida diária que costumavam ser perdidos para o transe em que antes nos encontrávamos.

Para Jeff e Arlene, o casal do início do capítulo, a prática da meditação foi central para recuperarem a relação. A estratégia deles (que é usada por muitos casais com quem eu trabalho) foi fazer um "intervalo" meditativo sempre que eles se viam presos em uma das suas danças reativas de raiva e de se sentir na defensiva. Qualquer um deles podia pedir essa pausa intencional, e ambos concordaram em honrar o pedido. Eles se sentavam em silêncio — separadamente ou juntos (eles experimentaram ambos) — e aproveitavam as habilidades que vinham cultivando na prática formal: lembrar suas aspirações (de escolher a presença, de decidir pelo amor); sair de histórias de acusação; relaxar e se acalmar com a respiração; e trazer a presença para as suas dores e medos. Depois de dez ou 15 minutos dessa minimeditação, eles checavam um com o outro se eles se sentiam prontos para recomeçar a conversa. O parâmetro que usavam para verificar se estavam prontos era sentirem-se em contato com a própria vulnerabilidade no lugar de acusações. Se algum deles precisasse de mais tempo, eles consentiam esse tempo, e em várias ocasiões concordaram em esperar até o dia seguinte para conversar. Mas, na maioria das vezes, depois de um pequeno período de meditação, eles passavam a ser mais capazes de identificar seus sentimentos reais e comunicá-los abertamente. Ao aprender a parar e escolher a presença, eles descobriram um nível de entendimento e cuidado que não sonhavam ser possível.

Alunos de meditação muitas vezes me perguntam o que poderia ajudá-los a se lembrar da presença no meio das coisas. Minha primeira resposta: "Apenas pare." Minha segunda resposta: "Pare outra vez, respire com consciência algumas vezes e então relaxe." Nossas vidas constantemente pulam para o futuro, e o único caminho de volta para o aqui e agora é parar. Mesmo poucos momentos de atividade suspensa, uma minimeditação ou apenas sentar quieto por algum tempo, pode reconectá-lo com um sentido de vivacidade e atenção. Essa conexão vai se aprofundar se, durante aqueles momentos, você intencionalmente estabelecer contato com o seu corpo, respirar e relaxar.

Uma brincadeira que eu faço comigo mesma é ver se consigo me lembrar espontaneamente de parar em situações nas quais eu só quero terminar logo e me ver livre. Lavar os pratos. Andar do meu escritório para a cozinha. Ler e-mails. Comer pipoca. Parar é uma forma maravilhosa e radical de me arrancar da realidade virtual e me descobrir novamente no centro da roda, alerta, aberta e aqui.

Uma pausa meditativa deliberada nos ajuda a saborear a bondade e a beleza muitas vezes esquecidas que há em nós e à nossa volta. Frances, uma cliente, se sentiu devastada quando suas duas filhas escolheram passar um feriado com o pai (seu ex-marido) em vez de viajar com ela. "Você não é divertida, mãe, você não sabe relaxar," disse uma delas. Quando protestou, as filhas apontaram que ela era "só trabalho" e era séria até mesmo quando planejava atividades para as férias. Frances se reconheceu nas palavras delas. A mais velha, de cinco filhos, tinha se tornado prematuramente a cuidadora de seus irmãos quando a sua própria mãe ficara doente. "Eu não sei brincar," comentou tristemente. "Eu me sinto muito mais à vontade me mantendo ocupada, fazendo coisas."

Abalada pelo que sentiu ser uma rejeição por parte das filhas, Frances começou uma prática diária de meditação para aprender a relaxar. Mas, quando ela me chamou para orientá-la, sua postura rígida e sua testa firmemente franzida me mostraram que a sua abordagem de meditação era tão séria quanto a que utilizava nas outras áreas da vida.

Sugeri que encontrasse um lindo lugar para caminhar e fazer algumas de suas meditações. Sua tarefa era ainda despertar dos pensamentos quando ficasse consciente deles; mas, em vez da respiração, seu ponto de apoio eram todos os sentidos. Ela ficaria consciente da pressão de seus pés na terra, das imagens, cheiros e sons do mundo natural. Pedi que ela parasse toda vez que algo lhe chamasse a atenção por ser belo ou interessante e, então, oferecesse a sua atenção total àquela experiência.

Quando nos encontramos muitos meses depois, Frances me deu um relatório da meditação: Ela disse, "Tara, minhas caminhadas são um longo demorar!" E continuou a me falar do prazer que sentia em outras partes da vida — comer um pêssego devagar e saborear a textura e o gosto, tomar banhos quentes demorados e, cada vez mais, durante a meditação sentada, simplesmente relaxar com o movimento da respiração. O mais importante, Frances estava conhecendo as próprias filhas de um jeito novo, apreciando a risada contagiosa de uma, o encanto da outra. "Eu as estou aproveitando" afirmou sorrindo, "e elas parecem não se importar de sair comigo!" Frances estava descobrindo a bênção de escolher a presença — se tornar íntima da vida que está aqui mesmo, agora mesmo.

Confiando no seu coração e na sua consciência

Numa conferência com o Dalai Lama, na Índia, alguns budistas ocidentais perguntaram a ele qual era a mensagem mais importante que poderiam levar para casa a fim de compartilhar com seus alunos de meditação. Depois de pensar por alguns instantes, com um amplo sorriso, o Dalai Lama acenou com a cabeça e sorriu abertamente. "Diga a eles que podem confiar em seus corações e na consciência para despertar no meio de todas as circunstâncias."

Desejamos confiar na nossa capacidade de lidar com as dificuldades, crescer, amar mais e ser tudo aquilo que podemos ser. Muitas vezes, começamos a meditar como uma forma de nos conectar com o nosso coração e com a nossa consciência, e de viver mais confiantes em nós mesmos. No entanto, tenho visto que, para muitas pessoas, a maior dificuldade em manter a prática de meditação é a dúvida: "Eu não estou fazendo certo. Não estou entendendo. Não está funcionando." Os alunos me dizem que não conseguem controlar os pensamentos, que eles não são capazes de manter nenhuma experiência sincera de presença. Eles se perguntam porque meditar é tão difícil.

Treinar a nossa atenção é difícil. Andamos na contramão de incontáveis horas perdidas em pensamento e somos inconscientemente guiados por carências e medos. É como se tivéssemos passado nossas vidas numa bicicleta, pedalando com força para sair do momento presente. Pedalamos para resistir ao que está acontecendo, pedalamos para tentar fazer alguma coisa acontecer, pedalamos para tentar chegar a outro lugar. Quanto mais sentimos que algo está faltando, ou algo está errado, mais rápido pedalamos. Mesmo no meio da meditação podemos perceber que estamos pedalando — nos esforçando para ficarmos focados na respiração, correndo atrás de uma ilusão. A meditação é uma armadilha para nos sentirmos imperfeitos a menos que respeitosamente reconheçamos a força do nosso condicionamento para fugir da presença. Essas tendências de buscar falsos refúgios são caminhos neurais fortemente sulcados: *Não é nossa culpa!* Dado esse condicionamento, como podemos seguir o conselho de Dalai Lama e confiar em nossos corações e nossas consciências?

Os "fazeres" intencionais na meditação (especificar a nossa experiência, escanear o corpo com atenção plena ou focar na respiração) nos ajudam a parar e abrir-nos para a vida do momento. Ainda que fiquemos tão presos à necessidade de fazer algo mais, nós nos ajudamos mais profundamente com a intenção de *soltar*. Para a Pam, o fato de sussurrar "eu consinto" a abriu para a presença amorosa durante os últimos dias de seu marido; para mim, refletir sobre me entregar às ondas relaxou a minha tendência de controlar a vida e me conectou com uma consciência mais ampla. Mais recentemente, lembro-me, de uma frase do poeta Rainer Maria Rilke: "Deixe tudo acontecer a você, a beleza, o terror..." Sinta-se livre para experimentar com autolembretes. Que palavra ou frase te ajuda a parar de pedalar, a relaxar seu "fazer" habitual e simplesmente ser?

Certa vez, o professor hindu Swami Satchidananda foi questionado por um aluno se precisaria se converter ao hinduísmo para ir fundo na pratica de ioga. A resposta de Satchidananda foi: "Eu não sou hindu, eu sou *undo* (*desfazer* em inglês)". Da mesma forma, quando a meditação nos liberta, ela não nos torna algo melhor ou diferente, nem nos leva a algum lugar. Não estamos pedalando para a realização espiritual. Em vez disso, a meditação permite um desfazer do nosso comportamento controlador, um desfazer das nossas crenças limitantes, um desfazer da tensão física habitual, um desfazer da armadura defensiva, e, por fim, um desfazer da nossa identificação com um eu pequeno e ameaçado. Desfazendo todo fazer, descobrimos um coração amplo e a consciência que está além de qualquer identidade do pequeno eu; o coração e a consciência que nos dão refúgio frente a qualquer situação na vida. Esse é o presente da prática de meditação — descobrimos que podemos confiar no nosso ser mais profundo.

Meditação guiada: voltar

A prática de atenção plena é um portal de entrada direto para a presença natural. "Voltar" guia você a retornar para a presença quando você se distrai. Isso vai ajudá-lo a manter uma atenção focada no momento presente.

> *Encontre uma postura sentada confortável. Você vai ficar mais desperto e alerta se sentar-se numa cadeira, almofada ou banco de ajoelhar com suas costas e sua postura o mais eretas, altas e equilibradas possível. Em torno da postura ereta, deixe o resto do seu esqueleto e todos os seus músculos suspensos livremente. Deixe as mãos descansarem confortavelmente sobre os seus joelhos ou colo.*

Permita que seus olhos se fechem ou, se preferir, fique com eles abertos, com um olhar suave e receptivo.

Faça ciclos respiratórios completos diversas vezes, e, a cada expiração, conscientemente se solte, relaxando o rosto, ombros, mãos e músculos abdominais. Então, depois de retornar ao ritmo natural de respirar, escolha uma âncora para a sua meditação. Em geral, as âncoras mais úteis são baseadas nos sentidos. Você pode prestar atenção a:

- *A respiração à medida que ela entra e sai do nariz.*

- *Outras sensações que surgem com a respiração, como a subida e a descida do peito, ou a expansão e a contração da área abdominal.*

- *Sons internos ou os que estiverem à sua volta.*

- *Outras sensações físicas que surgem quando você experimenta a postura sentada de "dentro para fora". Essas sensações podem incluir formigamento nas mãos, calor ou frio em qualquer lugar do corpo, contração ou relaxamento de determinados músculos.*

Tire alguns momentos para trazer uma atenção plena, relaxada e íntima para a sua âncora. Você pode imaginar que toda a sua consciência está aqui mesmo, aberta para o fluxo da sua respiração momento-a-momento (ou outras sensações ou sons)? Você não precisa forçar a sua atenção; em vez disso, veja se é possível receber a experiência e relaxar com a expressão oscilante da âncora que você escolheu. Sinta como a sua âncora conecta você com a qualidade de estar alerta e presente no centro da roda.

Qualquer que seja a sua âncora, você vai logo descobrir que a sua mente se distrai, deixa o centro da roda e circula em pensamentos. Essas distrações são totalmente naturais — assim como o corpo secreta enzimas, a mente gera pensamentos! Não há necessidade de julgar os pensamentos ou fazer deles inimigos; em vez disso, sempre que você notar um pensamento, reverencie aquele momento de reconhecimento como um momento de despertar. Essa atitude respeitosa é essencial para voltar para casa e se reconectar com a plenitude da presença.

Quando perceber que esteve perdido em pensamentos, você pode achar interessante reconhecer isto dizendo para si mesmo, "Isto é um pensamento" ou "Pensando, pensando." Então, simplesmente pare — não há necessidade de voltar correndo para o seu ponto de apoio. Você vai voltar à presença naturalmente, tirando uns momentos para ouvir os sons; relaxar novamente os ombros, mãos e abdômen; e relaxar o seu coração. Observe a diferença entre qualquer pensamento e a vivacidade de estar aqui! Então, gentilmente guie a sua atenção de volta à sua âncora como uma forma de manter a presença no centro da roda.

Continue a praticar com a intenção de reconhecer pensamentos e, repetidas vezes, voltar a um foco relaxado na sua âncora. Essa prática simples de voltar ao centro da roda é uma forma poderosa de estabelecer a atmosfera para a consciência plena. Mesmo quando você expandir a sua prática de meditação, esse treinamento pode continuar como um elemento fundamental na sua rotina diária.

Meditação guiada: *estar aqui*

"Estar aqui" cultiva diretamente a abertura e a claridade da consciência plena — a quietude alerta no centro da roda. Juntas, "Voltar" e "Estar aqui" introduzem algumas habilidades essenciais da atenção plena compreendidas na meditação vipassana.

> *Coloque-se numa posição sentada que permita que você esteja, ao mesmo tempo, alerta e relaxado. Permita que a sua atenção faça uma varredura no seu corpo e, se você notar áreas de tensão óbvias, veja se é possível suavizar algumas e soltá-las. Depois disso, traga a sua atenção para a âncora que você escolher e use o tempo que*

for necessário para fazer a prática "Voltar". Enquanto a princípio a mente pode estar inquieta e distraída, depois de poucos minutos você pode notar que há lacunas maiores entre os pensamentos, e mais momentos de descanso com a sua âncora no centro da roda.

Continue com uma atenção firme, porém gentil na sua âncora, entretanto inclua também na sua consciência o que quer que você observe no segundo plano da sua experiência sensorial. Por exemplo, você pode estar usando o fluxo de entrada e saída da respiração como ponto de apoio, enquanto também está consciente dos sons ambientes, de uma sensação de inquietude, uma coceira, de uma sensação de calor. Por algum tempo, estas experiências podem ir e vir sem tirar a sua atenção da âncora. Mas, se uma experiência tem uma qualidade fascinante — se ela chama a sua atenção —, então permita que ela substitua a âncora em ocupar o primeiro plano da sua atenção. Talvez você fique fortemente consciente de estar com sono. Seu trabalho é reconhecer a sua experiência de "sonolento". Sinta a sonolência como uma constelação de sensações no seu corpo. Observe onde você está mais consciente das sensações, e como elas são. Há uma queimação atrás dos olhos? Peso ou pressão no peito? Uma mente confusa? Note como as sensações mudam: elas ficam mais fortes, continuam as mesmas ou desaparecem? Continue a prestar atenção na sonolência — notando como ela é e "deixando estar" — até que ela não chame mais a sua atenção.

Algumas vezes você vai descobrir que a sonolência se transforma em outra coisa que é irresistível, talvez ansiedade por estar com sono. Você pode estar tendo pensamentos sobre perder o seu tempo na meditação, ou medo de passar o dia todo cansado. Fique consciente dos pensamentos ("pensando, pensando") e sinta a sensação de medo no corpo. Há um aperto no peito? Uma sensação de dor ou de aperto? Assim como com a sonolência, observe como as sensações se deslocam e se modificam em intensidade, e deixe-as apenas ser como são. Quando elas não mais chamarem a sua atenção, retorne à sua âncora. Dessa forma, o que quer que surja — pensamentos, emoções, sensações — é incluído no centro da roda, recebido com uma presença não julgadora. Sua prática é apenas reconhecer e permitir o que está aqui.

Como um suporte para estar aqui, você pode fazer uma nota mental quando surgirem experiências fortes. Dar nome às suas sensações ("queimando, queimando"), emoções ("medo, medo") e tipos de pensamentos ("preocupação, preocupação") pode ajudá-lo a reconhecer mais claramente o que ocorre dentro de você, sem deixar a presença no centro da roda. Deixe o tom do seu sussurro mental ser de gentileza e aceitação: o propósito de observar é ajudá-lo a se conectar com a sua experiência real sem julgamento ou resistência. Não há necessidade de encontrar o rótulo certo, ou de tentar dar nome a tudo o que está acontecendo. Se observar parece deixá-lo distraído ou desajeitado — se interfere com o fluxo da presença —, então faça isso com moderação ou deixe de lado completamente.

Se sua mente está um tanto ocupada e continua deixando o centro da roda, é natural que a sua meditação inclua um movimento fluido entre "Voltar" e aprofundar a presença com "Estar aqui". No entanto, se você notar que a mente fica razoavelmente estável, você pode experimentar soltar a sua âncora. Sem nenhum esforço para direcionar a sua atenção, repouse no estado de alerta silencioso no centro da roda e receba o que quer que surja conscientemente. Pensamentos podem ir e vir — a sensação da respiração, um som do lado de fora, uma pontada de medo. Deixe que a sua única intenção seja reconhecer e permitir o que está acontecendo, momento a momento. Soltando o controle e relaxando com o fluxo da experiência em constante mudança, você vai começar a habitar a plenitude da presença natural. Note como o centro da roda é na verdade ilimitado; como, em vez de uma localização particular de "aqui", a experiência está surgindo e passando na abertura atenta da própria consciência. Repouse nesta consciência, permitindo que toda a vida viva através de você.

4 . Três portais para o refúgio

Às vezes, você ouve uma voz atrás da porta te chamando,
Como um peixe fora d'água ouve as ondas...
Volte. Volte.
Esse voltar para o que você ama profundamente te salva.
RUMI

O grande presente de um caminho espiritual é vir a confiar que você pode encontrar o caminho para o refúgio verdadeiro. Você percebe que pode começar exatamente onde você está, no meio da sua vida, e encontrar paz em qualquer circunstância. Mesmo naqueles momentos quando o chão treme terrivelmente sob você — quando há uma perda que pode alterar a sua vida para sempre —, você ainda pode confiar que vai encontrar o caminho para casa. Isso é possível porque você tocou o amor e a consciência atemporais que são intrínsecos a quem você é.

Olhando para o passado através da história e de muitas tradições religiosas e espirituais, podemos reconhecer três portais arquetípicos que aparecem com frequência no caminho universal do despertar. Para mim, as palavras que melhor capturam o espírito destes portais são "verdade", "amor" e "consciência". Verdade é a realidade viva que é revelada no momento presente; amor é o sentimento de conexão ou unidade com todas as formas de vida; e consciência é o estado de alerta silencioso por trás de toda experiência, a consciência que está lendo estas palavras, ouvindo sons, percebendo sensações e sentimentos. Cada um desses portais é uma parte fundamental de quem nós somos; cada um é um refúgio porque está sempre aqui, incorporado ao nosso próprio ser.

Se você está familiarizado com o caminho budista, você pode reconhecer esses portais como eles aparecem na sua ordem tradicional:

Refúgio no Buda ("o desperto" ou a nossa consciência pura)
Refúgio no Darma (a verdade do momento presente; os ensinamentos; o caminho)
Refúgio na Sanga (a comunidade de amigos espirituais ou amor)

Entretanto, nos capítulos que seguem, sequenciei os portais de uma forma diferente, da forma que imaginei torná-los mais acessíveis. Para muitas pessoas, em particular aquelas que treinam meditação, entrar em contato com a verdade do momento presente é a primeira abertura para o refúgio interno. Para outras, é despertar o amor. Normalmente, é depois de nos familiarizarmos com esses portais da verdade e do amor que exploramos voltarmo-nos para a consciência sem forma. Com o tempo, a reflexão sobre qualquer um dos portais vai, levar aos outros. Eles são verdadeiramente inseparáveis.

Os mesmos portais são centrais no caminho hindu e expressos em termos em sânscrito: *sat* (verdade final ou realidade); *ananda* (amor ou felicidade); e *chit* (consciência ou percepção). E eles aparecem novamente em interpretações da trindade cristã: Pai (fonte ou consciência); Filho (consciência em forma da realidade viva/verdade); e Espírito Santo (amor, o amor entre pai e filho).

Isso tudo parece bastante abstrato, fora do alcance quando estamos presos nas nossas lutas diárias? Como podemos entrar nesses portais nas nossas vidas cotidianas? Se você olhar novamente, verá que cada domínio de refúgio tem um aspecto exterior e um aspecto interior. As expressões exteriores de refúgio são as fontes de cura, apoio e inspiração que encontramos no mundo à nossa volta. Podemos aprender com professores sábios (verdade). Podemos ser nutridos pelo calor de bons amigos e da família (amor). Podemos ser estimulados pelo exemplo de líderes espirituais (consciência). Toda religião e caminho espiritual oferece esses refúgios exteriores. Se estamos dispostos a nos envolver com eles, eles podem nos oferecer ajuda imediata e concreta para viver nossas vidas diárias. Além disso, cada refúgio exterior oferece algo mais: é um portal para os refúgios interiores de consciência pura, o fluxo vivo de verdade e amor sem limites. Quando habitamos estas expressões da nossa verdadeira natureza, o transe da separação se dissolve, e estamos livres.

Os aspectos externos e internos do refúgio

Refúgio externo	Refúgio interno
VERDADE	
Meditação, ética, ensinamentos	Compreender a natureza da realidade; incorporar a presença viva
AMOR	
Relacionamentos conscientes consigo mesmo e com outros	Compreender a unidade; incorporar a presença amorosa
CONSCIÊNCIA	
Figuras espirituais inspiradoras	Compreender e incorporar a consciência vazia e luminosa

O portal da verdade

Em páli, a língua das antigas escrituras budistas, a palavra *darma* pode significar, "caminho" ou "natureza das coisas". Quando eu e outros professores budistas oferecemos "palestras sobre o darma" nas nossas aulas e retiros, nós nos referimos a três formas de começar a nos refugiar na verdade: trabalhar com a nossa vida interior pela prática de meditação; nos dedicar a comportamentos sensatos e éticos; e entender os ensinamentos ou verdades que nos guiam no caminho espiritual.

Meditação: acordando para a verdade

Você pode ter sido apresentado ao treinamento da atenção plena — sem qualquer referência ao budismo — numa clínica, na psicoterapia ou em um seminário corporativo. O simples fato de perceber que podemos intencionalmente direcionar a nossa atenção pode ser uma descoberta radical e maravilhosa. Mesmo quando estamos apenas começando a praticar, podemos experimentar a qualidade calma de estar centrados que surge quando acordamos dos pensamentos e descansamos com a respiração e a lucidez de nos tornarmos atentos à nossa experiência momento a momento.

Muitas pessoas inicialmente vêm para a minha aula de meditação nas quartas-feiras à noite por razões de saúde ou para alívio do estresse. Elas ficam um pouco surpresas com o que descobrem.

Terrance era um juiz de um tribunal superior de Washington, D.C. Ele me procurou depois da sua primeira aula para falar sobre o trabalho. Ele frequentemente se sentia sobrecarregado pelas salas de tribunal lotadas e pelo sofrimento intenso que ele observava dia após dia. Ele me perguntou o que poderia fazer para encontrar mais espaço para respirar no meio disso tudo. Pegando a deixa das palavras dele, "espaço para respirar," sugeri uma prática meditativa diária que usasse a respiração como âncora. Então, mesmo no trabalho ele seria capaz de parar e rapidamente estabelecer uma conexão com a respiração, e encontrar alguma clareza e tranquilidade internas.

Terrance era disciplinado. Ele passou a participar de um curso que demos a um grupo de juízes e praticou meia hora por dia por conta própria. No fim do curso, ele me procurou de novo. "Funciona, Tara," ele disse com um sorriso, "mas não exatamente da forma que eu esperava. Eu estou mais calmo, com certeza. Mas tem mais. Cada pessoa que entra no tribunal hoje em dia se tornou uma pessoa real, alguém que merece o meu respeito. Mais do que isso... cada um é na verdade 'não outro' além de mim, da forma mais básica possível. Entrei em contato com um amor e uma consciência que eu tinha entendido intelectualmente, mas nunca tinha experimentado de forma direta."

Os benefícios populares atribuídos à meditação são concretos, quantificáveis e imensamente valorosos, mas o Buda tinha uma intenção mais fundamental: cultivar uma mente relaxada e atenta nos permite ver diretamente a verdade sobre quem somos. Terrance estava começando a experimentar momentos nos quais a compaixão e a conexão não eram apenas ideias, mas experiências vividas.

Ética: vivendo alinhados com a verdade

Os tibetanos ensinam que devemos permitir que nossa mente seja tão vasta quanto o céu e nossa conduta diária seja tão refinada quanto um grão de areia. Isso reflete uma verdade básica: o modo como vivemos hoje — a forma como tratamos os outros, a energia por trás de nossas palavras, nossos hábitos de nos relacionarmos com a terra — afeta a nossa própria consciência e se propaga no mundo à nossa volta. A cada momento, o que escolhemos dizer e fazer planta a semente do nosso futuro. Lembrar dessa verdade e permitir que ela oriente as nossas ações é essencial para abrir o nosso coração e a nossa mente para o refúgio interior da verdade.

Como muitos líderes espirituais, o Buda ensinou uma reverência fundamental pela vida e um compromisso de não causar dano. Seus ensinamentos nos guiam a evitar matar, roubar, mentir, abusar de intoxicantes ou causar dano através de atividade sexual. Eles também nos convidam a uma vida compassiva: a nutrir e preservar a vida, a sermos generosos, a falar a verdade com gentileza, a cuidar dos nossos corpos e mentes e a trazer consciência e respeito para os relacionamentos.

Tenho visto como esses ensinamentos podem proporcionar às pessoas um bote salva-vidas em águas turbulentas. Manny, um dos meus alunos de meditação, era líder de projetos em uma empresa inovadora que tinha criado alguns softwares bem-sucedidos. Grande parte do brilho criativo por trás desses desenvolvimentos tinha partido de dois jovens, um rapaz e uma moça de sua equipe. Ainda assim, em suas reuniões com executivos da empresa, ele nunca mencionava o trabalho deles. Um dia, quando Manny refletiu sobre suas ações, sentiu um sobressalto de desgosto: aquilo era roubar. Ele tomara para si mesmo o crédito que era devido a outros. Também era mentir: ele não tinha reconhecido a verdade. A partir de então, ele fez questão de honrar as contribuições da sua equipe, não só para os próprios membros da equipe, mas também para seus superiores. Ele notou que a mente dele passou a ser mais clara, e ele se sentiu mais à vontade consigo mesmo.

Um amigo brinca que não podemos esperar passar o dia mentindo, roubando e batendo em pessoas e então voltar para casa para uma sessão de meditação agradável e serena. Agir de forma violenta ou manipuladora afeta diretamente o nosso sistema nervoso e o nosso humor. Da mesma forma, viver eticamente promove um coração feliz, satisfeito. Mesmo se não estamos completamente em contato com a nossa própria sabedoria e compaixão, quando fazemos um esforço consciente para agir de maneiras que sejam úteis e bondosas, há um efeito de fora para dentro. Passamos a ser mais equilibrados e alinhados energeticamente, e ficamos mais em paz com o modo como estamos nos relacionando com a vida interior e a vida à nossa volta.

Ainda assim, ter um compromisso de não causar dano não significa que devemos nos torturar se dissermos algo ofensivo ou tomarmos cerveja demais. Em vez disso, nosso compromisso pode ser um poderoso incentivo para parar e observar o que está acontecendo no meio da atividade. Conforme aprendemos a aprofundar nossa atenção desta forma, nos tornamos cada vez mais conectados com nossa reverência inerente pela vida.

Ensinamentos sobre a verdade: aceitando o que é real

Mais ou menos 20 anos atrás, uma boa amiga e eu fomos de carro para o Estado da Virgínia para assistir a um retiro conduzido pelo professor zen vietnamita Thich Nhat Hanh. Na cerimônia de encerramento, ele nos pediu para escolher um parceiro — eu me virei para olhar para a minha amiga — e fazer uma reverência para essa pessoa. Ele então nos instruiu a abraçar nosso parceiro enquanto inspirávamos e expirávamos profunda e conscientemente por três vezes. Com a primeira respiração, ele nos disse para refletir, "Eu vou morrer"; com a segunda, "Você vai morrer"; e com a terceira, "E nós temos apenas esses momentos preciosos." Depois de lentamente soltar o nosso abraço, minha amiga e eu nos olhamos através das lágrimas. Thich Nhat Hanh tinha, de uma forma linda, nos voltado para o refúgio da verdade.

Não é fácil encarar e aceitar as realidades da nossa existência. Estamos profundamente condicionados a tentar segurar seja lá o que esperamos que nos dê segurança e prazer, e a nos proteger da dor. A atitude de segurar prendeu o meu amigo Paul em duas décadas de conflito no seu casamento. Uma pessoa extrovertida que florescia estando com outros, Paul se sentia excluído por sua esposa, Karen. "Ela prefere ficar sozinha com o nosso gato e a poesia dela," ele reclamava, "do que passar tempo comigo." Magoado e com raiva, ele a acusava de abandoná-lo emocionalmente, de não se importar com ele, de não estar presente. A resposta dela era se afastar ainda mais. Então, durante um fim de semana em que Karen estava fora visitando a filha adulta deles, ele teve uma percepção fabulosa. "Semana após semana, ano após ano, eu vinha pressupondo que ela *deveria* ser diferente, que nosso relacionamento deveria ser diferente... e Karen é do jeito que ela é." Ele percebeu que ele e Karen nunca alcançariam o sonho de intimidade dele. Quanto mais ele se abrisse diretamente para sua própria dor e solidão, mais ele começaria a aceitar Karen como ela era. O relacionamento deles se tornou mais fundamentalmente relaxado e honesto, respeitoso e carinhoso. "Quando decidimos que queríamos nos separar, não foi porque estávamos em guerra," Paul me falou. "Foi porque estávamos sendo honestos... aceitando as coisas como elas eram." Então, ele acrescentou melancolicamente, "É triste como nós escondemos nosso amor por todos aqueles anos, querendo que o outro fosse diferente."

Quando atravessamos o portal da verdade, começamos reconhecendo o que é real e aceitando. Aceitar não significa resignação passiva; é um compromisso corajoso com a realidade da nossa experiência. Podemos não gostar do que descobrimos, mas podemos abraçar o que quer que seja numa presença compassiva. Quanto mais repousamos nessa presença, mais lúcida a nossa atenção se torna. Nós vemos o que está além do jogo dos pensamentos, sentimentos e sensações oscilantes, e descobrimos nosso refúgio interior — a abertura e a ternura alertas que contemplam e envolvem toda a experiência.

O PORTAL DO AMOR

Participar de uma comunidade consciente é um lindo refúgio exterior e oferece um caminho poderoso para entrar no verdadeiro refúgio. Na tradição budista, a palavra *sanga* originalmente se referia à congregação de monges e monjas que seguiam o caminho do Buda. Hoje em dia, no Ocidente, o conceito de *sanga* se expandiu. O elemento-chave que distingue uma *sanga* ou comunidade consciente de outras organizações sociais é o compromisso com um conjunto particular de valores compartilhados e com práticas ou rituais compartilhados que servem ao despertar espiritual. Algumas das *sangas* mais conhecidas na nossa cultura são grupos de 12 passos, comunidades cujos membros se ajudam a permanecer livres de comportamentos de vício e a transformar suas vidas para melhor.

Todas as religiões e grupos religiosos têm as suas formas de comunidade espiritual, mas você não precisa de afiliação formal para experimentar esse tipo de pertencimento. Nossa comunidade de meditação inclui pessoas de muitas tradições, assim como aquelas que são resolutamente laicas. Dentro da comunidade maior, participantes começaram mais de 25 grupos menores, chamados *kalyana mitta*, ou grupos de amigos espirituais, que exploram como manter os ensinamentos vivos na vida diária. Esses grupos estão abertos a qualquer pessoa que se interesse. Alguns membros também se juntam a grupos para populações particulares por afinidade — adolescentes e jovens adultos; pessoas de diferentes etnias; pessoas com algum vício; lésbicas, gays, bissexuais, transgêneros e simpatizantes.

Claro, podemos experimentar o benefício da *sanga* mesmo não fazendo parte de um grupo espiritual. É com a família e amigos que frequentemente experimentamos nossos despertares mais contínuos, desafiadores e profundos. Nossos corações se abrem quando celebramos nascimentos e casamentos, quando choramos a morte de pessoas queridas, quando nos reunimos numa comemoração, quando confessamos uma verdade difícil e ajudamos uns aos outros a lidar com a doença e com o estresse. Na intimidade desses momentos, nós vislumbramos quem somos além do transe do pequeno eu.

O refúgio do amor continua a ganhar vida para mim de formas simples e pungentes. Acontece quando estou silenciosamente fazendo companhia a um amigo ou amiga no meio da sua dor, quando meu marido, Jonathan, conduz a mim e ao meu computador por um campo minado tecnológico, quando membros do nosso conselho comunitário ouvem respeitosamente as opiniões conflitantes uns dos outros. Acontece quando estou trabalhando com outras pessoas em um propósito compartilhado, seja escrevendo alguma coisa, resolvendo um problema, preparando uma refeição ou ajudando o nosso mundo de alguma forma pequena, mas real. Meu senso de um "eu" se torna mais solto e permeável. Sou parte de algo maior, não mais contraída pela dor e pelo medo da separação.

As pessoas entram na nossa comunidade de meditação com a expectativa de que todos serão gentis, ponderados e generosos. Afinal de contas, somos um grupo espiritual! Elas podem ficar desiludidas e desapontadas quando seus companheiros de meditação fazem comentários insensíveis ou julgadores, ficam na defensiva sobre estar "certos", e entram em conflito. Elas também podem se desiludir quando ficam cara a cara, novamente, com seus próprios sentimentos feridos e com suas formas familiares de se sentir ofendidos, de manter distância dos outros.

Mas, mesmo quando surgem sentimentos de acusação ou de estar na defensiva, algo profundo pode mudar se os envolvidos trazem uma presença comprometida ao que está acontecendo. É quando a comunidade se torna um refúgio — um lugar de verdadeiro despertar.

Charlie, um estudante universitário do último ano que veio até mim para aconselhamento, tinha sido negligenciado pela mãe e sofrido abuso por parte do pai. Quando ele passou a participar dos

Narcóticos Anônimos, ele se descobriu incapaz de confiar que o seu padrinho se importasse com ele ou que os membros do seu grupo local realmente o quisessem lá. Incentivei o Charlie a ficar e se comprometer não só com a abstinência, mas a se envolver plenamente com as outras pessoas que estavam no programa. Embora tenha levado muitos meses de encontros regulares, ele veio a sentir que finalmente tinha encontrado uma família de verdade.

Alguns de nós, como o Charlie, sempre estiveram do lado de fora olhando para dentro. Outros precisam estar no controle e não se sentem realmente próximos às pessoas. Podemos sentir que estamos sempre em conflito, seja sendo excessivamente agressivos ou estando na defensiva com os outros. Qualquer que seja a nossa história, a capacidade de ter relacionamentos autênticos e íntimos permanece com a gente e ganha vida com a prática. Isso acontece quando aprendemos a estar deliberadamente atentos, no momento presente, com a gente mesmo e com os outros. Podemos fazer isso em relacionamentos com qualquer pessoa ou grupo onde há um compromisso de "permanência", um compromisso de gentileza, um compromisso de despertar juntos.

Ter amigos espirituais não é um conforto superficial. É algo que ajuda a nos libertar de um transe de separação tão profundo que frequentemente não estamos cientes dele. Relacionamentos conscientes jogam uma luz direta tanto nas nossas camadas de sentimentos de indignidade e solidão, quanto na verdade do nosso pertencimento. Nós começamos a responder de forma mais compassiva e ativa ao sofrimento do mundo. Descobrimos que a nossa verdadeira comunidade inclui todos os seres. Conforme relaxamos e confiamos nesse pertencimento à teia da vida, reconhecemos a consciência única que brilha em todos os seres. Nossos amigos espirituais abrem o caminho para o refúgio interno da presença amorosa incondicional.

O PORTAL DA CONSCIÊNCIA

Logo após a sua iluminação, o Buda partiu para compartilhar seus ensinamentos. As pessoas ficavam espantadas com o seu resplendor e a sua presença serena. Um homem perguntou quem ele era. "Você é um ser celestial ou um deus?" "Não," respondeu Buda. "Você é um santo ou um sábio?" Novamente o Buda respondeu, "Não." "Você é algum tipo de mágico ou bruxo?" "Não, "disse o Buda. "Bem, então, o que você é?" O Buda respondeu, "Eu sou desperto."

Sempre compartilho essa história porque ela é um lembrete de que o que pode parecer uma ocorrência extraordinária — o despertar espiritual — é uma capacidade intrínseca dos seres humanos. Siddhartha Gautama (o nome do Buda) era um ser humano, não uma divindade. Quando os budistas se refugiam no Buda histórico, cujo nome literalmente significa "aquele que está desperto", eles se baseiam na inspiração de um companheiro humano que foi capaz de perceber a sua liberdade interior. Como nós, Siddhartha experimentou dores no corpo e doença, e, como nós, encontrou aflições internas e conflito. Para aqueles que seguem o Buda, refletir sobre a sua investigação corajosa da realidade e seu despertar para uma presença atemporal e compassiva traz a confiança de que o mesmo potencial está dentro de cada um de nós. Da mesma forma, podemos refletir sobre Jesus ou sobre professores ou mestres de outras tradições. Cada ser humano desperto nos ajuda a confiar que nós também podemos despertar. Você já pode ter tocado esse refúgio exterior com um professor ou tutor atencioso e sábio. Minha tia de 86 anos, especialista em doenças do sangue na infância, associa seu amor à natureza e sua determinação em ser médica a uma aula de ciências nos primeiros anos do ensino médio. Poucas mulheres entravam em faculdades de medicina naquele tempo, mas sua professora, uma mulher de intelecto apaixonado, transmitiu uma mensagem central: "Confie na sua inteligência e deixe a sua curiosidade brilhar!" Uma amiga afro-americana que conduz treinamentos em diversidade encontrou refúgio e inspiração no seu pastor, um líder do movimento dos direitos civis e um exemplo de generosidade, humor e sabedoria. Encontrei refúgio no meu primeiro professor de meditação, Stephen: seu grande amor pela meditação e sua clareza e bondade ajudaram a despertar a minha devoção ao caminho espiritual. Nós respondemos aos nossos mentores porque eles falam às qualidades do coração e da mente, qualidades da consciência que já estão dentro de nós. O presente deles para nós é lembrar-nos do que é possível e levar-nos adiante. Mais ou menos da mesma forma, somos atraídos por figuras espirituais que ajudam a nos conectar com a nossa bondade interior.

Mais ou menos há dez anos eu comecei a experimentar uma meditação simples autoguiada. Eu chamava a presença da mãe divina (o sagrado feminino) e, no minuto seguinte, começava a sentir uma abertura radiante me cercando. À medida que eu imaginava a mente desse ser desperto, podia sentir amplitude e lucidez. Então, quando eu imaginava o coração da mãe divina, aquela abertura se enchia com calor e sensibilidade. Por fim, eu direcionava a minha atenção para dentro, para ver como aquela consciência terna, radiante, que incluía tudo, estava vivendo dentro de mim. Eu sentia meu corpo, coração e mente se iluminarem como se o céu ensolarado estivesse inundando cada célula do meu corpo e brilhando através dos espaços entre as minhas células.

Vim a perceber que, por meio daquela meditação, eu estava explorando o movimento do refúgio exterior em direção ao interior. Regularmente entrando em contato com essas fontes de presença sagrada dentro de mim, eu aprofundava a minha fé no meu próprio ser essencial.

Perceber quem nós somos realiza o nosso potencial humano. Nós intuímos que somos mais misteriosos e vastos do que o pequeno eu que experimentamos através das nossas histórias e emoções inconstantes. Quando aprendemos a prestar atenção à nossa própria consciência, descobrimos o espaço atemporal e alerta da nossa verdadeira natureza. Tal refúgio interior de consciência pura é o nosso retorno definitivo à casa. É a realização de toda a prática espiritual, e dá beleza e significado às nossas vidas.

Comece onde você está

Não importa se somos antigos ou novos no caminho, precisamos intuir onde é melhor focar a nossa atenção neste período de nossas vidas. Dependendo das suas circunstâncias, temperamento e experiências passadas, você pode achar mais fácil ou mais natural entrar em um ou outro dos refúgios exteriores. Algumas pessoas se sentem mais animadas com alguma forma de grupo de apoio espiritual, outras estão dedicadas a aulas semanais de meditação, e outras podem se sentir bem estudando ensinamentos do budismo e de outros caminhos espirituais e humanitários. Você pode confiar que seja lá onde você comece ou qual refúgio você enfatize, esse é o lugar certo para estar nesse momento.

A maior ilusão sobre um caminho ou refúgio é a de que estamos indo para algum outro lugar, no caminho de nos tornarmos um tipo diferente de pessoa. Mas, em última análise, nosso refúgio não está fora de nós mesmos, em algum lugar no futuro — já está e sempre esteve aqui. Como você vai ver várias vezes nos capítulos que seguem, a *verdade* só pode ser descoberta na vivacidade desse momento. O *amor* só pode ser experimentado nesse mesmo coração, aqui e agora. A *consciência* só pode ser percebida quando descobrimos o espaço e o estado de alerta da nossa própria mente.

Reflexão guiada:
Lembrando da coisa mais importante

Nós nos voltamos para os refúgios da verdade, do amor e da consciência ouvindo o chamado do nosso coração. Além de qualquer técnica meditativa, o que desperta e liberta o nosso espírito é lembrar aquilo que mais importa para nós. Mais uma vez, como o mestre zen Suzuki Roshi ensinou, "A coisa mais importante é lembrar a coisa mais importante." Para a maioria das pessoas, perceber e se conectar com a nossa aspiração mais profunda demanda tempo e atenção. Como ao descascar as camadas de uma cebola, nós podemos revelar camadas de desejos e medos mais imediatos antes de chegar na fonte, a luz da aspiração pura. Quando habitamos essa aspiração, ela se torna o compasso do coração que nos conduz para casa.

Encontre uma forma confortável de se sentar, e se permita relaxar e estar à vontade. Com uma presença receptiva, fique consciente do estado do seu coração. Há uma sensação de abertura ou aperto? De paz ou ansiedade? De contentamento ou insatisfação? Se há alguma coisa especial preocupante ou importante acontecendo na sua vida, ou simplesmente uma emoção forte, permita que ela se expresse. Talvez a princípio você note um desejo de que seu parceiro a/o trate de uma forma diferente. Você pode descobrir que quer ultrapassar um período de muitas exigências no trabalho. Você pode desejar livrar-se de uma dor crônica. Você pode estar querendo que um dos seus filhos se sinta mais seguro e confiante.

O que quer que surja, permita que esteja lá e, com interesse, se pergunte: "Se eu tivesse o que eu quero, o que isso realmente me daria?" Talvez você imagine que se fosse tratado de forma diferente, você seria menos reativo e estaria livre para ser mais amoroso. Ou se você se livrasse da dor crônica, você seria capaz de relaxar e apreciar a sua vida mais plenamente.

Continuando a sua investigação, você pode agora se perguntar diretamente, "O que o meu coração realmente deseja?" Também pode ajudar se perguntar, "O que mais importa nesta vida?" Ou, "Se eu estivesse no fim da minha vida, olhando para trás, o que seria mais importante sobre como eu vivo hoje... este momento?" Quando você fizer essas perguntas, sinta que está dedicando o seu questionamento diretamente para o seu coração.

Depois de fazer as perguntas, simplesmente ouça e esteja consciente de quaisquer palavras, imagens ou sentimentos que surjam. Tente ser paciente — pode levar algum tempo para a mente se abrir e sair das suas ideias habituais sobre a vida e se conectar com o que é mais vivo e verdadeiro. Você pode repetir, muitas vezes, alguma versão de "O que meu coração deseja?" e então ouvir em silêncio receptivo o que surge. Conforme você ouve, fique em contato com as sensações no seu corpo e particularmente no seu coração.

Sua aspiração vai provavelmente se expressar de forma diferente em tempos diferentes. Você pode sentir um desejo de amar plenamente ou se sentir amado, de estar em paz, de ser útil, de estar livre do medo e do sofrimento. Não existe aspiração "certa". Algumas vezes você vai chegar em uma intenção imediata que sustenta a sua aspiração. Por exemplo, você pode ficar consciente de um desejo ardente de escrever poesia ou pintar. Isso estaria a serviço do desejo profundo de viver uma vida criativa, vigorosa. O importante é se sintonizar com o que é mais verdadeiro para você neste momento.

Os sinais de ter chegado a uma intenção clara ou aspiração profunda são um sentimento de sinceridade, pureza, energia ou fluxo. Algumas pessoas descrevem um deslocamento interior que lhes dá uma nova determinação, abertura e bem-estar. Se não ocorrer uma sensação real de conexão ao que importa, tudo bem. Você pode se sentar em silêncio e se abrir para o que quer que surja naturalmente, ou escolher continuar esta exploração em outro momento.

Se você sente que chegou ao que parece ser uma aspiração pura e profunda, se permita habitar a plenitude do seu desejo. Sinta a essência do seu desejo nas suas células conforme ele se expressa no seu corpo inteiro e no seu ser. Deixe sua aspiração ser a prece do seu coração desperto.

Você pode praticar a reflexão sobre a sua aspiração no começo e ao fim de cada dia e no começo e/ou fim de cada sessão de meditação sentada. Além disso, à medida que você vive o seu dia, tente parar periodicamente e investigar o que mais importa para você. Em qualquer momento que você se lembrar do que importa para você, você abriu o seu coração para as bênçãos do refúgio verdadeiro.

PARTE II

O portal da verdade

5 . RAIN: Cultivando a atenção plena em tempos difíceis

Entre o estímulo e a resposta há um espaço, e neste espaço repousam a nossa força e a nossa liberdade.
VIKTOR E. FRANKL

*A forma mais rápida de ser feliz
é escolher o que você já tem.*
WERNER ERHARD

Imagine que você acabou de descobrir que seu filho foi suspenso na escola.

Imagine que seu chefe acabou de te dizer para recomeçar um relatório no qual você trabalhou por um mês.

Imagine que você acabou de perceber que ficou no Facebook por três horas e comeu meio quilo de salgadinhos nesse processo.

Imagine que seu parceiro acabou de confessar ter um caso.

É difícil permanecer com a verdade do que estamos sentindo. Podemos sinceramente pretender parar e estar atentos sempre que surgir uma crise, ou sempre que nos sentirmos presos e confusos, mas nosso condicionamento de reagirmos ou sermos tomados pela emoção é muito forte.

Sim, existem momentos quando estar presente parece ser algo fora do alcance ou demais para suportar. Há momentos em que falsos refúgios podem aliviar o estresse, nos dar uma pausa para respirar, ajudar a melhorar o nosso humor. Mas, quando não estamos conectados à clareza e bondade da presença, é muito provável que acabemos em mais mal-entendidos, mais conflitos e mais distância dos outros e de nossos corações.

Há mais ou menos 12 anos, alguns professores budistas começaram a compartilhar uma ferramenta de atenção plena que oferece apoio para trabalhar com emoções intensas e difíceis. Chamada de RAIN (um acrônimo para os quatro passos do processo), ela pode ser acessada em quase qualquer lugar ou situação. Essa ferramenta direciona a nossa atenção de uma forma clara e sistemática que corta a confusão e o estresse. Os passos nos mostram para onde devemos nos voltar em um momento doloroso e, conforme recorrermos a eles mais regularmente, fortalecem a nossa capacidade de voltar para casa, para a nossa verdade mais profunda. Como o céu claro e o ar puro após uma chuva refrescante, essa prática de atenção plena traz uma nova abertura e calma para a nossa vida diária.

Venho ensinando RAIN para milhares de alunos, clientes e profissionais de saúde mental, adaptando e expandindo a técnica para a versão que você vai encontrar neste capítulo. Também fiz dela uma prática central na minha própria vida. Aqui estão os quatro passos da técnica RAIN apresentados da forma que tenho considerado mais útil:

R   **R**econheça o que está acontecendo.
A   **A**ceite a vida exatamente como ela é.
I   **I**nvestigue sua experiência interior com gentileza.
N   **N**ão se identifique.

RAIN descondiciona diretamente as formas habituais com as quais você resiste à sua experiência momento a momento. Não importa se você resiste atacando com raiva, fumando um cigarro ou ficando imerso em pensamentos obsessivos. Sua tentativa de controlar a vida dentro de você e à sua volta na realidade separa você do seu próprio coração e deste mundo vivo. RAIN começa a desfazer estes padrões inconscientes assim que damos o primeiro passo.

Reconheça o que está acontecendo

Reconhecer é observar o que é verdade na sua vida interior. Começa no minuto em que você foca a sua atenção em quaisquer que sejam os pensamentos, emoções, sentimentos ou sensações que surgem aqui e agora. Conforme sua atenção se acalma e se abre, você vai descobrir que é mais fácil se conectar com algumas partes da sua experiência do que com outras. Por exemplo, você pode reconhecer a ansiedade imediatamente, mas, se você focar nos seus pensamentos preocupados, pode não notar as sensações de pressão ou aperto surgindo no corpo. Por outro lado, se o seu corpo for tomado por um nervosismo agitado, você pode não reconhecer que essa resposta física está sendo desencadeada por uma crença subjacente de que está prestes a fracassar. Você pode despertar o reconhecimento disso simplesmente se perguntando: "O que está acontecendo dentro de mim neste instante?" Busque sua curiosidade natural à medida que dirige seu foco para dentro. Tente soltar qualquer ideia pré-concebida e, em vez disso, ouça de forma gentil e receptiva o seu corpo e o seu coração.

Aceite que a vida seja exatamente como é

Aceitar significa "deixar estar" os pensamentos, emoções, sentimentos ou sensações que você descobrir. Você pode sentir uma sensação natural de aversão, de desejar que aqueles sentimentos desagradáveis vão embora, mas, à medida que você se torna mais disposto a estar presente com "o que é", uma qualidade diferente de atenção vai emergir. Aceitar é intrínseco à cura e perceber isso pode dar origem a uma intenção consciente de "deixar estar".

Muitos alunos com os quais eu trabalho sustentam a própria determinação de "deixar estar" mentalmente sussurrando uma palavra ou expressão de encorajamento. Por exemplo, você pode se sentir tomado pelo medo e sussurrar "sim", ou experimentar uma intensificação da dor profunda e sussurrar "sim". Você pode usar as palavras "isso também" ou "eu consinto". A princípio, você pode sentir que está apenas tolerando as emoções e sensações desagradáveis. Ou você pode dizer sim para a vergonha e esperar que ela desapareça magicamente. Na realidade, precisamos consentir repetidas vezes. No entanto, mesmo o primeiro gesto de permissão, simplesmente sussurrar uma expressão como "sim" ou "eu consinto", começa a suavizar as arestas da sua dor. O seu ser inteiro não está tão concentrado em resistir. Ofereça a expressão com gentileza e paciência, e em tempo suas defesas vão relaxar e você pode sentir uma sensação física de se render ou se abrir para as ondas da experiência.

INVESTIGUE COM GENTILEZA

Em alguns momentos, simplesmente trabalhar com os dois primeiros passos de RAIN é suficiente para trazer alívio e reconectá-lo com a presença. Em outros casos, entretanto, a simples intenção de reconhecer e permitir não é suficiente. Por exemplo, se você está no meio de um divórcio, em vias de perder um emprego ou lidando com uma doença potencialmente fatal, você pode facilmente se sentir sobrecarregado com sentimentos intensos. Como esses sentimentos são disparados muitas vezes — você recebe um telefonema do seu ex, seu extrato bancário chega, você acorda com dor pela manhã —, suas reações podem se tornar muito arraigadas. Nestas situações, você pode precisar despertar e fortalecer ainda mais a consciência atenta com o I de RAIN.

Investigar significa invocar o seu interesse natural — o desejo de saber a verdade — e direcionar uma atenção mais focada à sua experiência presente. Simplesmente parar para perguntar, "O que está acontecendo dentro de mim?" pode iniciar o reconhecimento, mas com a investigação você se compromete com um tipo de averiguação mais ativa e pontual. Você pode se perguntar: "O que mais precisa de atenção?" "Como eu estou vivenciando isso no meu corpo?" ou "Em que estou acreditando?" ou "O que este sentimento quer de mim?" Você pode entrar em contato com sensações de vazio ou tremor, e então descobrir um sentimento de indignidade e vergonha oculta nessas sensações. A menos que sejam trazidas à consciência, essas crenças e emoções vão controlar a sua experiência e perpetuar sua identificação com um ser limitado e deficiente.

Quando compartilhei o acrônimo RAIN com meus alunos pela

primeira vez, muitos deles tiveram problema com o passo da investigação. Alguns disseram coisas como, "Quando o medo surge, minha investigação só me leva a pensar sobre o que o está causando e sobre como me sentir melhor." Outros relataram, "Não consigo estar no meu corpo por tempo suficiente para investigar onde uma emoção vive em mim." Para muitos, a investigação disparou o julgamento: "Sei que eu deveria estar investigando essa vergonha, mas eu a odeio... e eu me odeio por tê-la."

Todas essas respostas refletem a nossa resistência natural a nos sentirmos desconfortáveis e inseguros: pensamentos abundam na nossa cabeça, deixamos o nosso corpo e julgamos o que está acontecendo. O que meus alunos estavam me dizendo é que faltava um ingrediente-chave em RAIN. Para que a investigação leve à cura e à libertação, precisamos nos aproximar da nossa experiência com uma qualidade íntima de atenção. Precisamos oferecer boas-vindas gentis a seja lá o que venha à tona. É por isso que uso a expressão "Investigar com gentileza". Sem essa energia do coração, a investigação não pode penetrar; não há segurança e abertura suficientes para um contato real.

Imagine que seu filho venha para casa aos prantos depois de sofrer *bullying* na escola. Para saber o que aconteceu, e como o seu filho está se sentindo, você precisa oferecer uma atenção gentil, aberta e bondosa. O fato de trazer essa mesma gentileza para a sua vida interior torna possível a investigação e, por fim, permite a cura.

Não se identifique: repouse na consciência natural

A presença lúcida, aberta e gentil evocada no R, A e I de RAIN levam ao N: a liberdade da não identificação e a percepção daquilo que chamo de consciência natural ou presença natural. Não se identificar significa que a sua noção de quem você é não está definida ou fundida com qualquer conjunto limitado de emoções, sensações ou histórias. Quando a identificação com o pequeno eu se solta, nós começamos a intuir e viver a partir da abertura e do amor que expressam a nossa consciência natural. Os primeiros três passos de RAIN requerem alguma atividade intencional. Em contraste, o N de RAIN expressa o resultado: uma percepção liberadora da sua consciência natural. Não há nada a fazer nesta última parte de RAIN — a percepção surge espontaneamente, por si própria. Nós apenas repousamos na consciência natural.

Aplicando RAIN à acusação

Há alguns anos, no dia seguinte ao Natal, eu me encontrava rodeada pela família e irritada com as mesmas pessoas com as quais eu ansiara estar. Ninguém estava realmente agindo mal, mas eu me peguei girando na minha própria órbita irritada e julgadora. Depois que alguém interrompeu o meu pai no almoço, ele ficou chateado e se recolheu em um silêncio ofendido que arruinou os ânimos do restante das pessoas. Então, o meu filho, Narayan, saiu para encontrar um amigo em vez de lavar a louça como prometera. Minha mãe reclamou que Narayan quase nunca estava por perto; uma das minhas irmãs estava de mau humor porque essa refeição, assim como muitas outras, mostrava insensibilidade para com as suas preferências alimentares; e minha outra irmã reclamou porque ela não tinha sido consultada sobre o horário de um passeio. Até mesmo os cachorros estavam se comportando mal — ficavam ao redor da mesa implorando por comida. Do meu ponto de vista, cada pessoa (e animal!) estava exibindo a sua velha versão de se comportar como vítima ou mártir, de ser carente ou indiferente. Além disso, minhas próprias necessidades de espaço e harmonia não estavam sendo atendidas. Ali estávamos, apenas nos primeiros dois dias da nossa visita, e eu estava cheia de ressentimento.

Durante os meses anteriores ao nosso encontro no feriado, ficara cada vez mais claro para mim como o meu hábito de julgar criava uma separação dolorosa dos outros. Motivada por esse sofrimento, eu me comprometera a adicionar um foco específico à minha vida espiritual: comecei a intencionalmente trazer a técnica RAIN para os meus sentimentos de julgamento aversivo e acusação. Nas semanas seguintes, tentei observar como o meu corpo e o meu coração se sentiam quando a minha mente produzia histórias que diminuíam os outros. Cada vez que a minha crítica interna fazia comentários que rebaixavam os outros, eu observava o que as crenças subjacentes falavam. Investigar essa experiência de julgamento e acusação abriu os meus olhos para a realidade de quantos momentos eu vivera com um coração fechado. Esse reconhecimento aprofundou o meu compromisso: quanto mais eu via a dor desse falso refúgio, mais sentia a liberdade e a abertura do coração que estavam além disso.

Apesar do meu novo compromisso, eu não estava a fim de examinar a minha vida interior naquela tarde. Irritada e cansada — com todos os julgamentos sobre a minha família ricocheteando na minha mente —, pensei em me enterrar em um bom livro. Mas não consegui fugir daquela voz interior persistente me lembrando da minha promessa de trazer RAIN à acusação.

De má vontade, vesti a minha jaqueta e as minhas botas e saí naquela tarde cinza de dezembro para ver se conseguia achar o meu caminho para mais presença e paz.

Andando sob garoa leve, comecei a refletir sobre cada membro da família e observar minha mente a culpá-los. Testemunhei meus julgamentos: "Você fica tão indignado e ofendido, papai, quando os outros interrompem. Qual é o problema? E você, Narayan, você é tão irresponsável, nunca mantendo a sua palavra...". Comecei, então, a praticar RAIN reconhecendo a minha reatividade: vi claramente o quanto eu não gostava da forma como a minha família estava agindo, o quanto eu achava cada um deles errado de alguma forma.

Como uma forma de permitir (ou aceitar) — o segundo passo de RAIN —, tirei um tempo para reconhecer os pensamentos de acusação, para então apenas deixá-los ser. Em vez de julgar a minha própria mente julgadora, fiz um esforço para me lembrar, "Isso é apenas o que está acontecendo." À medida que permaneci com a minha experiência, eu me dei conta de uma área dolorida e apertada no meu peito. Esse se tornou o foco natural para o próximo passo de RAIN — a investigação. Com interesse, comecei a prestar atenção no meu corpo, e logo aquele aperto se transformou em um nó apertado comprimindo o meu coração. Embora houvesse muitas reclamações diferentes correndo pela minha mente, notei que elas estavam todas surgindo naquele mesmo lugar irritado e apertado.

Agora fiz uma pergunta àquele lugar confuso: "Como a vida parece ser aos seus olhos... a partir da sua perspectiva?" No passado, esse tipo de pergunta me ajudara a "entrar" em uma experiência. Em resposta à minha investigação, veio uma percepção: enterrada dentro da minha reação a cada pessoa, estava a experiência de me sentir mal sobre mim mesma. Em cada caso, o comportamento delas tinha disparado os meus próprios sentimentos de não corresponder às expectativas — como a apaziguadora da família, como uma mãe responsável, como uma filha que ajuda e uma irmã que dá apoio. Minha investigação tinha começado a afrouxar o nó da acusação, e eu podia agora sentir o que ele mascarava: uma sensação familiar, desanimada e doentia de fracasso pessoal.

Nos últimos dois meses, minhas rodadas de RAIN tinham me ensinado que, quando eu me viro contra os outros, também estou em desacordo comigo mesma. No entanto, em geral existe uma fase inicial durante a qual eu reconheço que me fixei no que está "errado" com os outros, mas ainda não estou consciente da minha autoaversão. Agora, mais uma vez, sob a acusação, encontrei a crença familiar e dolorosa que diretamente perpetua o transe do pequeno eu: "algo está errado comigo."

Ao praticar RAIN, a qualidade da nossa atenção determina o quão profundamente podemos entrar em contato com a nossa verdade interior. Sabendo disso, eu conscientemente diminuí o meu passo e, com uma atenção gentil e receptiva, deixei a sensação de não ser boa se expressar complemente. Parecia uma rede de arame comprimindo o meu coração, tornando-o pequeno, duro, pesado. Aos olhos da minha mente, eu estava completamente sozinha; um ser separado dos outros. Agora eu podia sentir como essa experiência do feriado era simplesmente uma versão exagerada do que acontecia regularmente na vida diária. Eu culpava os membros do conselho da nossa organização por fazer muito pouco para aumentar a diversidade na nossa comunidade, mas, na verdade, me sentia mal por ter pouco tempo para dedicar a essa questão crítica. Eu culpava o meu filho por esquecer uma lição da escola, mas por dentro sofria com a crença de que eu era uma mãe negligente. Eu culpava a minha irmã por reclamar que estava ocupada demais para vê-la, mas no fundo eu me sentia culpada pelo pouco tempo dispensado a ela e a minha sobrinha. Não importa se eu estava presa em autoacusação ou em acusar os outros, o que se destacava era a sensação familiar de que eu estava separada, sozinha com o meu coração dolorosamente fechado.

Agora eu sentia um afloramento de tristeza. Minha sensação de queixa estava se transformando em tristeza e minha atenção estava se tornando mais íntima e gentil. A dor da tristeza começou passando por mim como uma maré inundando o meu coração, limpando todos os pensamentos de acusação, todas as histórias de fracasso pessoal. Gradualmente, a intensidade dolorosa que tinha parecido tão opressiva começou a aliviar. Conforme as ondas de tristeza acalmaram, eu me descobri repousando numa ternura silenciosa.

Como que reconhecendo o meu clima interior, os céus subitamente se soltaram. Rendendo-me à forte chuva constante, comecei a buscar o meu caminho de volta para casa. Mais uma vez, convidei os membros da minha família a virem à minha mente. Um por um, descobri que, com cada um, a chuva tinha dissolvido minhas ideias de estarem "errados". Eu já não os sentia como "outras pessoas com problemas... lá fora." Em vez disso, cada um era um ser único que ocupava um lugar especial no meu coração.

Quando cheguei à casa dos meus pais, eu estava encharcada. Não havia ninguém por perto por perto, exceto os cachorros, que fizeram a maior festa. Todos os outros estavam em seus computadores, tirando uma soneca ou ocupados de outra forma. Foi ótimo. Eu me senti desembaraçada de histórias sobre como todos deveriam ser diferentes do que eram.

Naquela noite, depois do jantar, minha mãe foi para o piano e começou a tocar cantigas de Natal. Todos nós nos envolvemos, cantávamos fora do tom, sem lembrar a maioria dos versos. O programa mudou para musicais. Nós soávamos péssimos e logo acabamos rindo de nós mesmos. Depois, cantamos mais um pouco.

Eu cai no sono naquela noite com uma sensação profunda de bem-estar. Minha família não tinha mudado, mas, no lugar do meu transe de separação e acusação, estava uma abertura cheia de amor e bem-estar. Esta é a bênção de buscar refúgio na verdade.

Como a poeta Dorothy Hunt escreveu,

A paz é este momento sem julgamento.
Isto é tudo. Este momento no espaço do coração
Onde tudo o que é é bem-vindo.

Diretrizes para praticar com RAIN

Você pode praticar os passos de RAIN durante uma meditação formal sempre que uma emoção difícil surgir ou, como eu fiz, você pode lançar mão dela no meio da vida cotidiana. De qualquer forma, a chave é estar consciente e com intenção quando você inicia a prática — saber que você está oferecendo uma presença comprometida ao que é verdadeiro, aqui e agora.

Aqui estão algumas sugestões mais específicas que têm aparecido quando ensino RAIN para muitos alunos e terapeutas.

Pare

Antes de começar RAIN, tire um tempo para parar. A pausa pode ser na forma de um intervalo físico que o remova de gatilhos externos imediatos. Mais importante, é um intervalo interno da confusão reativa dos pensamentos. Em uma pausa, você intencionalmente cria um espaço no qual você deixa de lado as distrações e fica atento.

Essa disposição de deliberadamente interromper a atividade habitual e dedicar algum tempo a estar presente vai aumentar o foco e a clareza da sua prática.

Dê a si mesmo o apoio de uma prática de meditação regular

Uma prática de meditação regular desperta diretamente os ingredientes fundamentais de RAIN — atenção plena, honestidade e investigação. Durante aquela minha caminhada ao entardecer, as habilidades desenvolvidas por meio dos treinos anteriores de meditação me serviram de várias maneiras importantes. Minha prática de estar atenta ao pensar me ajudou a estar ciente dos meus pensamentos sem me perder neles. Da mesma forma, a minha prática de trazer presença às experiências desagradáveis me permitiu me abrir aos sentimentos e sensações dolorosos no meu corpo. Talvez o mais importante tenha sido que a minha prática de despertar a autocompaixão — um elemento essencial no meu próprio caminho meditativo e nos meus ensinamentos —, me possibilitou trazer uma atenção calorosa e íntima ao ataque violento do julgamento e da acusação.

Cultive a flexibilidade

Você tem corpo e mente únicos, com história e condicionamento particulares. Ninguém pode lhe oferecer uma fórmula para passar por todas as situações e estados da mente. Somente ouvindo internamente de forma saudável e aberta você vai discernir em qualquer momento o que mais serve à sua cura e à sua liberdade.

Quando praticar RAIN, lembre-se de que a sequência que sugeri não é rígida ou necessariamente linear; você pode precisar adaptar a ordem à medida que presta atenção à sua experiência interior. Pode descobrir, por exemplo, que assim que você sente a ansiedade crescer, a reconhece como um padrão interno que acontece a você e à maioria das pessoas, e logo não parece tão pessoal. Em momentos como esse, você já chegou ao N de RAIN; então, em vez de continuar "fazendo" alguma coisa, tal como investigar com gentileza, você pode simplesmente repousar na presença natural. Da mesma forma, você pode terminar a sua prática de RAIN antes de passar formalmente por todos os passos ou refazer o ciclo do processo se você encontrar algo inesperado.

Conforme ouve internamente o que é necessário, você pode se sentir compelido a tecer outras formas de meditação na sua prática de RAIN. Para se estabilizar, você pode começar com uma reflexão baseada no corpo (veja "Uma pausa para a presença" na página 34), ioga ou uma meditação andando. Se surgirem sentimentos fortes durante a prática de RAIN, você pode tirar um tempo para simplesmente focar na respiração. Ou você pode descobrir que uns poucos minutos de prática de bondade amorosa (veja página 47) lhe ajudam a trazer uma atenção mais gentil e compassiva para a investigação. Esse tipo de adaptabilidade e disposição para ouvir internamente pode ajudá-lo a transformar algo que, a princípio pareceria uma técnica mecânica, em um meio criativo e vibrante de despertar no seu caminho espiritual.

Pratique com as "pequenas coisas"

Shantideva, mestre budista do século VIII, sugere que, estando presentes "com pequenas preocupações, nós treinamos para trabalhar com grandes adversidades." Cada vez que você traz RAIN a uma situação que faz você reagir, você fortalece a sua capacidade de despertar do transe. Você pode identificar antecipadamente o que para você são "pequenas coisas" crônicas — a irritação que surge quando alguém se repete, a inquietação quando você está esperando na fila, a frustração quando você se esquece de pegar alguma coisa da sua lista de compras — e se comprometer a parar e praticar uma versão "light" de RAIN, como na meditação guiada no fim do capítulo. Parando muitas vezes ao longo do dia e trazendo interesse e presença para sua forma habitual de reagir, sua vida vai se tornar cada vez mais espontânea e livre.

Busque ajuda

Praticar RAIN pode intensificar a sua experiência emocional. Você pode descobrir que algumas formas de psicoterapia ocidental oferecem um apoio valioso quando você investiga sentimentos dolorosos ou confusos. Meu trabalho com clientes e alunos tem sido influenciado pela técnica de Focalização (desenvolvida por Eugene Gendlin), uma psicoterapia baseada no corpo que enfatiza o rastreamento da sensação das experiências com uma atenção aberta e acolhedora. Outras terapias baseadas em atenção plena proporcionam apoio similar na manutenção de uma atenção curativa conforme exploramos o que está acontecendo dentro de nós.

Se você está preocupado que os seus sentimentos possam deixá-lo dominado ou sobrecarregado, adie a prática solitária de RAIN e busque ajuda. Especialmente se você está trabalhando com estresse pós-traumático, pode ser importante, e mesmo necessário, ter a orientação de um terapeuta ou professor de meditação que entenda de psicologia. A presença de uma pessoa de confiança e experiente pode ajudá-lo a se sentir suficientemente seguro para se conectar com a vulnerabilidade interior e também para encontrar alívio se o que surgir parecer intenso demais (veja no capítulo 9 mais orientações sobre como lidar com trauma).

Deixe seus sentidos serem um portal para a presença

A prática de RAIN se torna viva quando você aprende a deixar os seus pensamentos e a se conectar com a experiência do seu corpo. Muitas pessoas vivenciam a vida diária possuídas por pensamentos e, em vários graus, dissociadas das sensações no corpo. Fortes traumas emocionais ou mágoas tornam a dissociação da consciência corporal particularmente provável. Seja quando você está lidando com medo profundo e vergonha, ou com uma reação emocional menos aguda, sua liberdade interior vai surgir ao trazer a atenção para como a experiência se expressa no seu corpo. Na minha caminhada ao entardecer, o momento essencial veio quando pude sentir diretamente como as camadas de julgamento, a suposta falta de valor e a tristeza estavam apertando o meu coração.

Fique consciente da dúvida

Dúvidas agem como um impedimento importante para a técnica RAIN e, de forma mais ampla, para qualquer portal de refúgio. O Buda considerava a dúvida (junto com o apego e a aversão) um obstáculo universal para a liberdade espiritual. Quando você está preso em crenças como "Eu nunca vou mudar," ou "A cura e a liberdade não são realmente possíveis", você fica parado no meio do caminho.

Nem preciso dizer que alguma dúvida é saudável, como em "Eu já não estou certo de que este trabalho esteja alinhado com os meus valores," ou "Talvez eu seja aquele que vem evitando intimidade," ou "Eu me pergunto se posso confiar em um mestre espiritual que fala desrespeitosamente de outros professores." Como a investigação, a dúvida saudável surge do impulso de saber o que é verdade — ela desafia premissas ou o status quo em nome da cura e da liberdade. Em contraste, a dúvida não saudável surge do medo e da aversão e questiona o seu próprio potencial básico, o seu valor ou o valor de outros.

Quando a dúvida não saudável surge, deixe-a ser o assunto de RAIN. Pode ajudar dizer para si mesmo, "Isto é dúvida," conscientemente reconhecendo essa presença na sua mente. Ao reconhecer e dar nome à dúvida quando ela surge, mas sem julgá-la, você imediatamente aumenta a sua perspectiva e afrouxa as amarras do transe. Se a dúvida for persistente, você pode aprofundar a presença, observando-a com gentileza. Em vez de ser controlado, e talvez paralisado pela dúvida, deixe-a ser uma chamada para uma presença clara e consciente.

Seja paciente

A paciência lhe dá alegria no processo de despertar. Sem paciência, você pode se descobrir em guerra com o seu próprio esquecimento ou reatividade. Meditantes de longa data ou estudantes de meditação frequentemente reclamam, "Eu venho lidando com esse mesmo assunto há décadas." Eles estão perturbados pelas suas regressões para velhos sentimentos de não ter valor ou ser rejeitado, de estar em perigo ou de sentir-se envergonhado. Tais episódios de transe podem vir acompanhados de desespero e medo de que o ciclo de padrões doentios de sentimentos e comportamentos não tenha fim. Embora a técnica RAIN reduza a força do transe, ela raramente é uma experiência única. Você pode precisar passar por numerosas rodadas de RAIN, encontrando repetidas vezes padrões arraigados de sofrimento com atenção e gentileza.

A crença e o sentimento de que "algo está errado comigo" foi um tema central do meu primeiro livro, *Radical Acceptance* (literalmente, Aceitação Radical), e continua a ser parte da minha vida. Mas as minhas muitas rodadas de encarar isso com a presença surtiu um efeito: o transe é muito mais transparente, rápido e livre de sofrimento. Frequentemente ele faz uma breve aparição e, então, há o reconhecimento, "Ah, isso de novo..." e um deixar ir. Não é que "eu" estou deixando ir, mas sim a falsa e velha percepção de mim mesma se dissolvendo quando é observada. O que permanece é uma percepção revigorada do espaço do coração que contém esta vida, e uma confiança na consciência terna que vive além do transe.

Cada vez que você encontra um velho padrão emocional com presença, seu despertar para a verdade pode se aprofundar. Há menos identificação com o eu na história e mais habilidade de repousar na consciência que testemunha o que está acontecendo. Você passa a ser mais capaz de permanecer com compaixão, de lembrar e confiar no seu verdadeiro lar. Em vez de passar repetitivamente pelo velho ciclo do condicionamento, você está na realidade indo rapidamente na direção da liberdade.

Seja sincero

Uma atitude de sinceridade ao se aproximar de práticas espirituais como RAIN orienta o seu coração e a sua mente na direção da liberdade. Deixe-se lembrar uma vez ou outra do que para você é a coisa mais importante. Talvez você deseje perceber a verdade sobre quem você é, amar mais, experimentar a paz ou viver com mais presença. Com o que quer que você mais se importe, deixe essa ternura energizar a sua meditação. A sinceridade do seu desejo vai levá-lo para casa.

> *Tudo o que você sempre desejou está*
> *Diante de você neste momento*
> *Se você tiver coragem de respirar*
> *Fundo e sussurrar*
> *"Sim."*
> — DANNA FAULDS

Reflexão guiada: trazendo RAIN para a dificuldade

Sentado em silêncio, feche os olhos e respire profundamente algumas vezes. Traga para a sua mente a situação atual na qual você se sente preso; uma situação que provoque uma reação difícil, tal como raiva ou medo, vergonha ou desesperança. Pode ser um conflito com um membro da família, uma doença crônica, um fracasso no trabalho, a dor de um vício, uma conversa da qual você se arrepende. Tire momentos para entrar na experiência — visualizando a cena ou situação, lembrando-se das palavras faladas, sentindo os momentos mais angustiantes. Entrar em contato com a essência carregada da história é o ponto de partida para explorar a presença curativa de RAIN.

R: Reconheça o que está acontecendo

Conforme reflete sobre a situação, questione-se, "O que está acontecendo dentro de mim neste instante?" De que sensações você está mais ciente? De que emoções? Sua mente está cheia de pensamentos agitados? Tire um instante para ficar consciente da sua sensação sobre a situação como um todo. Você pode sentir como a experiência está vivendo no seu coração e no seu corpo, assim como na sua mente?

A: *Permita que a vida seja como ela é*

Mande uma mensagem para o seu coração "deixar estar" a experiência inteira. Encontre em si mesmo a disposição para parar e aceitar que nesses momentos "o que é... é." Você pode experimentar sussurrar mentalmente palavras como "sim", "eu consinto" ou "deixe estar."

Você pode se descobrir dizendo sim para um enorme não interno, para corpo e mente dolorosamente contraídos em resistência. Você pode estar dizendo sim para a parte de si mesmo que está dizendo "Eu odeio isso!" Essa é uma parte natural do processo. Neste ponto de RAIN, você está apenas observando o que é verdade, e pretendendo não julgar, afastar ou controlar nada do que você encontrar.

I: *Investigue com uma atenção íntima*

Agora comece a explorar o que você está sentindo mais de perto, recorrendo ao seu interesse e curiosidade naturais sobre a sua vida interior. Você pode se perguntar, "O que em relação a isso mais requer a minha atenção?" ou "O que mais requer a minha aceitação?" Faça as suas perguntas gentilmente, com sua voz interior amável e convidativa.

Observe onde você sente a experiência mais distintamente no seu corpo. Você está ciente de calor, aperto, pressão, dores, compressão? Quando você encontrar a parte mais intensa da sua experiência física, traga-a para o seu rosto, deixando sua expressão espelhar, e mesmo exagerar, o que você está sentindo no seu corpo. De que emoções você está ciente enquanto faz isso? Medo? Raiva? Tristeza? Vergonha?

À medida que continua investigando, você pode achar útil perguntar, "No que eu estou acreditando?" Se isso levar a muitos pensamentos, não faça. Mas você pode descobrir que uma crença nítida emerge praticamente assim que você pergunta. Você acredita estar *fracassando de alguma forma? Que alguém vai rejeitá-lo? Que você não vai conseguir lidar com seja lá o que estiver além da esquina? Que você realmente é imperfeito? Que você nunca vai ser feliz? Como essa crença vive no seu corpo? Quais as sensações? Aperto? Dor? Queimação? Vazio?*

Como antes, mande a mensagem "sim", "eu consinto" ou "deixe estar," permitindo a si mesmo sentir a plenitude ou intensidade da experiência difícil. Conforme você entra em contato e permite o que está acontecendo, o que você observa? Há uma suavização no seu corpo e no seu coração? Você consegue sentir mais abertura ou espaço? Ou a intenção de permitir traz mais tensão, julgamento e medo? Ela intensifica ou muda o que você está sentindo?

Agora pergunte ao lugar de mais dificuldade, "O que você quer de mim?" ou "O que você precisa de mim?" Essa sua parte que sofre quer reconhecimento? Aceitação? Perdão? Amor? Conforme você sente o que é necessário, qual é a sua resposta natural? Você pode oferecer a si mesmo uma mensagem sensata, ou um abraço afetuoso e energético. Você pode gentilmente colocar a mão no seu coração. Sinta-se livre para experimentar formas de ser amigo da sua vida interior — seja através de palavras ou do toque, imagens ou energia. Descubra como a sua atenção pode se tornar mais íntima e amorosa.

N: *Não identificação: repouse na presença natural*

Conforme você oferece essa presença incondicional e gentil para a sua vida interna, sinta a possibilidade de relaxar e ser aquela consciência. Como um oceano com ondas na superfície, seja a abertura terna e alerta que inclui sensações, emoções e pensamentos que surgem e passam. Percebe que quem você é não está identificado ou preso a qualquer onda particular de medo, raiva ou mágoa? Você pode sentir como as ondas na superfície pertencem à sua experiên-

cia, mas não podem ferir ou alterar a profundidade e a vastidão ilimitadas do seu ser? Tire momentos, tão longos quanto quiser, para simplesmente repousar na consciência espaçosa e gentil, permitindo que o que quer que surja no seu corpo ou na sua mente possa ir e vir livremente. Reconheça a consciência natural como a verdade mais profunda sobre o que você é.

REFLEXÃO GUIADA: UM RAIN LIGHT — PRATICANDO NO LOCAL

Parar para breves períodos de RAIN durante o dia é tão importante para acordar do transe quanto uma sessão mais completa. Um breve e purificante banho de RAIN pode levar, mais ou menos, um minuto. Os passos são essencialmente os mesmos, apenas abreviados.

Reconheça *a reatividade emocional*.

Pare para respirar três vezes profundamente e permita que sua experiência interna seja o que é.

Investigue com gentileza quaisquer sentimentos que sejam mais predominantes.

Volte à sua atividade e note se existe mais presença natural.

Um RAIN light começa reconhecendo que você está preso à reatividade — a um suposto desprezo, pratos sujos, óculos perdidos, sensações de indigestão, algo que você se arrepende de ter dito. Quando você reconhecer que está preso, pare tudo e respire profunda e longamente por três vezes. Isso ajuda a desprender-se da dinâmica dos seus pensamentos e da sua atividade e arrumar espaço para a sua experiência interior. Investigue perguntando a si mesmo, "O que eu estou sentindo?" e traga a sua atenção para o seu corpo — essencialmente garganta, peito e barriga. Observe quais sensações (aperto, calor, pressão) e emoções (raiva, medo, culpa) são predominantes. Deixe sua intenção ser acolher aquilo que você notar.

Tente manter contato com a sua respiração enquanto você entra em contato com a sua sensação sobre o que está acontecendo.

Às vezes, é fácil localizar a sua sensação, mas em outras ela pode ser vaga e difícil de identificar rapidamente. Tudo bem. O que é importante é parar e aprofundar a sua atenção. Veja se é possível pensar em si mesmo com gentileza.

Você completa seus momentos de RAIN light simplesmente relaxando e retomando a sua atividade. Quando você passar para o que vem a seguir no seu dia, sinta o que pode ter mudado. Você está mais consciente? Aberto? Generoso? Você está encarando as coisas de uma forma menos pessoal? Há mais acesso à presença natural, o N de RAIN?

Assim como na prática da versão completa de RAIN, aborde essas pausas de uma forma criativa. Você logo vai descobrir o que mais o ajuda a ouvir, com atenção amigável, a sua vida interior.

6. Despertando para a vida do corpo

Confie na energia que
Corre através de você. Confie
Então torne a rendição ainda mais profunda. Seja a energia.
Não afaste nada. Siga cada
Sensação de volta à sua fonte
Na vastidão e presença pura.
DANNA FAULDS

Aqui neste corpo estão os rios sagrados: aqui estão o sol e a lua, assim como os lugares de peregrinação. Eu não encontrei outro templo mais delicioso do que o meu corpo.
MÚSICA TÂNTRICA

"Como é se sentir entorpecida?", perguntei. Jane olhava fixamente para o chão e, depois de alguns momentos, sussurrou, "Tudo bloqueado, nada pode entrar ou sair. É como uma manta em torno do meu coração."

Era o terceiro dia de um retiro de uma semana, e a Jane me procurou para me dizer que estava travada. Ela evitou os meus olhos quando entrou na sala. Uma vez sentada, franziu o cenho e, então, nervosamente correu os dedos pelos seus cabelos loiros cortados severamente curtos.

"Eu venho pensando em vir a um retiro há anos," começou, "mas finalmente me inscrevi porque tenho me sentido tão sem esperança recentemente... é como se eu estivesse sempre constantemente ansiosa ou desligada e deprimida." Por mais de dez anos ela estivera totalmente imersa no trabalho como socióloga, fazendo pesquisa e dando aula em uma grande universidade. Mas a competição para publicar parecia cada vez ter menos sentido, e ela tomara consciência de uma sensação de estar morta por dentro. "Eu tinha esperança de que a meditação me ajudasse a me sentir mais viva."

Mas a Jane agora temia que vir ao retiro tivesse sido um erro. "Eu estou fazendo alguma coisa errada," declarou categoricamente. "No grupo hoje pela manhã, as pessoas falavam sobre seus corações se abrindo, sobre sentimentos de tristeza antes ocultos ou sobre ter *insights* profundos." Jane balançou a cabeça. "Mas, para mim, não está acontecendo nada. Eu não tenho ideia do que estou sentindo. Quando eu medito, ou a minha mente está agitada ou estou entediada tentando seguir a minha respiração. Eu estou apenas entorpecida." Foi aí que ela descreveu a manta em torno do coração.

"Você pode falar mais dessa manta?", perguntei. "Eu a odeio!" exclamou. Ela me lançou um olhar rápido antes de continuar. "Fiz terapia suficiente para saber que não sentir as coisas é o que está estragando a minha vida. Faz com que eu não consiga ter relacionamentos significativos, me impede de saber o que eu realmente quero ou de ansiar por qualquer coisa." Ela balançou a cabeça. "Sei que há coisas encobertas dentro de mim, mas alguma coisa em mim não quer ir lá. Então aqui estou, enfim em um retiro... e simplesmente não estou conseguindo."

"Jane," falei, "é importante você saber que você não está fazendo nada errado." Ela se mexeu desconfortavelmente na cadeira. "Você está reconhecendo honestamente e nomeando a sua experiência como ela é," eu disse. "E esta é uma parte essencial da meditação."

Eu já tinha ensinado a técnica RAIN para o grupo e eu a relembrei de que, ao reconhecer o que estava acontecendo dentro dela, ela já estava praticando o R de RAIN. "Você gostaria que explorássemos os próximos passos no uso de RAIN?" Ela concordou com a cabeça. "Ótimo", eu disse. "Você pode começar parando e trazendo a sua atenção para o seu corpo." Esperei alguns momentos e perguntei, "O que está acontecendo dentro de você neste instante?"

Depois de cruzar e descruzar as pernas, Jane se encostou na cadeira e rearranjou as mãos. "Eu estou agitada... como você provavelmente pode adivinhar. É difícil estar sentada aqui neste instante. É como eu me sinto quando estou em casa tentando meditar. Eu quero me levantar e ir para a internet ou corrigir artigos... qualquer outra coisa." "Então, há uma agitação," eu disse. "Você concorda em deixar ela estar aí por enquanto? Permitir que ela seja como é, de forma que a gente possa investigar um pouco?" Jane me deu um pequeno sorriso. "Sim, claro."

"Ótimo. Agora, em que parte do seu corpo você está mais consciente dessa agitação?" A princípio, a Jane apenas sacudiu a cabeça, mas, em seguida, respirou profundamente e fechou os olhos. Alguns momentos mais tarde, começou a esfregar o centro do peito, bem acima do esterno. Eu disse: "Jane, traga a sua atenção plena para o lugar onde a sua mão está no seu peito... e me diga o que você está sentindo aí." Ela respondeu rapidamente: "Tem uma sensação desconfortável, trêmulo. É realmente desagradável."

Eu disse a ela que esse era um ótimo exemplo do I de RAIN, investigação. Então perguntei, "Você está disposta a tentar um experimento?" Jane concordou com a cabeça. "Ok, só por alguns minutos, descubra o que acontece se você permitir que estes sentimentos trêmulos e desagradáveis estejam lá, exatamente como são — como se você apenas parasse no meio deles." Notando que ela tinha congelado com a mão no peito, completei, "Tente manter a sua mão exatamente onde ela está, e inspirar e expirar de onde as sensações estão mais fortes. Isso pode ajudar a permanecer conectada com a experiência."

Jane ficou sentada sem se mover, dedos tocando o peito. Depois de um minuto, mais ou menos, ela abriu os olhos, me fitou brevemente e então olhou para o chão. Sua testa franzida estava de volta e, quando ela falou, sua voz era resignada. "Primeiro havia um sentimento ansioso, mas ele desapareceu e eu fiquei entorpecida novamente." Ela parou por um momento e encolheu os ombros. "Como sempre, não consegui sentir muito de nada."

Nossa cadeia de reatividade

Quando encontro pessoas em retiros ou sessões de aconselhamento, algumas, como a Jane, me contam que se sentem entorpecidas, perdidas em pensamentos e desconectadas da vida. Outras me dizem que estão soterradas em sentimentos de medo, mágoa ou raiva. Sempre que nos encontramos possuídos pelos nossos sentimentos ou dissociados deles, estamos em transe, separados da nossa presença plena e da nossa vivacidade.

Tanto a psicologia budista quanto a psicologia ocidental nos dizem que o nosso transe de reatividade emocional começa com um reflexo universalmente condicionado: de forma consciente ou não, nós continuamente avaliamos o que está acontecendo como agradável, desagradável ou neutro. O cheiro de biscoitos recém-assados — provavelmente agradável. Um pensamento sobre uma discussão recente — provavelmente desagradável. O som de carros passando do lado de fora — em geral, neutro. "Agradável" provoca o nosso condicionamento de avidez. Nós podemos começar a querer os biscoitos ou a fantasiar sobre comê-los. Sensações "desagradáveis" disparam o nosso condicionamento de nos contrair e de evitá-las. Pensamentos sobre uma discussão podem levar à tensão física, sentimentos de raiva e planos para provar o nosso ponto de vista. Quando algo é neutro, tendemos a ignorá-lo e a desviar a nossa atenção para outro lugar.

Embora essas reações mentais e emocionais sejam naturais, é fácil ficarmos identificados com elas, nos retraindo em um ser do traje espacial. Por exemplo, quando a nossa atenção se fixa no nosso desejo pelos biscoitos — o quanto os queremos, mas talvez não devêssemos comê-los —, nos contraímos e ficamos enredados na sensação de um ser imperfeito. Quando a nossa atenção se fixa numa discussão — em quão insultados nos sentimos e no que mais deveríamos ter dito —, nos contraímos e ficamos enredados na sensação de um ser raivoso e ofendido. Nossos pensamentos e sentimentos entram em um círculo vicioso — quanto mais nós pensamos no que está nos chateando, com mais raiva ficamos; quanto mais raiva sentimos, mais geramos pensamentos raivosos. Quando estamos enredados nessa cadeia de reatividade, estamos em transe. Nós nos afastamos de uma noção maior de quem nós somos e do que importa na nossa vida.

No treinamento budista de meditação, acordar do transe começa com a atenção plena às sensações. As sensações são a nossa forma mais imediata de experimentar e nos relacionar com a vida. Todas as nossas outras reações — aos pensamentos, às situações externas, às pessoas, às emoções — são na realidade respostas às sensações físicas. Quando estamos com raiva de alguém, nosso corpo está respondendo a uma suposta ameaça. Quando nos sentimos atraídos por alguém, nosso corpo está sinalizando conforto, curiosidade ou desejo. Se não reconhecermos o nível básico da sensação, vamos estar continuamente perdidos no redemoinho de pensamentos, sentimentos e emoções que compõem o nosso transe diário.

Tocando o chão

Uma das melhores instruções que eu já ouvi para a prática de meditação foi dada pelo professor budista tailandês Ajahn Buddhadasa: "Não faça nada que o leve embora do seu corpo." O corpo vive no presente. Quando você está ciente do corpo, você está conectado com a presença viva — é o único lugar onde você pode ver a realidade, ver o que está realmente acontecendo. *A consciência do corpo é o nosso portal para a verdade do que é.*

Esse portal para o refúgio foi crucial para o despertar do próprio Buda. Quando Siddhartha Gautama se sentou sob a árvore bodhi — a árvore do despertar —, ele resolveu ficar lá até encontrar a liberdade plena. Ele começou sua meditação recolhendo a sua atenção, acalmando a mente e "voltando" para uma presença plena e equilibrada. Mas, como a história é contada, o demônio Mara surgiu, acompanhado de um exército pesado e com armas mortais e forças mágicas ao seu dispor. Mara é um tentador — seu nome significa ilusão em páli —, e nós podemos vê-lo como a própria sombra do Gautama. A intenção de Mara era manter Gautama preso no transe.

Ao longo de toda a noite, Mara arremessou pedras e flechas, lama fervente e areias borbulhantes para provocar Gautama a lutar ou fugir, e ainda assim ele encarou esses ataques com uma presença compassiva, e os mísseis foram transformados em flores celestiais. Então, Mara mandou suas filhas, "desejo, anseio e luxúria," rodeadas por atendentes voluptuosas, para seduzir Gautama. Ainda assim, a mente de Gautama permaneceu sem distrações e presente. O alvorecer rapidamente se aproximava quando Mara introduziu seu desafio final — a dúvida. Que prova, Mara perguntou, Gautama tinha da sua compaixão? Como ele podia estar certo de que seu coração estava desperto? Mara estava atacando o núcleo de reatividade que prende e sustenta o senso do pequeno eu — a percepção da nossa própria falta de valor.

Gautama não tentou usar uma técnica meditativa para provar a si mesmo. Em vez disso, ele tocou a terra e pediu a ela para testemunhar sobre a sua compaixão, sobre a verdade do que ele era. Em resposta, a terra respondeu com um rugido devastador, "Eu te dou testemunho!" Aterrorizados, Mara e suas forças se dispersaram em todas as direções.

Naquele instante de reconhecimento do seu pertencimento à Terra, Gautama se tornou o Buda — o desperto — e foi liberado. Reivindicando essa integridade viva, ele dissolveu os vestígios finais do transe da separação.

Para nós, a história da liberação do Buda oferece um convite radical e maravilhoso. Como o Buda, nossa própria cura e despertar se revelam em cada momento em que tomamos refúgio na nossa vivacidade — nos conectando com a nossa carne e o nosso sangue, com a nossa respiração, com o próprio ar, com os elementos que nos compõem e com a terra que é a nossa casa. Sempre que trazemos a nossa presença para o mundo vivo das sensações, nós também estamos tocando o chão.

Entrando no corpo

Para a Jane, encontrar seu caminho para o mundo de sensações parecia ser algo crucial. Antes de terminarmos o nosso encontro, eu a incentivei a tirar algum tempo durante as suas meditações para sentir a vida do seu corpo de dentro para fora. Seria mais fácil fazer isso, falei, se ela começasse a ficar consciente de sensações neutras ou agradáveis. Para dar uma dica do que eu queria dizer, pedi que ela fechasse os olhos. "Deixe suas mãos relaxarem, repousando sem esforço e acomodadas no seu colo," sugeri. "Agora imagine que você pudesse colocar a sua consciência dentro das suas mãos. Veja se é possível suavizar as suas mãos mais um pouquinho e sentir a vida que está lá." Fiz uma pausa. "Você consegue sentir a vibração, o formigamento? Você consegue sentir calor ou frio? Você consegue sentir pontos de pressão onde suas mãos tocam suas pernas e onde seus dedos se tocam uns aos outros?"

Jane se sentou muito quieta e então com um ligeiro sorriso ela fez que sim com a cabeça. "Ótimo," eu disse. "Agora tente sentir a mesma vivacidade nos seus pés. Apenas tire uns momentos e sinta a vibração, o formigamento, as sensações se modificando nos seus pés." Depois de uma pausa, ela fez que sim com a cabeça novamente. "Jane, a mesma vivacidade que está nas suas mãos e pés existe ao longo de todo o seu corpo. Agora, tente aumentar a lente da sua atenção e sentir o campo completo de sensações no seu corpo. Elas podem ser agradáveis ou desagradáveis... somente permita que elas venham e vão, notando o que quer que seja predominante. E, para ajudá-la a ficar conectada e relaxada, tente sentir como a sua respiração está se movendo nisso tudo."

Quando a Jane abriu os olhou para encontrar os meus, eles pareciam mais suaves e brilhantes. Ela olhou em volta da sala como se estivesse assimilando o entorno — as velas, o relógio, a caixa de lenços de papel — pela primeira vez. "Tara," ela começou, "eu não pude sentir muito no resto do meu corpo, mas somente sentir minhas mãos e pés, sentir a minha respiração por alguns momentos foi... bem... eu senti que eu estava realmente aqui!"

Eu disse à Jane que, quando as pessoas começam a treinar a atenção plena ao corpo, algumas delas acham difícil sentir as sensações no estômago, no peito e na garganta. Mas, com prática e paciência, assegurei a ela, a nossa consciência do corpo desperta. Nos próximos dias, seu trabalho seria tirar algum tempo em cada meditação para primeiro explorar as sensações neutras ou agradáveis, sentindo suas mãos e pés de dentro para fora; e então se abrir para o maior número possível de sensações no corpo.

Também sugeri um trabalho mais desafiador: quando ela encontrasse um estado de espírito difícil — inquietação, ansiedade, tristeza, raiva —, incentivei que ela se questionasse, como eu fizera, "O que está acontecendo dentro de você neste momento?". Para ajudá-la quando se abrisse a esses sentimentos, eu a relembrei de manter parte da atenção na respiração: "especialmente quando as sensações são desagradáveis, a sua respiração pode ser um ponto de apoio seguro... ela é uma boa companhia."

A consciência plena das sensações é o "nível básico" na prática com RAIN. Eu esperava que a Jane pudesse descobrir como um estado de espírito se expressa como uma sensação, antes mesmo de coalescer em um pensamento. "Qualquer experiência que você tem é enraizada no seu corpo, e entrar em contato com esta experiência — deixando-se sentir as sensações — vai ajudá-la a se sentir mais consciente e com os pés no chão", disse a ela.

"Mesmo sentir a manta de entorpecimento?" ela perguntou com as sobrancelhas levantadas e um toque de brincadeira. "Sim," eu disse, sorrindo. "Isso também."

Como a Jane descobriria, o que quer que surja no momento presente é exatamente a experiência que pode abrir a porta para a cura.

E SE PARECER INTENSO DEMAIS?

Muitos anos atrás, quando comecei a participar de retiros vipassana, as instruções que recebíamos eram bastante uniformes. Elas nos davam a âncora da respiração, mas, se algo intenso ou desagradável emergia, nos diziam para entrar em contato com aquelas sensações com atenção plena. Isso incluía nos abrir para sentimentos de entorpecimento e terror, desespero e raiva. Embora tenha levado a *insights* valiosos para a maioria dos alunos, para alguns que eu conheci — pessoas que estavam vivendo com traumas não tratados —, era algo prejudicial. Em vez de novos *insights* e maior consciência, eles ficavam inundados por emoções e dominados pela impotência. A experiência apenas reforçava a sensação de estarem ameaçados e impotentes. Essa é uma das razões pelas quais incentivei a Jane a desenvolver seu ponto de apoio; eu não sabia o que o entorpecimento dela estava protegendo.

O condicionamento de nos afastar da dor faz parte do nosso equipamento de sobrevivência. Quando já tivemos feridas emocionais profundas, traumas físicos ou emocionais, a dissociação das sensações brutas e do medo agudo é um reflexo poderoso de autoproteção. Ainda assim, até que o trauma tenha sido sentido e processado, tais energias dolorosas continuam presentes no nosso tecido e no nosso sistema nervoso. Como elas se expressam como dor física ou emocional recorrente, nós desenvolvemos estratégias contínuas para evitar o que estamos sentindo — tensionar ou entorpecer o corpo, gerar pensamentos que nos distraem, nos envolver em comportamentos de vício, agir agressivamente. Focar a atenção no corpo pode começar a desfazer estas estratégias de proteção e nos abrir para energias intensas e muitas vezes perturbadoras. Enquanto em última análise este "desfazer" é uma parte essencial da cura, podemos ficar sobrecarregados e mesmo sermos outra vez traumatizados se a nossa atenção não estiver estável ou forte o suficiente.

A maioria das pessoas convive com feridas emocionais, e muitas delas com trauma em algum grau. Como a Jane afirmou, existem "coisas enterradas lá dentro." Como podemos saber que é seguro nos conectar com estes sentimentos evitados por tanto tempo? Alguns alunos temem que, se eles se abrirem intencionalmente para o que há dentro deles, vão desmoronar e ficar emocionalmente paralisados ou disfuncionais. Perguntam a si mesmos que estilo de meditação é o certo para eles.

Essas perguntas críticas merecem atenção cuidadosa. Embora não haja uma fórmula clara, tenho descoberto que a atenção plena ao corpo requer uma sensação suficiente de segurança e estabilidade — em outras palavras, alguma sensação inicial de refúgio. Eu frequentemente recomendo buscar a orientação de um professor ou terapeuta qualificado sintonizado com atenção plena e cura de traumas. Se alguém está se sentindo instável e vulnerável, essa pessoa deve se sentir segura o suficiente praticando com um grupo de companheiros de meditação e/ou sabendo que um professor, terapeuta ou amigo de confiança se encontram por perto para dar apoio quando necessário. Quando a Jane e eu começamos a trabalhar juntas, pude perceber pela disposição em explorar sua experiência que ela tinha uma sensação de confiança razoável com o meu apoio. Um aspecto poderoso do refúgio do amor é o que eu chamo de "estar acompanhado." A presença de outra pessoa que se importa com o nosso bem-estar pode se tornar um tipo de "recipiente" curativo para as nossas energias internas intensas (vou explorar esse refúgio de forma mais abrangente no capítulo 9.)

Nosso senso de segurança e estabilidade também aumenta quando cultivamos as nossas próprias fontes internas — as habilidades meditativas que acomodam a mente, acalmam o corpo e estabilizam a atenção. Nesse caso nós estamos tomando refúgio, na verdade, em práticas que nos deixam prontos para uma presença plena e corporificada. Por exemplo, comecei a trabalhar com a Jane pedindo que ela se conectasse com sentimentos agradáveis ou neutros no corpo. Fortalecer essa habilidade a ajudaria a relaxar a mente e daria a ela uma percepção do corpo como um lugar potencialmente seguro. Nós também trabalhamos no desenvolvimento do uso da âncora (a respiração) como um ponto de apoio confiável e reconfortante; ela precisava saber que podia se acalmar se algo parecesse intenso demais. Como sugeri, essa mesma âncora poderia ajudá-la — ser uma "boa companhia" — quando ela fosse para a presença com emoções mais difíceis.

Recentemente, aconselhei um jovem que tinha servido no Iraque e estava sofrendo de estresse pós-traumático. Quando ele me procurou pela primeira vez, prestar atenção a qualquer parte do corpo além dos seus pés desencadeava terror. Trabalhamos juntos para estabelecer mais dois recursos de âncora: as sensações nos pés dele — que o ajudavam a se sentir estável —, e um mantra, ou conjunto de palavras sagradas, que o faziam se lembrar da proteção de um espírito universal amoroso. Por muitos meses, sua prática essencial era refletir sobre o mantra, repetindo-o internamente várias vezes, e sentir os pés no chão. Depois de mais ou menos seis meses, quando ele já se sentia mais estável e protegido, gradualmente começou a incluir as sensações no resto do corpo na consciência. Ele chamou a isso de sua "viagem de volta a estar vivo e inteiro."

Uma mulher que participou de um retiro de uma semana que eu conduzi sofria do que ela chamou de "estrangulamento" de ansiedade. Ela aprendeu a trabalhar com isso intencionalmente, tomando contato e se afastando de sensações intensas. Ela imaginava que estava entrando no rio dos seus medos e se deixava abrir para o aperto, a pressão e a dor que viviam dentro dela. Então, ela se visualizava saindo do rio e se sentando na margem. Lá ela tirava alguns momentos para intencionalmente despertar seus sentidos — abrir os olhos, olhar em volta —, incluindo em sua consciência os sons do lado de fora da sala, a sensação de ar e espaço a sua volta, a sensação da sua respiração, o apoio da cadeira sob o corpo dela. Ampliando a atenção, ela conseguia permanecer consciente do aperto de ansiedade, mas sem se sentir tão oprimida. Numa única sessão sentada ela podia fazer muitos ciclos de entrar no rio para entrar em contato com os medos diretamente e sair para descansar na margem calma e espaçosa. Gradualmente, ela descobriu que as energias que pareciam tão assustadoras eram, como o mestre tibetano Chögyam Trungpa afirmava, "trabalháveis".

Algumas das mesmas perguntas sobre trabalhar com a dor emocional também surgem com a dor física. Alunos querem saber se eles devem interromper a meditação quando a dor é intensa e os distrai. "Por que eu quereria sentir aquela enxaqueca? "eles perguntam. "Por que eu escolheria prestar atenção naquela náusea, naquela dor de estômago?" "O que eu deveria fazer se as dores no meu corpo parecerem intensas demais?"

Às vezes, a própria noção de dor nos faz supor que a experiência é ruim ou intensa demais. Quando eu ensino sobre ficar com a dor, incentivo os alunos a investigarem a dança de sensações que eles rotulam como "dor". Sob o conceito sólido de dor está uma constelação de experiências mutáveis — queimação, alfinetadas, torção, pressão, desconforto, punhaladas. O simples fato de se interessar por como essas sensações se movem e se manifestam, por como elas se tornam mais ou menos intensas, pode tornar a experiência menos pessoal e ampliar a sensação de presença.

Com frequência, recomendo ampliar a atenção antes de entrar em contato com sensações desagradáveis. A dor pode estreitar tanto o nosso foco que perdemos o contato com outras sensações que estejam presentes. Nestes momentos, pode ser útil percorrer o corpo em busca de sensações neutras ou agradáveis e repousar nessas áreas por algum tempo. Experimente ir e voltar entre as sensações neutras/agradáveis e também as desagradáveis. Alternativamente, como aconselhei a Jane, você pode ficar em contato com uma âncora neutra/agradável como a respiração enquanto investiga os pontos difíceis.

Você também pode ampliar a atenção se sintonizando com o espaço ao redor das sensações desagradáveis, ou simplesmente com o espaço ao redor do seu corpo e então ir passando de um para o outro. No lugar de um pequeno eu que está tenso com a dor, você vai gradualmente se abrir para uma consciência mais espaçosa que pode estar presente com sensações difíceis sem reagir ou recuar.

No entanto, existem momentos em que tentar entrar em contato com qualquer dor tem um retorno decrescente ou negativo. Se você estiver reagindo com agitação ou aflição, normalmente é melhor dar uma parada. Troque para uma prática de concentração com uma âncora agradável ou neutra — tal como repousar na respiração, ouvir os sons a sua volta ou recitar um mantra. Quando você sentir mais equanimidade, então você pode trazer uma atenção suave de volta para as sensações mais fortes. Alternativamente, você pode parar a sua sessão e, em vez disso, com atenção, buscar seja qual for o remédio — medicação, alongamento, um banho quente, uma xícara de chá — que traga alívio.

Estar presente com a dificuldade não é um teste de resistência. Não é mais um domínio no qual você precisa provar que vai ter sucesso. Às vezes, você simplesmente precisa preparar o terreno e encontrar formas de se sentir mais seguro e estável. Às vezes, frente a uma grande dor, você deve ficar presente por apenas trinta segundos, um minuto, cinco minutos. O que importa é como você está se relacionando com a sua dor. O refúgio está sempre esperando por você; está aqui nos momentos em que você observa o que está acontecendo com uma presença bondosa e gentil.

Reconhecendo a vida não vivida

Dois dias depois que eu e Jane nos encontramos pela primeira vez, ela me enviou uma mensagem dizendo que estava pegando o jeito de sentir tanto sensações agradáveis como desagradáveis no corpo. Então, na noite seguinte, ela e eu nos encontramos novamente em particular. Com os olhos vermelhos de chorar, Jane me contou o que tinha acontecido mais cedo naquele dia: "Eu estava pensando na minha mãe, que morreu há alguns anos. Nós sempre tivemos uma relação distante, incômoda — ela era mãe solteira, também professora universitária, vivia imersa no trabalho e ficava feliz quando eu saía de casa —, então eu realmente não lamentei a morte dela. Enquanto meditava, podia sentir o peso entorpecido da manta. Era como se a manta estivesse entre mim e ela, entre mim e todas as coisas. Como você disse, apenas deixei aquele entorpecimento e aquele peso estarem lá, tentando sentir como era essa sensação no meu corpo. Minha garganta ficou muito apertada e eu comecei a engolir saliva repetidamente. Então, uma memória assumiu o comando... algo doloroso de que eu me esquecera completamente.

"Eu devia ter uns 7 anos. Eu tinha cabelos dourados até a cintura. Eu amava o meu cabelo. Depois da escola, eu me enrolava em echarpes elegantes, dançava e me sentia como se fosse uma linda princesa. Numa tarde, minha mãe me disse que íamos ao cabelereiro, que meu cabelo era um transtorno. Eu conhecia aquela palavra, 'transtorno'. Significava azucriná-la pedindo um cachorrinho numa loja de animais ou sujar um vestido novo quando estava brincando ou ainda tentar chamar a atenção dela enquanto estava ocupada. Ser um transtorno muitas vezes levava a portas fechadas e a ficar sozinha. Desta vez eu implorei, prometi manter o meu cabelo em um rabo de cavalo, chorei e chorei, mas ela simplesmente me arrastou para o carro e me disse que estava na hora de eu crescer."

"A cabelereira notou o quanto eu estava chateada, mas só riu de mim." 'Você vai sentir muito menos calor no verão,' ela disse, e seguiu em frente e cortou os meus longos cachos." A mão de Jane instintivamente subiu em direção à cabeça, como se procurando pelo cabelo fantasma que não estava mais lá. "Sentada no salão de beleza, alguma coisa em mim soube que eu não importava. O que eu estava sentindo não importa. Eu era invisível, ninguém ligava." Jane parou abruptamente, os lábios apertados, ambas as mãos agora no colo e com punhos cerrados. Então, numa voz derrotada ela disse, "Provavelmente foi ali que uma parte de mim parou de viver."

Quando recomeçou a falar, a voz da Jane se tornou quase inaudível. "Sabe, Tara, eu fiquei exatamente igual a ela. Sem alegria. Uma mulher trabalhadora, dura e seca. Ela se fechou depois que o papai foi embora, ignorou as dores e necessidades dela... e também as minhas." Jane ficou quieta por um momento, se permitindo assimilar o que acabara de dizer em voz alta. Então, continuou: "Bem, eu me fechei também. Agora eu sei do que estou com mais medo. É de morrer como ela, sem ter vivido."

Carl Jung escreveu, "Nada tem uma influência mais forte psicologicamente no seu ambiente e especialmente nos seus filhos do que a vida não vivida dos pais." O domínio externo da nossa vida não vivida inclui todas as áreas em que deixamos de buscar e manifestar nosso potencial — na educação e na carreira profissional, nos relacionamentos e na criatividade. Mas é o domínio interno das nossas vidas não vividas que coloca esse sofrimento em ação. Aqui encontramos as sensações em estado natural, os desejos e as dores, as paixões e os medos que não nos permitimos sentir. Quando nos afastamos da base energética da nossa experiência, desviamos da verdade do que é. Fazemos uma barganha terrível. Quando nos separamos da sensação de dor, também nos separamos da experiência visceral de amor que permite a verdadeira intimidade com o outro. Nós nos separamos da vitalidade sensorial que nos conecta com o mundo natural. Quando há vida não vivida, não conseguimos cuidar bem de nós mesmos, dos nossos filhos ou do nosso mundo.

Os sentimentos que você está tentando ignorar são como uma criança berrando que foi mandada para o quarto. Você pode colocar tampões de ouvido e se esconder no lugar mais afastado da casa, mas o corpo e a mente inconsciente não esquecem. Talvez você se sinta tenso ou culpado. Talvez, como a Jane, você fique desconcertado com a intimidade ou assombrado por uma sensação de falta de sentido. Talvez você se concentre em todas as coisas que precisam ser feitas. Você não pode viver de forma espontânea porque seu corpo e sua mente ainda estão reagindo à presença da criança aflita. Tudo o que você faz para ignorá-la, incluindo ficar entorpecido, só reforça sua ligação com ela. A sua própria noção de quem você é — sua identidade — está fundida com a experiência de afastar uma parte central da sua vida ou de fugir dela.

Ao desligar a paixão, o sofrimento e a dor que ela tinha sentido como uma menina cujos cabelos preciosos tinham sido destruídos, a Jane se fechou em um fragmento entorpecido e ansioso de quem ela era. Ainda assim, algo nela a chamava para viver mais plenamente. Ao começar a entrar em contato com a experiência no seu corpo, ao tocar o chão, ela abria a porta para aquilo de que estivera fugindo.

Ganhando vida por meio do corpo

Depois que a Jane identificou o seu medo de morrer sem ter vivido, ela ficou em silêncio. Perguntei a ela se queria trazer a presença de RAIN para o que estava acontecendo dentro dela, e ela sacudiu a cabeça em concordância. "Ok," falei gentilmente, "comece se deixando sentir aquele medo e onde ele está vivendo no seu corpo." Ela fez um gesto para o centro do seu peito e, como antes, ela colocou a mão ali. "Você pode investigar observando como ele é sentido, de dentro," sugeri.

Jane se sentou imóvel por alguns momentos. Depois de aprofundar sua respiração, ela respondeu: "É como uma garra que está puxando e rasgando o meu coração." Eu a relembrei de deixar essas sensações ficarem lá e permitir que elas se expressassem como quisessem. Ela respirava profundamente, deixando a respiração ajudá-la a permanecer com a experiência do corpo dela. "O rasgo está me abrindo, tem bastante calor... agora é este enorme grito explodindo tudo... é a minha voz gritando com a minha mãe."

"Jane, se houver palavras, e você quiser, está tudo bem dizê-las em voz alta."

Com os olhos apertados, a princípio ela parecia estar lutando contra as palavras. Então elas explodiram: "Eu te *odeio* por cortar o meu cabelo. Como você pôde fazer aquilo comigo? Como você pôde?" A voz de Jane ficou embargada e — colocou o rosto entre as mãos, chorando. "Você só me queria fora do caminho para que eu não te amolasse. Você não me amava... você não conseguia me amar."

Jane chorou profundamente por vários minutos, se abraçando e balançando para frente e para trás. Eu a incentivei a levar todo o tempo que precisasse para sentir o que estava em seu coração e, se ela quisesse, dar nome ao que estava acontecendo. "Tem uma dor me apunhalando," ela sussurrou e continuou a se abraçar. Então, um minuto ou dois mais tarde, ela falou em uma voz mais suave e terna, enfatizando cada palavra: "Agora dor... tristeza... profunda." Quando os soluços cessaram, nos sentamos juntas em silêncio. Depois de beber água, ela olhou para mim. Pela primeira vez, seus olhos fizeram contato íntimo com os meus.

"Tara, enquanto eu estava quieta agora mesmo, a tristeza se tornou uma espécie de energia doce, serena e foi como se o meu corpo inteiro estivesse formigando com ela. Eu me senti totalmente viva... pela primeira vez. Então eu ouvi uma voz diferente, como o mais gentil dos sussurros, me abençoando. Ela estava me dando permissão para viver a minha vida a partir desse lugar de vivacidade. Eu tive um vislumbre de que este sussurro estava vindo do meu eu real, o espírito vivo que esteve invisível todos estes anos, mas nunca realmente foi embora." Os olhos de Jane brilhavam com lágrimas. "Mais do que tudo, eu quero confiar nesse espírito, permanecer conectada com quem eu sou."

Jane estava no caminho do refúgio verdadeiro. Investigando a experiência do corpo com uma presença comprometida e íntima, ela entrou em contato com a sua vida não vivida. Agora uma voz sábia e esperançosa emergia das profundezas, uma voz que expressava um despertar de anos de sono turbulento.

Plantando-nos no universo

Na primeira parte do século passado, D.H. Lawrence se descobriu em uma sociedade devastada pela guerra, numa paisagem despojada pelo industrialismo e numa cultura que sofria de uma desconexão radical entre a mente e o corpo. Publicadas em 1931, as palavras de Lawrence em "A propósito de O *Amante de Lady Chatterley*" não perderam sua urgência:

> *É uma questão praticamente de relacionamento. Devemos voltar a uma relação, uma relação vívida e sustentável com o cosmos e o universo... porque a verdade é, estamos perecendo por falta de satisfação das nossas maiores necessidades, estamos isolados das nossas grandes fontes de subsistência e renovação interior, fontes que fluem eternamente no universo. Essencialmente, a raça humana está morrendo. É como uma enorme árvore arrancada, com a raiz no ar. Precisamos nos plantar novamente no universo.*

Quando nos desconectamos do corpo, estamos nos afastando da expressão energética do nosso ser que nos conecta com toda a vida. Imaginando uma enorme árvore arrancada da terra, podemos sentir a antinaturalidade, a violência e o sofrimento desse pertencimento cortado. A experiência de sermos arrancados pela raiz é um tipo de morte. Jane sentiu isso como uma "irresponsividade interior" e se descreveu como mecanicamente tentando manter-se em movimento um dia após o outro. Algumas pessoas me falam do desespero de não viver de verdade, de roçar a superfície. Outros têm uma sensação perpétua de ameaça espreitando na esquina. E muitos falam sobre sentirem-se sobrecarregados com um cansaço profundo. É preciso energia para fugir sem parar da dor e da tensão, para fugir da vida no momento presente. Com as raízes no ar, perdemos acesso ao entusiasmo, ao amor e à beleza que alimentam o nosso ser mais profundo. Nenhum refúgio falso compensa essa perda.

Muitos anos após o retiro, Jane veio a Washington para uma conferência e marcou uma consulta comigo. Eu não reconheci imediatamente a mulher com longos cabelos loiros e esvoaçantes que entrou no meu consultório. Relaxada e sorrindo, ela me olhou diretamente nos olhos e fez piada sobre boicotar salões de beleza. Ela me falou que tinha continuado a praticar a atenção plena ao corpo, usando os passos de RAIN sempre que se deparava com seus velhos padrões de ansiedade ou depressão. Embora ela ainda ficasse ansiosa e tensa algumas vezes, a vida dela tinha mudado de muitas formas inesperadas. A mudança mais importante tinha a ver com o seu coração: "Quando eu trago a minha atenção para a menina que teve seus cabelos cortados e sinto a sua dor no meu corpo, eu, às vezes, me descubro chorando pela minha mãe, que nunca soube realmente como relaxar e viver a vida. Eu sinto o sofrimento dela no meu corpo também, a solidão e a perda que talvez ela nunca tenha se permitido sentir. Há espaço no meu coração para incluir a vida dela, e um sentimento de amor com o qual eu nunca entrei em contato enquanto ela estava viva."

Jane e eu nos sentamos juntas em silêncio por alguns momentos, aproveitando a companhia uma da outra. Então, ela continuou: "Quando eu estou presente e desperta no meu corpo, eu sou maior do que qualquer ideia ou sentimento antigo que eu tinha sobre mim mesma. Aquele espírito vivo com o qual eu me reconectei no retiro é realmente o que eu sou." Ficamos sentadas por mais um momento saboreando a percepção dela, e então nos despedimos.

Como o Buda tocando o chão, nós reivindicamos nossa vida e nosso espírito ao nos plantarmos novamente no universo. Isso começa quando nos conectamos com a verdade do que está acontecendo no nosso corpo. O campo misterioso de energia que chamamos de universo só pode ser experimentado se estivermos em contato com a sensação daquela energia no nosso próprio ser. Para a Jane, a prática simples de sentir a vida em suas mãos se expandiu para incluir as feridas da sua vida não vivida, que então a abriram para a energia pura do coração e do corpo dela. Conectando-se com a sua vida interior, trazendo presença para a verdade da sua experiência imediata, ela tinha começado a se replantar no universo.

REFLEXÃO GUIADA: TRAZENDO RAIN PARA A DOR

Para soltar o sofrimento que pode acompanhar a dor, relaxamos a nossa resistência às sensações desagradáveis e as encontramos com uma presença aberta, que permite. Essa meditação é especialmente útil quando você está com alguma dor física. Se, em qualquer ponto, a dor parecer demasiada, volte-se com atenção plena e compaixão ao que quer que seja que alivie e acalme. Então, você pode retornar para esta prática direta de presença atenta e aberta quando estiver pronto.

Encontre uma posição confortável, sentado ou deitado. Tire alguns momentos para ficar quieto, relaxando com o ritmo natural da respiração. Gentilmente leve a atenção por todo o corpo, relaxando a testa e a mandíbula, deixando cair seus ombros e relaxando as mãos. Tente não criar nenhuma tensão desnecessária no corpo.

Comece com o R de RAIN (Reconhecer) percorrendo o seu corpo e reconhecendo se existem áreas de desconforto ou dor forte. Se sim, traga uma atenção gentil e receptiva diretamente para as sensações desagradáveis. Continue o R de RAIN descobrindo o que acontece quando você começa a estar presente com a dor. Há uma tentativa, ainda que sutil, de afastá-la? De interrompê-la, bloqueá-la, de se afastar? Há medo?

Devido à tendência a resistir a sensações desagradáveis, é essencial despertar uma presença que permite, aberta, o A de RAIN (Aceitar ou Permitir). Para estabelecer essa abertura, você pode imaginar um lindo céu azul e deixar a mente se misturar com aquela vastidão. Abra seus sentidos para incluir os sons, ouvindo com uma atenção plena e receptiva. Conforme você ouve os sons, sinta o espaço no qual eles estão acontecendo. Então, comece a incluir na sua consciência áreas no seu corpo que têm sensações neutras ou até mesmo agradáveis. Pode ser em suas mãos, pés, bochechas, a área em volta dos seus olhos. Você também pode sentir essas áreas, ou o seu corpo inteiro, como um campo aberto de sensações que está cheio de espaço.

A Investigação (o I de RAIN) é um aprofundamento da atenção. Ela começa quando você permanece consciente deste fundo de abertura e simultaneamente entra em contato com as sensações desagradáveis. Deixe sua atenção ir em direção ao lugar ou lugares onde as sensações estão mais intensas ou desagradáveis. Se parecer difícil, passe mais algum tempo repousando a atenção no espaço ao redor da área incômoda, estabelecendo uma sensação de abertura. Gentilmente percorra a região indo e voltando, tocando a dor e então sentindo o espaço em volta dela, até que você se sinta mais capaz de entrar inteiramente no centro do incômodo sem resistência.

Quando você entrar diretamente em contato com a dor, permita que as sensações se expressem da forma que for mais natural e real. Onde estão as sensações desagradáveis? Qual é a forma da dor? Qual é a sua intensidade (numa escala de um a dez, dez sendo a mais forte)? Conforme você sente a localização, a forma e a intensidade, veja o quão plenamente você pode dizer "sim" ou "eu consinto", se rendendo sem qualquer resistência e genuinamente deixando essa vida ser exatamente do jeito que é. Continue a sentir tanto a dor quanto o campo de sensações e espaço em segundo plano. O que acontece com as sensações desagradáveis quando não há nenhuma resistência?

É natural passarmos por várias rodadas desse estágio da meditação. Uma vez que você conseguir experimentar a sua consciência como o espaço suave e aberto que circunda a dor, vá outra vez em direção ao centro das sensações desagradáveis. Deixe a sua consciência se encharcar com a dor como na mais gentil das chuvas. É possível fundir sua atenção com o centro ou coração da dor? Você consegue sentir a abertura espalhando as sensações de dor? Ou você consegue sentir as sensações dolorosas se dissolvendo na abertura? Continue a observar o que está acontecendo quando você se entrega repetidas vezes à experiência das sensações dolorosas.

Deixe o corpo ficar como o espaço aberto, com bastante lugar para as sensações desagradáveis surgirem e se dissolverem, se desvanecerem e se intensificarem, se moverem e se modificarem. Sem segurar, sem ficar tenso. Explore o que significa ter uma presença que se rende, soltando a resistência repetidas vezes. Quando já não houver nenhuma resistência, existe alguma sensação de um eu que possui a dor? Um eu que é uma vítima da dor? Descubra como você pode habitar o mar da consciência, incluindo as ondas de sensação que se modificam, mas não se identificar com elas. Este é o N de RAIN: Não identificado, você toca a liberdade da presença natural.

Reflexão guiada: o sorriso do Buda

Em muitas estátuas e figuras, o Buda é mostrado com um leve sorriso. Pesquisas hoje mostram que mesmo um pequeno sorriso relaxa a nossa reatividade e nos leva para sentimentos de tranquilidade e bem-estar. Essa reflexão curta pode ser feita durante a meditação formal ou em qualquer momento do dia.

Feche os olhos, respire profundamente algumas vezes. Em cada expiração sinta uma sensação de soltar a tensão, um suavizar e relaxar do corpo. Imagine um sorriso se espalhando nos seus olhos, gentilmente erguendo os cantos e relaxando a área ao redor deles. Sinta um sorriso real, porém leve na boca e sinta também o interior da boca sorrindo. Relaxando a mandíbula, observe as sensações que surgem na área da boca e bochechas.

Imagine sorrir dentro do coração. Sinta o sorriso se espalhando através do coração e do peito, criando espaço para seja lá o que você estiver sentindo. Permita que as sensações e sentimentos nesta área do coração flutuem neste espaço suave.

Imagine-se sorrindo dentro da área do umbigo, deixando a curva de um sorriso se espalhar na barriga, relaxando qualquer tensão ali existente. Observe a consciência despertando dentro do torso.

Agora imagine a atmosfera de um sorriso se expandindo para incluir o seu corpo todo. Respire profundamente mais algumas vezes, sentindo a vivacidade que preenche o seu corpo inteiro mantido na abertura de um sorriso. Repouse por quanto tempo quiser na sensação de vivacidade e abertura.

7 - Possuído pela mente: a prisão do pensamento compulsivo

Você pensa demais, este é o seu problema.
Pessoas inteligentes e quitandeiros, eles pesam tudo.
NIKOS KAZANTZAKIS

Livre-se das preocupações
Pense em quem criou o pensamento!
Porque você permanece na prisão
Quando a porta está escancarada?
RUMI

Em seu início de carreira, o grande mágico Harry Houdini viajava pela Europa visitando pequenas cidades onde ele desafiava os carcereiros locais a amarrá-lo em uma camisa de força e fechá-lo numa cela. Vezes sem conta ele encantou multidões com suas escapadas rápidas de confinamentos aparentemente impossíveis. Mas, em uma pequena aldeia irlandesa ele teve problemas. Em frente a um grupo ansioso de habitantes e repórteres da cidade, Houdini facilmente se livrou da sua camisa de força, mas, apesar dos seus esforços repetidos para resolver o enigma da fechadura, ele não conseguiu abrir a porta da cela.

Depois que todos se foram, Houdini perguntou ao carcereiro, "Que tipo de nova fechadura você tem na sua cela?" "Oh," disse o carcereiro, "é uma fechadura muito comum. Imaginei que você não teria qualquer dificuldade em abri-la... então eu nem me dei ao trabalho de fechá-la." Houdini falsamente assumiu que ele estava preso, e seus próprios esforços para se libertar o tinham trancado!

Quando ouvi essa história pela primeira vez, pensei em quantos de nós, assim como Houdini, pressupomos eternamente que a vida é um problema que temos que resolver. Nosso desafio é que estamos viciados em pensar — é a nossa forma de tentar controlar a vida em si. É só quando o nosso diálogo interno incessante se acalma que percebemos que a porta da cela já está aberta.

"Perdido em pensamentos"

Quando um aluno pediu ao renomado professor tailandês Ajahn Buddhadasa para descrever a consciência no mundo de hoje, ele respondeu simplesmente: "Perdido em pensamentos". Quando vivemos dentro de um fluxo incessante de pensamentos, ficamos identificados com as nossas criações mentais. Reagimos a pessoas e eventos nas nossas mentes como se eles fossem reais e acreditamos que o eu retratado nas nossas histórias mentais é de fato quem somos. Separados da experiência direta do momento presente — da verdade que está aqui e agora —, *estamos perdidos em uma realidade virtual.*

Nós, em geral, estamos conscientes de obsessões dolorosas como pensamentos incômodos sobre uma temida entrevista de emprego ou fantasias persistentes sobre beber quando prometemos ficar abstinentes. Mas o pensamento compulsivo também toma a forma da obsessão de todos os dias, o fluxo familiar de preocupações e planos que são uma parte sempre presente das nossas vidas. Este tipo de obsessão flutua livremente; vai se fixar em qualquer objeto disponível. Podemos nos preocupar ansiosamente com um projeto não terminado no trabalho, terminá-lo e então imediatamente transferir a nossa obsessão para o que tiver que ser feito em seguida. Ou podemos ter um forte desejo de reconhecimento, ou um desejo ardente de comprar algo novo e, após satisfazê-lo, descobrir que estamos avidamente buscando o próximo desejo. Mesmo uma vaga sensação de ansiedade ou estresse pode levar a dezenas de horas perdidas em preocupações ou planejamentos, julgamentos ou tentativas de consertar as coisas.

Embora a intensidade do pensamento compulsivo varie, o denominador comum é que sempre que estamos perdidos em pensamentos, estamos desconectados do nosso corpo e dos nossos sentidos. Estamos separados da percepção e da receptividade que são a base da nossa inteligência e bondade naturais.

Com tudo isso, certamente não pretendo desvalorizar o pensamento. Pensar é uma parte crucial do nosso equipamento evolucionário, dos nossos meios primários de sobreviver e prosperar. Tudo o que nós humanos produzimos para o mundo — prédios, computadores, pianos e poemas — começa como uma ideia na mente. E, ainda assim, esse mesmo cérebro que pensa é responsável por violências indescritíveis contra a nossa própria espécie e contra outros animais, comanda o consumismo que ameaça destruir o nosso planeta e gera boa parte da nossa miséria emocional. Assim como Houdini se trancou na cela, nossos pensamentos podem nos aprisionar em um transe doloroso e muitas vezes torturante.

Pensamentos compulsivos são um falso refúgio

Os pensamentos compulsivos são a estratégia primária do eu do traje espacial. Para muitos de nós, eles são a forma mais fácil e rápida de controlar temporariamente o estresse ou escapar da tensão bruta dos desejos ou dos medos no corpo. Nossos pensamentos evitam que nos sintamos impotentes — não estamos apenas sentados nos sentindo desamparados, estamos fazendo alguma coisa... estamos pensando! Como Descartes disse, "Penso, logo existo." Pensar reconstrói continuamente a percepção do eu e nos assegura que este eu existe.

Ainda assim, a ideia de que pensamentos compulsivos nos ajudam é uma ilusão. No nível mais fundamental, os pensamentos compulsivos surgem de crenças baseadas no medo. Quando estamos escravizados por eles, tomamos a identidade de um eu que está com problemas, um eu que está isolado e em perigo. Somos governados pela mensagem subjacente de que "algo está errado comigo," ou "algo está errado com você." Pensamentos compulsivos nos impedem de ver claramente as raízes do sofrimento — nosso e dos outros — e nos impedem de responder àquele sofrimento com a bondade e a clareza que podem trazer a verdadeira cura.

Meus alunos alegam que ter obsessões pode ser benéfico. "E as obsessões criativas — como o poeta que passa dias tentando encontrar exatamente aquela palavra certa ou o cientista que tem obsessão por um problema? Não precisamos disso?" Mas esse tipo de foco, esse envolvimento intenso e atento é diferente da agitação da obsessão. Quando a intenção por trás do pensamento é aprofundar nosso entendimento, nos comunicar claramente, despertar espiritualmente ou nutrir a vida a nossa volta, o nosso pensamento não está primariamente focado em proteger o pequeno eu. Nossos pensamentos não estão dando voltas sobre o que vai nos ferir ou ajudar (ou àqueles que estão próximos a nós). Em vez de nos possuir, os nossos pensamentos se tornam nossas ferramentas e podem ser guiados pela compaixão natural, intuição e criatividade.

Também me perguntam sobre situações em que nós realmente estamos em perigo. O pensamento compulsivo não tem valor neste caso? Pensamentos baseados no medo realmente têm uma função crítica quando precisamos nos proteger. Assim como o corpo se prepara para o perigo direcionando o fluxo de sangue para as extremidades e tensionando os músculos, a mente se mobiliza para orquestrar uma resposta estratégica para as ameaças. Mas quando essa orquestração nunca termina, quando nos tornamos completamente identificados com o fluxo dos nossos pensamentos temerosos, perdemos contato com os sentimentos e as circunstâncias reais que requerem a nossa atenção. Nossos pensamentos repetitivos não têm saída ou efeito. Eles simplesmente dão voltas. Pior, eles nos prendem ao medo.

Sufocados pela obsessão

Estive face a face pela primeira vez com a dor da obsessão mental durante o meu segundo ano na faculdade. Eu tinha começado a terapia e me lembro do dia de março em que falei sobre a minha fixação principal da época: como parar de comer compulsivamente. Não importa o quanto eu me sentisse comprometida com a minha mais nova dieta, eu continuava a quebrá-la a cada dia. Eu me julgava impiedosamente por estar fora de controle; quando eu não estava pensando obsessivamente sobre como eu planejaria um programa mais rigoroso, mais dramático de perda de peso, eu estava presa nos desejos por comida.

Minha terapeuta ouviu silenciosamente por um tempo e fez a pergunta que tem estado comigo desde então: "Quando você está pensando obsessivamente em comida, o que você sente no seu corpo?" Conforme minha atenção se desviou, eu imediatamente notei o sentimento doloroso e apertado no meu peito. Enquanto minha mente dizia "algo está errado comigo", o meu corpo espremia o meu coração e a minha garganta em um duro aperto de medo.

Em um instante percebi que quando eu pensava obsessivamente em comida — desejando ou querendo evitá-la —, eu estava tentando escapar desses sentimentos. A obsessão era a minha forma de estar no controle. Mas percebi algo mais. "Não é só comida", eu disse a ela, "eu penso obsessivamente sobre tudo." Dizer isso em voz alta desbloqueou algo dentro de mim. Falei sobre como eu pensava obsessivamente sobre o que estava errado com o meu namorado, sobre as provas, sobre o que fazer no feriado de Páscoa, sobre quando sair para uma corrida. Eu pensava obsessivamente sobre o que eu diria a ela na nossa próxima sessão de terapia. E, mais do que tudo, minha crítica interior incansável pensava obsessivamente sobre os meus próprios fracassos: eu nunca iria mudar; nunca iria gostar de mim mesma; os outros não iriam gostar de estar perto de mim.

Depois de despejar tudo isso, a minha mente começou a buscar outra vez — desta vez por uma nova estratégia para mudar o meu eu obsessivo. Quando comecei a ir por este caminho, minha terapeuta simplesmente sorriu e disse com delicadeza: "Se você conseguir notar quando está tendo pensamentos obsessivos e então sentir o que está acontecendo no seu corpo, você provavelmente vai encontrar paz de espírito."

Nas semanas que se seguiram, acompanhei os meus pensamentos obsessivos. Quando eu me pegava planejando, julgando e gerenciando, observava que estava tendo pensamentos obsessivos, tentava parar e então me perguntar o que eu estava sentindo no meu corpo. Não importa qual fosse o foco particular dos meus pensamentos, eu descobria um sentimento inquieto, ansioso — o mesmo aperto que eu tinha sentido no consultório da minha terapeuta. Embora eu não gostasse de ter pensamentos obsessivos, eu *realmente* não gostava daquela sensação. Sem estar consciente de me afastar, eu começava a me distanciar da dor assim que entrava em contato com ela, e a voz implacável na minha cabeça assumia o controle outra vez. Então, depois de mais ou menos um mês disso, tive uma experiência que realmente chamou a minha atenção.

Uma noite de sábado, depois que meus amigos e eu passamos horas dançando com a música de uma de nossas bandas preferidas, saí para tomar ar fresco. Inspirada pela lua cheia e pelo perfume de flores da primavera, me sentei em um banco para ficar alguns momentos sozinha. De repente, o mundo estava deliciosamente quieto. Suada e cansada, meu corpo vibrava de tanto dançar. Mas a minha mente estava calma. Estava ampla e aberta, como o céu noturno. E, preenchendo-a, havia uma sensação de paz — eu não queria nada, nem temia nada. Estava tudo bem.

No domingo de manhã, aquele estado de espírito tinha desaparecido. Preocupada com um artigo que precisava entregar no meio da semana, me sentei para trabalhar ao meio-dia, armada com Coca-Cola diet, queijo e bolachas. Iria comer demais, eu já sabia. Minha mente começou a ricochetear entre querer comer e não querer ganhar peso. Minha agitação cresceu. Por um momento, tive um vislumbre da noite anterior; aquele espaço tranquilo e feliz era como um sonho distante. Uma grande onda de impotência e tristeza encheu o meu coração. Eu comecei a sussurrar uma prece: "Por favor... que eu possa parar com a obsessão... por favor, por favor." Eu queria estar livre da prisão do meu pensamento de medo.

O sabor de uma mente calma e tranquila que eu tinha experimentado na noite anterior parecia ser o meu lar, e isso me motivou a começar uma prática espiritual não muito depois. Nos anos que se seguiram desde então tenho me tornado cada vez mais livre das garras do pensamento obsessivo, mas o despertar deste transe mental tem sido mais vagaroso do que imaginei inicialmente. Pensamentos obsessivos são um vício persistente. Ainda assim, como todas as facetas do transe, eles respondem à consciência — a uma presença interessada, bem-humorada e indulgente. Nós podemos ouvir as energias por trás dos nossos pensamentos obsessivos, responder ao que precisa de atenção e passar cada vez menos tempo afastados da presença que nutre as nossas vidas.

Tomado pela emoção

Recentemente li no livro *My Stroke of Insight* (em português, "A cientista que curou seu próprio cérebro"), da neurocientista Jill Bolte Taylor, que a duração natural de uma emoção — o tempo que ela leva para percorrer o sistema nervoso e o corpo — é de apenas um minuto e meio. Depois disso, precisamos dos pensamentos para manter a emoção em movimento. Então, se nos perguntamos porque nos trancamos em estados emocionais dolorosos tais como ansiedade, depressão ou raiva, não precisamos olhar além do nosso próprio fluxo sem fim de diálogo interno.

A neurociência moderna descobriu uma verdade fundamental: neurônios que disparam juntos, se conectam juntos. Quando repetimos um conjunto circular de pensamentos e emoções, criamos padrões de reatividade emocional profundamente sulcados. Isso significa que, quanto mais você pensa e repensa sobre certas experiências, mais forte fica a memória e mais facilmente são ativados os sentimentos relacionados. Por exemplo, se uma menina pede ajuda ao pai, e ele a ignora ou reage com irritação, a dor emocional da rejeição pode ficar ligada a um grande número de pensamentos ou crenças: "Eu não sou amada," "Eu não mereço ser ajudada," "Eu sou fraca por querer ajuda," "É perigoso pedir ajuda," "Ele é mau. Eu o odeio." Quanto mais a criança recebe essa resposta de qualquer um dos pais — ou até mesmo *imagina* receber essa resposta —, mais o impulso de pedir ajuda se torna conectado à crença de que ela vai receber uma recusa e aos sentimentos que acompanham (medo ou mágoa, raiva ou vergonha). Anos mais tarde, ela pode hesitar em pedir qualquer ajuda. Ou, se ela chegar a pedir, e a outra pessoa apenas parar ou parecer distraída, os velhos sentimentos instantaneamente assumem o controle: ela minimiza as próprias necessidades, pede desculpas ou fica com raiva. A menos que aprendamos a reconhecer e interromper os nossos pensamentos compulsivos, estes padrões emocionais e de comportamento arraigados continuam a ser reforçados com o tempo.

Felizmente, é possível romper esses padrões. O pesquisador Benjamin Libet descobriu que a parte do cérebro responsável pelo movimento é ativada um quarto de segundo antes de nos tornarmos conscientes da nossa intenção de nos mover. Há então outro quarto de segundo antes do movimento começar. O que isso significa? Primeiro, lança uma luz interessante ao que chamamos de "livre arbítrio" — antes de tomarmos uma decisão consciente, nosso cérebro já colocou as engrenagens em movimento! Mas, em segundo lugar, oferece uma oportunidade. Digamos que você venha tendo pensamentos obsessivos sobre fumar um cigarro. Durante o espaço entre impulso ("eu tenho que fumar um cigarro") e ação (apanhar o maço), há espaço para uma escolha. A autora Tara Bennett-Goleman chamou este espaço de "o quarto de segundo mágico," e a atenção plena nos permite tirar vantagem dele.

Capturando nossos pensamentos no quarto de segundo mágico, somos capazes de agir a partir de um lugar mais sábio, interrompendo o círculo de pensamentos compulsivos que alimentam a ansiedade e outras emoções dolorosas. Se nosso filho nos pede para jogar um jogo e nós automaticamente pensamos "estou ocupada demais," podemos parar e escolher passar um tempo com ele. Se nos apanhamos escrevendo um e-mail raivoso, podemos parar e decidir não pressionar o botão enviar.

As ferramentas básicas da atenção plena para trabalhar com pensamentos compulsivos são "voltando" e "estar aqui". Se você se lembra da roda da consciência do capítulo 3, pode visualizar o quanto a nossa mente facilmente se fixa nos pensamentos circulando no aro. Mas, quando notamos que nossa atenção se dispersou, e voltamos à nossa âncora (por exemplo, a respiração), nos reconectamos com a presença no centro da roda. Isso fortalece um músculo crítico — a nossa capacidade de despertar, de "voltar", quando estamos perdidos em pensamentos.

Então, quando praticamos "estar aqui" — notando as sensações que se modificam no nosso corpo, os sons à nossa volta, o modo como os sentimentos vêm e vão —, ficamos cada vez mais conscientes da diferença entre a realidade virtual dos pensamentos e a verdade do que está acontecendo no momento. Se praticarmos esta forma de despertar dos pensamentos durante períodos menos estressantes, vamos estar mais alertas e mais bem equipados para responder com atenção plena quando lidarmos com fortes obsessões. Quanto mais familiarizados ficarmos com a sensação de que "isso é só um pensamento," menos poder terão os pensamentos.

É mais difícil despertar de alguns pensamentos do que de outros. Se ficamos conscientes de uma fina nuvem de pensamentos, ela normalmente se dissolve, e é fácil voltar ao centro da roda. Por outro lado, quando somos tomados por nuvens de tempestade — o pensamento compulsivo que é impulsionado por sentimentos intensos de medo ou desejo —, o transe é mais convincente. Estamos em um tornado emocional — uma constelação "conectada" de pensamentos e sentimentos. Assim que reconhecemos a nossa nuvem de tempestade de pensamentos, já não estamos dentro dela. Mas, a menos que reconheçamos também a forte carga emocional da nuvem, sua energia nos lançará de volta para a obsessão. Vamos rapidamente ficar outra vez identificados com os nossos pensamentos, e eles vão mais uma vez dirigir as nossas emoções e o nosso comportamento. Era essa dinâmica circular que a minha terapeuta estava me convidando a observar: "Quando você está pensando na sua luta com a comida, o que você sente no seu corpo?"

Quando despertamos de pensamentos carregados, lembrar de uma âncora como a respiração pode inicialmente nos ajudar a voltar. Mas, para estar completamente aqui, precisamos incluir com atenção plena as sensações que residem abaixo dos pensamentos.

Todo pensamento ou percepção mental é expresso por um sentimento físico correspondente; de forma recíproca, os nossos sentimentos também fazem surgir pensamentos. Isso significa que, a menos que possamos trazer ambos os elementos desse círculo que se auto reforça para a nossa consciência, vamos continuar presos na identidade de um eu em perigo ou que quer alguma coisa. Se não estivermos conscientes do nosso processo de pensamento, vamos fazer o jogo do conteúdo dos nossos pensamentos, que por sua vez vão continuar gerando sentimentos de desejo ou medo. Da mesma forma, se não estivermos cientes da ansiedade nos nossos corpos, vamos nos identificar com a sensação de ameaça ou desejo que vai gerar um novo ciclo de pensamentos obsessivos. Então, uma emoção que dura um minuto e meio pode se tornar um sistema climático que se instala por um longo prazo.

O Buda ensinou que, para sermos livres — não dominados por ou identificados com pensamentos ou sentimentos —, nós precisamos investigar cada parte da nossa experiência com uma atenção íntima e plena. Esta investigação feita com delicadeza, desenvolvida no I de RAIN, é uma ferramenta essencial para trabalhar com a obsessão. Quando comecei a terapia na faculdade, minha atenção era tudo menos acolhedora: eu era fortemente crítica com a minha obsessão e ao mesmo tempo resistente quanto a entrar em contato com os sentimentos desagradáveis subjacentes a ela. Nos anos desde então, tenho visto essa mesma reação em muitos alunos e clientes. É uma parte natural do nosso condicionamento, e é algo que se pode aproveitar. A chave é sermos honestos para com a gente mesmo sobre o que está acontecendo e escolher a presença o máximo possível.

Trazendo RAIN para os pensamentos obsessivos

Jim era um estudante de direito que vinha participando da minha aula de meditação nas quartas-feiras à noite há um ano e meio. Ele marcou uma consulta para conversar comigo em particular, me dizendo que ele tinha uma obsessão constrangedora que ele queria discutir. Quando chegou ao meu consultório, foi rapidamente para uma das cadeiras, se sentou e falou de uma vez. "Eu não sei se você trabalha com esse tipo de coisa," ele disse, "mas eu estou tendo problemas sexuais e realmente preciso de ajuda." Ele parou abruptamente e piscou nervosamente.

Pude sentir a coragem dele em se forçar a ser tão direto e queria deixá-lo tranquilo. "O que você acha de me contar mais," falei, acenando levemente que sim com a cabeça para encorajá-lo. Se eu não for a melhor pessoa para ajudar, nós podemos descobrir um próximo passo adequado."

Jim deu um sorriso sombrio. "Ok, então", ele disse, "Isso é o que está acontecendo. Eu estou em um novo relacionamento, que tem potencial. Ela... a Beth... tem tantas coisas que eu procuro em alguém. Ela é inteligente, divertida, gentil. E muito bonita." Jim parou, como se reconhecendo para si mesmo a realidade do encanto dela. Quando ele continuou, sua voz era de uma monotonia derrotada: "O problema é que eu tenho medo de estragar tudo com ela." O medo de Jim era de ter um desempenho ruim durante o sexo. Ele contou que o problema tinha arruinado vários relacionamentos anteriores: ele tinha pensamentos obsessivos desejando fazer sexo, e ele tinha pensamentos obsessivos ansiosos sobre ejaculação precoce. Então, quando começava a transar, ou chegava ao clímax rapidamente ou se fechava e perdia a ereção. Envergonhado, em um período de semanas ou meses ele ficava cada vez mais distante da parceira até que ela reagia com mágoa ou raiva. Então, ele terminava o relacionamento.

"Eu não quero fazer isso com a Beth, nem comigo," falou amargamente. "Eu *odeio* o modo como eu tenho pensamentos obsessivos sobre sexo — querendo sexo, tendo medo do que vai acontecer —, é a minha mente que está arruinando a minha vida sexual... e também está ferrando com a minha habilidade de estudar." Encostando-se na cadeira ele balançou a cabeça com indignação. "Nós dormimos juntos algumas vezes, e sempre acontece a mesma coisa... o que é que eu faço?", perguntou, sem esperar de fato por uma resposta.

Sugeri que, embora a gente pudesse conversar um pouco mais, podíamos também usar RAIN para explorar o que estava acontecendo. Jim tinha ouvido sobre RAIN na aula, mas ainda não tinha tentado por conta própria. "Vamos tentar", Jim disse. "Eu já falei sobre isso até morrer dentro da minha própria cabeça."

Quando praticamos RAIN juntos, Jim notou a vergonha e o medo subjacentes aos seus pensamentos, mas ele rapidamente deixou de se conectar aos sentimentos e passou a analisar o que estava acontecendo. "Eu estou fixado no passado," afirmou contundentemente, "e não consigo ver que agora é agora!" Chamando a atenção para a sua atitude severa em relação aos sentimentos e à obsessão, sugeri que quando continuasse a investigação sozinho, ele deveria intencionalmente oferecer alguma mensagem de aceitação ou cuidado para seja lá o que parecesse doloroso ou indesejável.

Isso veio a ser um verdadeiro obstáculo para o Jim. No nosso segundo encontro, várias semanas depois, ele confessou que sempre que tentava trabalhar com RAIN por conta própria, conseguia reconhecer seus sentimentos, mas definitivamente não conseguia aceitá-los. Em vez disso, momentos depois de reconhecer a vergonha ou o medo, ele voltava imediatamente às histórias de constrangimentos passadas e à antecipação de humilhações futuras. Então, julgava a si próprio. "Não importa o que estivesse acontecendo, eu estava fazendo algo errado", ele me disse.

Por fim, depois de mais de uma semana disso, Jim percebeu que tinha perdido a confiança de que RAIN poderia ajudá-lo. A crise veio numa noite. Ansiando por alívio, ele buscou qualquer coisa que pudesse distraí-lo e ajudá-lo a dominar sua fixação mental. Ele focou na respiração, tentou substituir com outros pensamentos, colocou sua música favorita e por fim pegou um livro. Quando percebeu que não estava assimilando as palavras na página, jogou o livro de lado em desespero. "Eu sabia que estava fugindo", disse ele, "e que aquilo estava piorando as coisas."

Ele, por fim, se rendeu ao que estava acontecendo dentro dele mesmo. "Havia uma mistura de pornografia ruim e novelas bobas dominando a minha tela mental... sem ninguém no controle remoto," lembrou. "Era óbvio que 'eu' não podia fazer nada. Algo em mim parou de lutar e suavizou-se, abrandou." Conforme os pensamentos carregados continuaram a passar na mente dele, Jim atentamente os observou como "pensamentos obsessivos". Logo ele reconheceu a tendência familiar de medo e vergonha. Mas, dessa vez, ele se dirigiu a esses sentimentos de medo e vergonha com um sussurro gentil: "Está tudo bem, está tudo bem." Para sua surpresa, o medo e a vergonha deram lugar a uma profunda solidão. Mais uma vez ele ofereceu a mensagem "Está tudo bem," e sentiu que seus olhos se enchiam de lágrimas. Quando a sua mente caiu de novo em fantasias sexuais, e então em julgamento, observou apenas e lembrou-se de sussurrar "Está tudo bem." Ele estava aceitando tanto a sua fantasia quanto a sua aversão a ela. Gradualmente, conforme continuou a arrumar espaço para o que estava surgindo, Jim percebeu que estava completamente triste. Mas estava tudo bem. Ele se sentia autêntico e, como ele disse, "completamente presente na minha própria pele."

Jim tinha encontrado um caminho para a presença acolhedora que é essencial da prática de RAIN. Eu o incentivei a parar sempre que percebesse que se sentisse preso e reativo, para se dar tempo de voltar e estar aqui, e então investigar o que quer que estivesse acontecendo dentro dele. "Tente ser paciente," falei. Pode levar um tempo para descondicionarmos nosso círculo emocional... mas você pode confiar que está acontecendo!"

Nas semanas que se seguiram, Jim descobriu que sempre que ele podia interromper a guerra e oferecer uma presença incondicional à sua experiência, o círculo de pensamentos obsessivos e sentimentos desagradáveis começava a se dissipar. Quanto mais ele identificava com atenção plena e aceitava seus cenários de fracassos futuros, mais ele conseguia vê-los como pensamentos e não como realidade. Ele não precisava acreditar naquele enredo. E, se abrindo sem resistência ao medo em seu corpo, ele se reconectava com uma presença atenta que incluía o medo, mas não estava dominada por ele. Jim estava mais confortável consigo mesmo, mas quando eu lhe perguntei sobre o relacionamento com a Beth, ele se mexeu desconfortavelmente na cadeira e olhou para o chão. "Ainda temos um caminho pela frente", afirmou, "mas estou trabalhando nisso."

Nossa próxima sessão foi um mês depois disso. Jim me disse que, na semana anterior, ele e Beth estiveram prestes a terminar. Em várias ocasiões nas semanas anteriores o sexo tinha sido o que ele chamou de passável. "Funcionou," ele disse categoricamente. Mas houve outras vezes em que ele evitou a intimidade porque sentiu as velhas inseguranças à espreita. Beth também tinha se afastado algumas vezes depois que eles começaram a se abraçar ou beijar. Uma noite, depois do jantar ela tentou quebrar o silêncio tenso, perguntando a ele se poderiam falar sobre o que estava acontecendo entre eles. Jim sentiu-se fechar completamente. Ele lhe deu um olhar cansado e atribuiu tudo às pressões da faculdade de direito. Quando ele foi embora cedo, dizendo que precisava estudar, ela nem mesmo o levou até a porta.

Em casa, Jim fez uma análise profunda e honesta. Ele se perguntou o que realmente queria a sua atenção, e a resposta no seu corpo foi imediata. Uma tristeza doída encheu-lhe o peito e sufocou-lhe a garganta. "Era a solidão de toda uma vida... parecia insuportável", ele disse. "Quando eu perguntei àquele lugar de solidão o que ele queria de mim, a resposta foi 'aceitação', mas isso não era tudo. Ele queria que eu fosse tão honesto com a Beth quanto eu estava sendo comigo mesmo." Ele me olhou com um sorriso modesto e balançou a cabeça. "Eu estava apavorado!" Sua mente disparou para o momento mais adiante quando confessaria sua vergonha sobre ter um desempenho sexual abaixo da expectativa. Ele podia vê-la sendo educada e gentil, mas tendo que esconder a pena e a repugnância que sentia. "Impossível. Esqueça isso", ele disse a si mesmo. "Eu poderia também terminar agora." Mas quando ele se imaginou perdendo a Beth, alguma coisa se abriu. "Tara", ele disse, me olhando com lágrimas nos olhos, "eu tinha que tentar."

Ele ligou para ela naquele momento e perguntou se podia voltar naquela noite. "Ela concordou... era quase como se ela estivesse esperando a chamada." Inicialmente, Beth se sentou do outro lado do sofá, fria e quieta. Mas, assim que Jim começou a falar, ela percebeu que ele não estava lá para terminar com ela. "Beth me chocou, porque ela começou a chorar. Foi quando eu percebi o quanto o nosso relacionamento importava para ela." Daquele ponto em diante, disse ele, a conversa deles não foi nada do que ele tinha imaginado. Quanto mais ele contava a ela sobre o seu constrangimento e o seu medo, mais ele percebia que seus sentimentos estavam nas mãos mais seguras e gentis possíveis. "Beth ficou magoada por eu não ter confiado nela o suficiente para lhe contar", Jim me disse. "Ela tinha pensado que eu estava perdendo o interesse... estávamos ambos com medo da rejeição." Jim ficou quieto por alguns momentos como se estivesse avaliando o que queria dizer a seguir. "Aquela noite foi a primeira vez que eu realmente pude dizer que fiz amor com alguém."

O provérbio "o que você resiste, persiste" é uma verdade profunda. Se tentarmos lutar contra a obsessão e as emoções brutas que estão subjacentes, acabamos por reforçá-las. Para algumas pessoas, isso pode levar a agir com raiva ou a usar drogas. No caso do Jim, isso significava ser incapaz de manter um relacionamento sexual íntimo. Mesmo sem agir, resistir aos nossos pensamentos ou sentimentos obsessivos nos prende no sofrimento de um eu pequeno, deficiente e separado.

Como Jim estava descobrindo, o melhor remédio para a obsessão é tomar refúgio na verdade do momento presente. Nós aprendemos a reconhecer o que está acontecendo e a aceitar o fato de que aquilo está acontecendo. Quando ficamos cientes de um pensamento como um pensamento, nosso senso de identidade não fica inconscientemente misturado com o seu conteúdo e a sua sensação. Pensamentos e sentimentos podem ir e vir sem nos desconectar da nossa abertura, inteligência e calor naturais. Para o Jim, esse reencontro o libertou para ser íntimo de outra pessoa. Ele pôde entrar em contato e aceitar a sua própria vida interior sem acreditar em histórias limitantes sobre si mesmo. E ele pôde ver além do véu de histórias sobre a Beth que o estavam mantendo separado dela. Ela se tornou um ser humano autêntico e vulnerável, e isso permitiu que o amor verdadeiro florescesse.

REAL, MAS NÃO VERDADEIRO

A professora de budismo tibetano Pema Chödrön escreve:

> *Estarmos preocupados com a nossa autoimagem é como sermos surdos e cegos. É como estar no meio de um vasto campo de flores selvagens com um capuz preto na nossa cabeça. É como encontrar uma árvore com pássaros cantando usando tampões de ouvido.*

Da próxima vez que você despertar de uma longa cadeia de pensamentos, tire um momento para se estabilizar na presença — na sua experiência imediata de sensações, sentimentos, sons —, e então compare estar aqui com onde você esteve. Despertar de pensamentos é muito parecido com despertar de um sonho. Enquanto estamos nele, a experiência é real; nós reagimos ao seu enredo com emoções reais, prazer e dor. Mas o sonho não é verdade. Suas figuras e sons representam apenas fragmentos do mundo vivo. Da mesma forma, pensamentos são reais (eles estão acontecendo, eles criam uma experiência sentida), mas eles não são verdadeiros. Quando estamos presos na realidade virtual do pensar, habitamos um pedaço da experiência que é dissociado da vivacidade e da vastidão do aqui e agora.

Ouvi pela primeira vez a frase "real, mas não verdadeiro" do professor de budismo tibetano Tsoknyi Rinpoche, e descobri que ela é uma ótima ferramenta para romper o transe. No meio da obsessão com as nossas falhas, o que vai dar errado, como os outros nos percebem, o que está errado com os outros — uma sabedoria interior nos lembra: "real, mas não verdadeiro." A atenção plena pode nos reconectar com as sensações vibrantes nas nossas mãos, com o ar que entra na respiração, a pressão ou a dor no nosso coração, e nos abrimos para a consciência maior que abraça todos os nossos pensamentos e sentimentos. Conforme vamos explorar no próximo capítulo, diferenciar a nossa história da verdade viva é um ponto crítico quando os nossos relacionamentos e a nossa felicidade foram minados por crenças limitantes dolorosas. Se pudermos perceber que os nossos pensamentos de medo são reais, mas não verdadeiros, eles perdem seu poder de nos dominar e de contrair o nosso mundo. Somos livres para habitar a nossa plenitude e a nossa vitalidade e para apreciar as flores selvagens e os pássaros cantando.

> *Saia do emaranhado dos pensamentos de medo.*
> *Viva em silêncio.*
> *Deixe-se fluir em anéis cada vez mais amplos de ser.*
> *— RUMI*

Reflexão guiada: meus top 10

Cultivar uma relação alerta e amigável com os seus *"top 10"* — os problemas e temas que regularmente assumem o controle da sua mente — é o primeiro passo para escapar do controle que exercem sobre nós. Tanto este exercício quanto a meditação RAIN que se segue baseiam-se na habilidade básica de reconhecer pensamentos na meditação "Voltando" do capítulo 3.

> *Por vários dias, mantenha um diário no qual você identifique e registre as suas áreas básicas de pensamentos obsessivos, o que pode incluir ter pensamentos obsessivos sobre:*

Como alguém (ou as pessoas em geral) o trata(m).
Erros que você está cometendo; maneiras pelas quais você está ficando aquém das expectativas.
O que você precisa fazer.
O que outros estão fazendo errado.
Suas preocupações com outra pessoa.
Sua aparência.
Sintomas de estar doente; o que os sintomas significam.
O que você pode fazer sobre um problema de relacionamento.
Como você quer que alguém (ou que as pessoas) mude(m).
O que vai dar errado.
Como você precisa mudar.
Algo que você está desejando.
Algo que você realmente quer que aconteça.
Algo que você realmente desejaria que fosse diferente.

Uma vez que você tenha a sua lista pronta, selecione duas ou três obsessões que você sabe que regularmente assumem o controle da sua mente e lhe prendem em ansiedade, vergonha, raiva ou descontentamento. Ache um título que descreva cada uma dessas obsessões — várias palavras que sejam simples, fáceis de lembrar, e não depreciativas. Pode ser algo como "me preocupando com a minha filha," "querendo uma bebida," "me julgando por um trabalho mal feito." Por exemplo, uma das minhas obsessões é elaborar estratégias sobre como vou conseguir fazer tudo. Eu chamo isso de "riscar coisas da lista". Outra surge quando eu entro em um ciclo de dor nas articulações e fraqueza física, e minha mente dá voltas com pensamentos sobre o que está causando isso, o que vai ajudar, quão pior vai ficar com o tempo e quanto exercício eu consigo fazer sem piorar o meu estado físico. Esses são os "pensamentos de doença". Ainda outra obsessão é antecipar eventos estressantes próximos. Isso eu chamo de "antecipar-se".

Na próxima semana, ou nas próximas duas semanas, à medida que você vive o seu dia, tente observar quando é tomado por uma dessas obsessões pré-identificadas. Quando você estiver ciente de que está dando voltas na obsessão, sussurre mentalmente o seu nome e pare.

No momento de identificar um pensamento obsessivo, a coisa mais importante a fazer é oferecer uma qualidade de atenção não julgadora e amigável à sua experiência. De fato, quanto mais amigável melhor! Gentilmente lembre-se de que o pensamento é "real, mas não verdadeiro." Reconheça que este é um momento de despertar, de sair da realidade virtual para a realidade do que está aqui. Neste espírito, tenha um interesse real pelo que está acontecendo dentro de você. Você pode sentir a inspiração e a expiração conforme verifica o seu corpo e pergunta o que ele está sentindo. Há tensão no peito? Há nós no estômago? Torpor? Pressão? Você está consciente de algum medo? Raiva? Ansiedade? Desejos? Respire com quaisquer sensações ou emoções que estejam presentes, sentindo a energia subjacente ao pensamento obsessivo.

Não tente de forma alguma mudar os sentimentos que você encontrar. Em vez disso, apenas ofereça a eles uma presença acolhedora e respeitosa. Dependendo da sua situação, esse passo de olhar para os seus sentimentos pode levar de trinta segundos a um minuto. Então, respire profundamente algumas vezes, relaxando com cada expiração, e retome suas atividades diárias. Observe a diferença entre estar dentro da realidade virtual de uma obsessão e estar desperto, aqui e agora.

Pratique com suas primeiras duas ou três obsessões por tantos dias, semanas ou meses quanto parecer produtivo e, então, quando se sentir disposto, adicione ou substitua por um conjunto diferente. Escreva um diário, se isso ajudar. Você também pode achar útil unir-se a um "companheiro de obsessão" para ter companhia e apoio. Conversem sobre as obsessões com que estão trabalhando e encontrem tempo todas as semanas para se encontrar e compartilhar o que estão descobrindo.

Reflita sobre o seguinte: o que o ajuda a reconhecer quando você está perdido na obsessão? O que você nota assim que para? Como você está se relacionando com a obsessão (gentilmente? Com curiosidade? Se sentindo vitimado por ela? Desencorajado?)? Você notou mudança na força e na duração dos pensamentos obsessivos? De um modo mais geral, como os pensamentos obsessivos afetavam a sua vida e de que maneira isso pode estar mudando?

REFLEXÃO GUIADA: TRAZENDO RAIN PARA A OBSESSÃO

Aqui está uma prática para quando os pensamentos obsessivos surgirem no meio de uma meditação ou quando você estiver tendo esses pensamentos durante as atividades diárias e não tiver tempo para parar para uma investigação completa.

Sentado em uma postura que permita que você esteja alerta e relaxado, deixe sua atenção focar em qualquer assunto obsessivo que esteja aparecendo na sua mente. Se você ainda não deu nome a esse assunto, encontre algumas palavras como um rótulo mental. Pode ser que você reconheça "ansioso sobre..." ou "querendo tanto, tanto..." ou "julgando..."

Depois de nomear a obsessão, pare e deixe a experiência completa de ter pensamentos obsessivos — as imagens e palavras, a realidade sobre a qual você tem tido pensamentos obsessivos, o humor em torno da obsessão — ser como é. Você não está tentando lutar contra os pensamentos obsessivos; em vez disso, você os está reconhecendo como são e permitindo que existam.

Com curiosidade e gentileza, comece a investigar o que está acontecendo dentro de você. Conforme você fica atento ao assunto da obsessão — sobre o que você está preocupado, o que você está querendo —, também traga a sua atenção para onde aquele medo ou desejo vivem no seu corpo. Preste atenção especial à sua garganta, peito e barriga — para a linha média do seu corpo. Onde a sua experiência é mais nítida? Que sensações você percebe (calor? pressão? tensão?) De que emoções você está ciente (medo? vergonha? raiva?)

Continue investigando, falando diretamente para seja qual for a experiência que pareça chamar mais a sua atenção. Pergunte àquela parte de você, "O que você quer de mim? Do que você mais precisa?" Talvez você esteja sentindo medo, e o medo queira perdão por estar lá ou queira confiar que você vai prestar atenção nele. Pode haver uma parte de você que está desejando comida e queira ser acalmada, se sentir amada. Ouça com uma atenção profunda o que as energias emocionais no seu corpo estão pedindo sob os pensamentos obsessivos.

Conforme você ouve seus desejos e medos, fique atento para quaisquer palavras, imagens ou sentimentos que surjam em resposta. Talvez você sinta seu coração se abrandar com aceitação e carinho. Talvez você tenha uma imagem daquela sua parte vulnerável preenchida por luz ou calor, ou sinta aquele lugar banhado em atenção amorosa. Não há necessidade de inventar ou forçar nada; simplesmente sinta qualquer resposta natural que você possa ter.

Você pode descobrir que, em vez de uma resposta terna, há outra onda de reatividade. Talvez você note pensamentos julgadores ("Eu não mereço amor") ou medo ("Algo está realmente errado, isso não vai ajudar"). O que quer que surja, reconheça e diga sim, incluindo aquilo na sua atenção. Como antes, você pode investigar como aquilo se expressa no seu corpo e do que precisa. Mais uma vez, sinta a possibilidade de oferecer a ternura, a aceitação ou o amor que aquilo possa querer.

Continuando a investigar e oferecer uma presença carinhosa às camadas que compõem os pensamentos obsessivos, você expande a consciência que o cura e liberta. Quando você repousa aqui, a obsessão tem menos poder para obscurecer quem você realmente é.

8 . Investigando crenças centrais

A realidade é sempre mais gentil do que as histórias que contamos sobre ela.
BYRON KATIE

Suas crenças tornam-se os seus pensamentos
Seus pensamentos tornam-se as suas palavras
Suas palavras tornam-se as suas ações
Suas ações tornam-se os seus hábitos
Seus hábitos tornam-se o seu caráter
Seu caráter torna-se o seu destino.
MOHANDAS GANDHI

Você consegue se imaginar entendendo, mesmo amando, alguém que pertença a um grupo de pessoas responsável por matar o seu pai, irmão ou melhor amigo? Você consegue se imaginar crescendo perto de alguém cujo povo o expulsou da sua casa, humilhou a sua família e o transformou em um refugiado no seu próprio país? Vinte e duas adolescentes de Israel e da Palestina foram levadas a um acampamento na área rural de New Jersey, onde viveriam juntas diante dessas perguntas. Como parte do programa chamado *Building Bridges for Peace* (Construindo Pontes para a Paz), as jovens foram chamadas a examinar crenças que pareciam centrais à sua identidade, crenças que tinham alimentado a desavença, a raiva, o ódio e a guerra.

Mesmo tendo sido voluntárias para o programa, as meninas estavam inicialmente desconfiadas umas das outras, e algumas vezes eram abertamente hostis. Uma adolescente palestina estabeleceu limites desde o início: "Quando estamos aqui, quem sabe, talvez sejamos amigas. Quando retornarmos, você será minha inimiga novamente. Meu coração está cheio de ódio contra os judeus." Em outro diálogo, uma menina israelense disse a uma palestina: "Você espera ser tratada como um ser humano, mas você não age como um ser humano. Você não *merece* direitos humanos!"

Mesmo com esse início desagradável, algumas das meninas deixaram o acampamento tendo estabelecido ligações profundas e, para a maioria, passou a ser impossível ver umas às outras como inimigas. O que permitiu essa mudança de sentimentos? As meninas tiveram contato com a verdade da dor umas das outras e a verdade da bondade umas das outras. A realidade, quando a deixamos entrar, desmonta a firmeza de ferro das nossas crenças. Como uma menina israelense disse, "Se eu não te conheço, é fácil te odiar. Se eu olho nos seus olhos, eu não consigo."

SOFRIMENTO: A CHAMADA PARA INVESTIGAR CRENÇAS

O Buda ensinou que a ignorância — ignorar ou entender mal a realidade — é a raiz de todo o sofrimento. O que isso significa? Ele certamente não queria negar as dores e perdas inevitáveis das nossas vidas, mas queria que seus seguidores compreendessem como suas crenças sobre o que está acontecendo — seus pensamentos sobre eles mesmos, os outros e o mundo — representavam uma visão contraída e fragmentada da realidade. Essa visão distorcida, descrita pelo Buda como um sonho, alimentava os desejos e medos que limitavam suas vidas.

Assim como com todos os pensamentos, nossas crenças são reais, mas não verdadeiras. O Buda ilustrou isso com uma história antiga que nós ainda hoje repetimos para os nossos filhos. Um rei instruiu um grupo de homens cegos a descreverem um elefante. Cada homem sente uma parte do corpo do elefante — a presa, a perna, o tronco, a cauda. Cada um dá um relato detalhado — e muito diferente — sobre a natureza do elefante. Então eles entram em conflito sobre quem está certo. Cada homem está honestamente descrevendo a sua experiência imediata e real, e ainda assim cada um perde o quadro completo, a verdade total.

Cada crença que temos é uma foto instantânea limitada, uma representação mental, não a verdade completa sobre a realidade. Porém, algumas crenças são mais baseadas no medo e prejudiciais do que outras. Como as adolescentes do *Buiding Bridges*, podemos acreditar que algumas pessoas são más. Podemos acreditar que não podemos confiar em ninguém. Podemos acreditar que somos fundamentalmente imperfeitos e não podemos confiar em nós mesmos. Todas essas crenças surgem da crença principal, baseada no medo, que o Buda identificou: que estamos separados do resto do mundo, vulneráveis e sozinhos. Quer nossas crenças provoquem autoaversão, nos prendam em vícios autodestrutivos, nos enredem em conflitos com nossos cônjuges ou nos coloquem em guerra com um inimigo, estamos sofrendo porque estamos errados em relação à realidade. Nossas crenças estreitam a nossa atenção e nos separam da verdade viva de como as coisas são. Elas nos separam da vivacidade plena, do amor e da consciência que é a nossa fonte.

O sábio Sri Nisargadatta ensina que "a ilusão existe... porque ela não é investigada." Se estamos presos a crenças falsas, é porque não examinamos nossos pensamentos. Nós não os encontramos com a investigação atenta de RAIN; nós não perguntamos se eles representam verdadeiramente a nossa experiência atual, viva da realidade. *O sofrimento é a nossa chamada de atenção, nossa chamada para investigar a verdade das nossas crenças*. Para as adolescentes do *Building Bridges*, a chamada para investigar foi o ódio rasgando o tecido das suas vidas e da sua sociedade. Para um pai ou uma mãe, a chamada pode ser a preocupação paralisante com o bem-estar de um filho. Para um ativista social, pode ser a exaustão e o desespero em face da guerra e da injustiça aparentemente intermináveis. Para um músico, pode ser o terror incapacitante que acompanha uma performance. Seja lá em que ponto nos sintamos mais ameaçados, separados ou deficientes, é ali que precisamos fazer brilhar a luz da investigação.

O portal do vício

A chamada de atenção de Jason foi o vício que estava ameaçando destruir seu casamento e sua carreira. Como lobista de um grupo industrial importante, ele constantemente examinava o ambiente em busca de pessoas que poderiam atrapalhá-lo, e tinha pensamentos obsessivos sobre situações que poderiam enfraquecer a sua reputação de pessoa poderosa e conectada. O homem que veio me ver estava em forma, era bonito e aparentemente confiante. Entretanto, como descobri, ele vinha se apoiando no álcool e na cocaína para enfrentar as várias reuniões e eventos sociais que eram essenciais para o trabalho dele.

Jason tinha vindo da Argentina para os Estados Unidos no início da adolescência. Prosperou academicamente com bolsas de estudo e, ao longo dos anos, tinha subido a escada corporativa. Ele e sua esposa, Marcella, pareciam viver o sonho americano, mas isso corria o risco de desmoronar.

Por mais ou menos um ano, Jason tinha sido um membro intermitente dos Narcóticos Anônimos. Tinha encontrado recentemente um padrinho de quem realmente gostava e que o convidara a participar de minhas aulas semanais de meditação. Depois de várias sessões, Jason me mandou um e-mail pedindo uma consulta.

No nosso primeiro encontro, Jason foi direto ao assunto. "Estou abstinente agora", afirmou, "mas parte de mim ainda acha que eu posso fazer as coisas do meu jeito." Ele admitiu que a cocaína e o álcool tinham causado problemas reais, mas ele acreditava que podia se sair bem com o uso ocasional. A cocaína em particular o fazia se sentir competente e no controle, uma experiência a que, nas palavras de Jason, "é difícil de renunciar."

Mas ele sabia que estava encurralado. O presidente da sua associação comercial insistira que ele fosse para um programa de 12 passos, e sua esposa tinha deixado claro que o relacionamento deles estava em risco a menos que ele se abstivesse completamente. Depois de me dizer que estava comprometido em manter seu emprego e preservar seu casamento, Jason sacudiu a cabeça e franziu o cenho. "Eu sei que deveria ser uma decisão fácil, Tara. Mas é difícil."

Tenho trabalhado com muitos clientes e alunos empacados de formas semelhantes. Eles estão tentando fazer uma mudança de vida saudável e sensata — largar o cigarro, perder peso, abster-se de ter casos, abster-se de atacar entes queridos —, e ainda assim uma resistência interna ou impulsividade ou os torna relutantes ou os faz tentar e fracassar repetidamente. Isso é um sinal de que crenças fortes estão no controle; é uma chamada para a investigação.

Quando perguntei ao Jason como ele se sentia sobre a situação, ele falou sem hesitação. "Nesse instante, estou com raiva. Posso lidar com meus próprios problemas, então fico irritado quando a Marcella e o meu chefe metem o nariz nos meus assuntos."

"Você pode concordar em deixar a raiva surgir aqui?", perguntei. "Apenas permiti-la e senti-la?" Depois de poucos instantes, Jason fez que sim com a cabeça e acrescentou, "Eu fico bravo em certas ocasiões. Na maioria das vezes quando as pessoas estão atravessando o meu caminho, tentando controlar as coisas por mim."

"Jason, tire um tempo para se lembrar de um momento recente em que alguém estava fazendo isso... tentando controlar as coisas." Ele acenou com a cabeça e, com um sorriso sombrio, disse, "Aconteceu algumas horas atrás."

"Ok", eu disse. "Agora reprise a situação e pare quando estiver mais consciente da sua reação." Ele só levou alguns segundos. "Consegui."

"Traga sua atenção ao lugar no seu corpo onde seus sentimentos estão mais fortes... pode ser na sua garganta, no seu peito, na sua barriga... apenas verifique e sinta o que está acontecendo, o que você está sentindo."

Jason cerrou os punhos. Eu perguntei o que ele estava sentindo e a princípio ele hesitou. "É... é... bem, meu estômago está com um nó. É... medo."

Por que crenças centrais são tão poderosas?

Nossas crenças centrais com frequência baseiam-se nos nossos medos mais antigos e mais potentes — construímos nossas suposições e conclusões mais fortes sobre a vida a partir deles. Esse condicionamento está a serviço da sobrevivência. Nossos cérebros são projetados para antecipar o futuro com base no passado; se algo ruim aconteceu uma vez, pode acontecer de novo. Nossos cérebros também têm a tendência de codificar mais fortemente memórias de experiências que são acompanhadas por sensações de perigo. É por isso que, mesmo poucos fracassos são capazes de incutir sentimentos de desamparo e deficiência, que muitos sucessos posteriores podem não ser capazes de desfazer. Como diz o ditado, "Nossas memórias são o velcro de experiências dolorosas e o teflon das agradáveis!" Somos muito inclinados a construir nossas crenças centrais a partir de experiências de dor e medo e a nos agarrar a elas (e aos medos subjacentes) como que para salvar a nossa vida.

Imagine que você seja uma criança tentando chamar a atenção da sua mãe: você quer que ela olhe para o seu desenho, que lhe dê algo para beber, que jogue um jogo com você. Embora ela algumas vezes responda às suas necessidades, em outras explode com raiva por ser importunada. Ela grita para que a deixe em paz e ameaça bater em você. Anos mais tarde, você pode não se lembrar da maioria desses incidentes, mas o seu cérebro registrou os sentimentos de raiva e rejeição, além da mágoa e do medo. Com o tempo, essas memórias codificadas podem constelar em crenças negativas sobre você e sobre o que você pode esperar dos outros: "Sou muito carente... as pessoas não vão me amar"; "Se eu incomodar alguém, vou ser punido"; ou "Ninguém quer realmente estar comigo."

Quanto maior o grau de estresse ou trauma no início da vida, maior o condicionamento e maior a probabilidade de crenças baseadas no medo ficarem profundamente enraizadas. Se você cresceu em uma zona de guerra, seu instinto de sobrevivência assegurará que você automaticamente faça a distinção entre "nós" e "eles" e facilmente classifique "eles" como maus ou perigosos. Se você foi abusado sexualmente quando criança, qualquer intimidade pode parecer perigosa, uma armadilha para o abuso. Alternativamente você pode se sentir atraído por pessoas agressivas e dominadoras, porque a conexão parece tão familiar e mesmo "segura". Se você for um homem afro-americano, pode acreditar que vai ser visto como inferior, sendo impedido de avançar não importa o quanto se esforce, ou que vai ser injustamente visto como criminoso. Se você foi pobre e já passou fome, pode acreditar que nunca vai haver o bastante, que nunca estará seguro, não importa quão rico se torne.

Embora sejam enraizadas no passado, nossas crenças centrais parecem atuais e verdadeiras. Os pensamentos e sentimentos associados a elas deixam de fora a experiência do que está acontecendo neste instante e nos preparam para responder de determinada forma. Se o seu cônjuge parece preocupado quando você lhe faz uma pergunta, isso pode trazer um sentimento muito antigo de não ter importância, e aquele sentimento pode disparar um reflexo de se desculpar, se afastar ou ser agressivo. Se o seu chefe lhe pede para refazer parte de um projeto, isso pode disparar um velho sentimento de fracasso e um reflexo de desistir ou ficar com raiva e ressentido. Suas crenças centrais estreitam a sua experiência atual para uma única interpretação: você está ameaçado e sozinho.

Esse quadro é complicado, claro, porque a experiência atual pode reforçar velhas crenças. Se, como as adolescentes do *Building Bridges*, você acredita que o seu inimigo quer lhe matar, cada suicida com uma bomba, cada casa destruída pelo exército, aprofunda mais a sua convicção. Para essas meninas, o perigo é uma realidade diária. Mas a interpretação daquela realidade — que o ódio é pessoalmente direcionado a um eu, que apenas responder ao ataque poderá deixar este eu seguro — não é necessariamente verdadeira. Como veremos, se conseguimos prestar atenção à verdade completa da nossa experiência atual, um espaço se abre e podemos começar a vislumbrar outras possibilidades.

Para o Jason, o primeiro passo era investigar o medo que ele descobriu subjacente à raiva. Pedi a ele para tentar um experimento. "Quando você sentir o medo no seu estômago, apenas permita que a sua face o expresse." Os olhos de Jason se arregalaram e endureceram, e seu olhar se fixou no chão. Sua mandíbula estava cerrada, seus lábios pressionados firmemente. "Agora", eu disse, "veja o que acontece quando você olha para a situação pela perspectiva do seu medo. O que o seu medo está tentando dizer? O que ele acredita que vai acontecer? O que ele acredita em relação a você, em relação a sua vida?"

"Você não precisa *pensar* sobre uma resposta", continuei. "Na verdade, sinta que você está dentro do medo e perceba como ele está vivenciando o mundo." Essa é uma lembrança importante, já que a investigação pode facilmente se tornar uma atividade mental bastante afastada da experiência do momento. Jason parecia entender que ele deveria ficar em contato direto com os sentimentos dele: ele inclinou levemente a cabeça como se estivesse ouvindo o lugar amedrontado dentro dele.

Quando ele falou, foi numa voz suave e baixa: "Meu medo me diz que se eu não assumir o controle, alguém vai me controlar, me desrespeitar, me magoar." Mais uma vez, ele parou e pareceu olhar para dentro. E por fim disse: "Ele acredita que eu sou um fracasso, só um monte de conversa fiada... e que todo mundo vai descobrir como eu sou fraco. Então, eles não vão me respeitar... nem gostar de mim."

Dando voz ao medo, Jason tinha revelado a crença central que estava conduzindo a vida dele. Durante as nossas duas sessões seguintes ele me contou sobre crescer no subúrbio de Buenos Aires. Ele tinha sido maltratado e humilhado por um pai alcoólatra e depois pelo irmão mais velho. "Quando eu era criança", ele disse, "eles eram os homens de verdade. Era assim que eram os homens. Fortes, sempre rebaixando os mais fracos..." Ele ficou quieto um momento. "Eu não era como o meu irmão, grande e barulhento. Eu gostava de livros, mesmo ainda criança. E eu não gostava de brigar. Na frente de toda a vizinhança, o meu pai me chamava de *una niña* — uma menina. Era pior quando ele bebia... Logo depois de perder o emprego, ele me espancou."

Jason se lembrou do dia em que decidiu começar a se exercitar na academia. Sua família tinha se mudado no ano anterior para morar com parentes no Bronx, e ele era calouro no Ensino Médio. "Meu irmão e seus amigos costumavam se encontrar em um posto de gasolina, e eu precisava passar por eles quando voltava a pé da escola. Naquele dia, estava chovendo e eu andava rápido, carregando uma pilha de livros. Eles começaram a assobiar para mim, me ridicularizando." Um dos meninos empurrou o Jason, e ele se estatelou sobre o meio-fio. Um carro passou sobre alguns dos livros didáticos e os outros garotos acharam aquilo hilário. "Foi a gota d'água, Tara", ele disse, "Eu não deixaria ninguém mexer comigo de novo." Dentro de um ano, aquele menino magrelo tinha mudado. "Eu estava drogado", Jason me disse, "e andando pelas ruas com uns caras mais velhos. Por um tempo, eu fui tão mau quanto o pior deles."

Jason tinha que esconder o fato de que ele estudava muito e tirava boas notas. "Eu só fingia ser mau e ficava acordado até tarde todas as noites, terminando as tarefas." Reconhecendo seu potencial, dois de seus professores o orientaram para conseguir uma bolsa em uma universidade estadual de prestígio. "Eu estava enganando todo mundo", ele confessou. "Os professores pensavam que eu estava 'limpo', mas eu estava me drogando e indo a festas até cair... e os meus amigos pensavam que eu era um deles, mas eu sabia que estava saindo do gueto." Depois de uma pausa pensativa Jason me deu uma olhada. "Eu ainda estou enganando todo mundo, não estou?"

Nossas crenças se tornam o nosso destino — a não ser que nós as enxerguemos

Jason tinha encontrado estratégias que lhe davam uma sensação temporária de controle e segurança, seja aumentando seus músculos, tirando boas notas, se drogando ou exibindo um personagem "que assume o controle". Mas agora essas mesmas estratégias, como todos os falsos refúgios, estavam tendo o feito oposto. Manipular os outros constantemente reforçava sua sensação de ser uma pessoa imperfeita que tinha que lutar para se manter no topo. O uso de álcool e drogas tinha se tornado um vício que ameaçava tanto o trabalho quanto o casamento dele. Os seus próprios esforços para estar no controle o impediam de realmente encarar e curar sua insegurança profunda. Jason estava preso em um círculo vicioso que continuaria enquanto ele mantivesse suas crenças centrais.

Se prestarmos bastante atenção, podemos ver como nossas crenças sobre nós mesmos e sobre o mundo fazem surgir os próprios comportamentos e eventos que as confirmam. Se você acredita que ninguém vai gostar de você, se comporta de forma que denuncia suas inseguranças. Quando as pessoas se afastam, sua sensação de rejeição vai confirmar a sua crença. Se você acredita que outras pessoas estão esperando para atacá-lo ou criticá-lo, provavelmente vai agir de maneira defensiva ou agressiva. Então, quando as pessoas respondem de forma negativa, seus temores são justificados.

O Buda ensinou que, se a sua mente está presa no medo e no mal-entendido de crenças limitantes, "problemas vão segui-lo como a roda segue o boi que puxa a carroça." Traduções tradicionais de textos budistas falam da mente como "impura", mas isso pode ser entendido como "distorcida", "tendenciosa" ou "contaminada". Hoje, muitos programas de 12 passos chamam a atenção para o "*stinking thinking* (pensamento fedorento)", as autojustificativas ilusórias que são as precursoras da recaída. Da mesma forma, um terapeuta cognitivo pode ajudar um cliente a reconhecer as suposições por trás das suas interpretações dos eventos e mostrar como elas moldam suas respostas. Se nós estamos prontos a acreditar que os outros não ligam ou não nos entendem, como isso vai afetar a busca por intimidade? Se nós acreditamos que é perigoso ficar em destaque, de que forma isso afetará a nossa criatividade e autoexpressão?

Como o Buda afirmou, "Com os nossos pensamentos, construímos o mundo."

Só há uma forma de nos livrarmos das garras de crenças limitantes, que é trazer uma presença plena para o sentimento doloroso que as conduz. Ainda assim, entrar em contato com tais sentimentos — medo, vergonha, tristeza — pode ser dolorosamente difícil ou mesmo intolerável. É por isso que podemos passar anos ou décadas reagindo ao mundo através das nossas crenças, em vez de investigar suas raízes emocionais. Para algumas pessoas, é prudente ou mesmo essencial ter o apoio de um tutor, professor ou terapeuta de confiança quando elas encararem esses sentimentos subjacentes. Ainda assim, quer estejamos trabalhando com crenças centrais sozinhos ou com apoio, a cura surge da nossa disposição em trazer todo o emaranhado interdependente de crenças e emoções para a consciência.

No buraco negro

Quando Jason voltou para me ver, ele estava em crise. Durante os nossos primeiros encontros, tinha revelado as crenças que moldavam sua vida. Mas rapidamente começou a entorpecer essa consciência. Ele mergulhou em um grande projeto com um novo cliente e, em uma noite de sexta-feira, ficou muito ansioso e rompeu sua abstinência indo para um bar e bebendo vários martinis. Quando chegou em casa, Marcella o confrontou com raiva. "Eu não tinha ligado para o meu padrinho, não estava indo aos encontros ou mesmo meditando. Marcella me disse que eu tinha destruído seu último fio de esperança." Ela insistiu que ele dormisse em seu estúdio e disse que consultaria um advogado para tratar do divórcio na segunda-feira seguinte.

"Marcella e eu não nos falamos desde o fim de semana. Eu sei o que quero dizer a ela, mas simplesmente não consigo."

Esperei, e ele acenou com a cabeça, se preparando para dizer as palavras. "Eu quero implorar a ela..." Sua voz falhou e ele respirou algumas vezes. "Eu quero implorar para ela me dar mais uma chance... mas isso é tão... fraco. Tão patético." Agora havia uma chama de irritação nos olhos e um enrijecimento nos ombros." Se ela me vir assim, como ela poderá me querer?"

"Então," perguntei, "querer que ela lhe dê outra chance é ser fraco?"

"Bem... é só que... contar a ela que meu mundo desmoronaria sem ela, sem a nossa vida juntos... que... que eu preciso dela." Jason começou a ficar com lágrimas nos olhos, mas então enxugou os olhos rapidamente. Suas mãos se cerraram outra vez, e ele deu uma sacudida de ombros envergonhada.

"Jason, por um longo período algo dentro de você tem acreditado que você é fraco e indigno... quero te perguntar, isso é verdade? Você não merece respeito? Você não merece o amor da Marcella?"

"Eu... eu não sei." Ele balançou cabeça, confuso. "Intelectualmente eu entendo que mereço, mas de alguma forma eu apenas me sinto patético demais para ela, para qualquer pessoa, me respeitar ou amar..."

Quando a voz do Jason falhou, seu corpo afundou na cadeira. Seu rosto pareceu perder a cor. Pedi que ele prestasse atenção ao seu corpo, sentisse o coração e me falasse como era a sensação de acreditar no que ele acreditava: que ele não merecia o amor da Marcella. Ele falou em voz baixa. "Eu me sinto envergonhado. E totalmente sozinho." Outra vez as lágrimas começaram a brotar: "Esses sentimentos — vergonha, solidão — parecem muito antigos..."

"Onde você está sentindo a vergonha e a solidão?", perguntei. Jason silenciosamente trouxe uma das mãos à barriga e começou a fazer pequenos círculos. Mais uma vez, pedi que ele me dissesse como era a sensação. "É um vazio profundo. Dolorido. É como se eu estivesse fortalecendo os meus músculos do abdômen por anos para cobrir este buraco."

Quando ele falou, notei que os círculos que ele estava desenhando com a mão estavam ficando maiores. Comentei sobre isso, e ele assentiu. "É enorme — como um buraco negro que puxou o meu coração e tudo mais."

Incentivei o Jason a simplesmente respirar e deixar o buraco, a dor e o vazio serem tão grandes quanto quisessem ser. Ele concordou com a experiência, seu corpo imóvel, sua cabeça balançando levemente de um lado a outro.

"É importante notar", eu disse, "que, quando você acredita que é fraco ou indigno, é assim que a crença está vivendo no seu corpo, é nesse sentimento de um buraco negro escancarado. E você tem vivido com *isso*, a solidão, a vergonha, sob a superfície, por um longo tempo." Ele inclinou a cabeça, assentindo tristemente.

Ficamos em silêncio por alguns momentos e, então, continuei. "Tire um momento, Jason, e permita-se estar ciente do quanto acreditar que você é alguém indigno afetou os seus relacionamentos — com a Marcella, com seus colegas e amigos." Novamente ele assentiu e, depois de uma longa pausa, falou com uma voz tão suave que eu tive que me inclinar em sua direção para ouvi-lo. "Isso me manteve afastado de todos." Gesticulando em direção ao seu peito: "Meu coração se perdeu no buraco negro, minha vida..." Ele parou de falar e fechou os olhos, como se a perda fosse demais para tentar descrevê-la com palavras.

Convidei o Jason a usar esse tempo e apenas permitir que os sentimentos se desdobrassem. Ele ficou muito quieto por alguns minutos, e disse, "Parece uma dor profunda — um tipo de aperto e dor física — de quando eu era jovem, e agora está se espalhando para diferentes partes do meu corpo." Sugeri que ele permanecesse com a sua experiência e, se ajudasse, respirasse com ela. Quando ele abriu os olhos algum tempo depois, havia mais brilho e vida neles. "Agora que a dor se espalhou, ela começou a se dissolver... e passou."

Sorri, reverenciando seu processo de desdobramento e por alguns momentos repousei na presença com ele em silêncio. Então fiz uma pergunta que o convidava a uma mudança de ótica: "Jason, como seria viver sem a crença de que você é fraco e indigno?" Enquanto Jason refletia sobre a pergunta, completei, "Quem você seria se não acreditasse mais que você é fraco e indigno?"

Olhando para mim diretamente, Jason respondeu. "Eu não sei quem eu seria." Ele parou pensativo, e continuou, "Mas, de alguma forma, não saber parece bom... como se, de repente, houvesse espaço e eu estivesse mais vivo." Jason respirou profundamente algumas vezes, como se estivesse se permitindo abrir-se para aquele espaço e saboreá-lo. "O que está claro", ele disse, "o que eu sei é que, se eu não acreditasse que sou indigno, eu poderia relaxar *aqui*..." Jason gesticulou em direção ao coração. "Eu poderia confiar que a Marcella realmente se importa, eu poderia confiar o suficiente para falar a verdade... Que eu a amo."

Jason começou a chorar e dessa vez ele não tentou enxugar as lágrimas. Suas mãos se abriram como se para permitir que a enormidade e a intensidade de todos os sentimentos o atravessassem. Quando ele conscientemente reconheceu a dor bruta de suas crenças e permitiu que a dor se expressasse, o coração do Jason se abriu. Ele descobria a liberdade de "real, mas não verdadeiro."

Quando a intensidade do sentimento passou, Jason respirou longa e profundamente e ficou sentado em silêncio. Ambos sabíamos que não havia muito mais a dizer. Ele sussurrou um "Obrigado" sincero. E completou: "Eu tenho muito trabalho pela frente." Ele saiu com uma expressão terna, mas determinada nos olhos: não tão limitado por suas crenças desconhecidas, Jason agora tinha a capacidade de se reconectar com o próprio coração e com a esposa.

O PODER DA INVESTIGAÇÃO

Crenças baseadas no medo são criaturas da escuridão. Elas são sustentadas fora da luz da consciência e se dissipam com uma inspeção atenta. Como a autora Byron Katie ensina no seu trabalho inovador, "Ou você está apegado aos seus pensamentos ou investigando-os. Não há outra escolha." A investigação da verdade é o ponto central do trabalho de Byron Katie e de práticas meditativas como RAIN. Quando falo "investigar", refiro-me a fazer-se perguntas como as que fiz ao Jason, perguntas que convidem a um aprofundamento da atenção. O propósito final da investigação é que ela nos permite parar, em vez de ir pelo caminho habitual das nossas suposições sobre a realidade. No espaço da pausa, a verdade pode brilhar.

"No que eu estou acreditando?"
O sofrimento emocional é um sinal de que você está tomado por crenças não examinadas baseadas no medo. Se você está preso a raiva ou depressão, mágoa ou medo, a simples pergunta "No que eu estou acreditando?" pode revelar o que está guiando o seu humor. Como sugeri ao Jason, essa investigação precisa ser direcionada aos próprios sentimentos. Você pergunta, "Tristeza, no que você está acreditando?" ou "Medo, no que você está acreditando?"

"Isso é realmente verdade?"
Quando pressupomos que uma crença é verdadeira, não há espaço para outras possibilidades, para novas informações, para uma perspectiva maior. Parar e questionar a nossa crença pode começar a abrir as janelas da nossa mente para o ar fresco da realidade.

Um cliente começou a se fazer essa pergunta durante um impasse doloroso com o filho adolescente. Ele tinha pressuposto que, se não expressasse a sua raiva e o seu julgamento, o filho nunca se tornaria um adulto responsável e produtivo. O fato de fazer a si mesmo a pergunta "Isso é realmente verdade?" o impediu de continuar. Ele percebeu que realmente não sabia se o fato de confrontar o filho com raiva estava ajudando. Quando ele continuou a fazer aquela pergunta, parar e ouvir o que aparecia, ele ficou cada vez mais aberto a outras possibilidades. "Talvez seja mais importante que ele perceba que eu confio nele... que ele é basicamente um bom menino," falou, "do que sempre ouvir de mim sobre o que está errado."

"O que significa viver com esta crença?"
Crenças estão sempre acompanhadas de uma sensação no corpo. Se prestarmos atenção, podemos descobrir como o nosso corpo se

sente quando estamos influenciados por uma crença limitante. Há um aperto em certas áreas? Peso? Vazio? Cólicas? Tremores? Essas sensações estão associadas com estados emocionais específicos? Estamos sentindo constrangimento? Medo? Raiva? Estamos nos odiando? Podemos também investigar de forma mais ampla, perguntando, "Como essa crença influenciou a minha forma de me relacionar comigo mesmo, com outras pessoas, com a vida?" Nossas respostas a essas perguntas podem apontar para qualquer parte das nossas vidas — para uma falta de ar persistente, para nossos rompantes de irritação, para um conflito em andamento com o nosso parceiro. Corpo, emoções, pensamentos e comportamentos — todos expressam as nossas crenças.

Quando investigo como acreditar que "algo está errado comigo" afeta a minha vida, posso notar o quanto isso me impede de amar e me sentir amada. Isso cria uma tensão que me mantém inquieta, irritada, distraída e incapaz de apreciar o que eu estou fazendo. Isso me impede de ser sensível e estar em sintonia com os outros. Às vezes, eu me dou conta de quanto tempo estive me julgando duramente e de quantos momentos da minha vida foram perdidos para esse transe familiar. Isso frequentemente traz à tona o que chamo de "tristeza da alma", uma ternura que está cheia de compaixão. Nestes momentos, estou vivendo numa presença que não está limitada pelas minhas crenças.

"O que me impede de soltar essa crença?"

Mesmo quando você percebeu a dor de uma crença, é fácil voltar a ser fisgado e acreditar na sua mensagem outra vez. Sua liberdade recém-encontrada pode desaparecer no momento em que alguém age insensivelmente com você ou quando você comete um erro. Às vezes, a velha crença se reafirma com uma vingança: "Eu devo ter sido um bobo; ninguém nunca vai realmente me entender ou ligar para mim" ou "Está comprovado: se eu baixar a guarda, as pessoas realmente tiram vantagem de mim" ou "O que eu estava pensando?

Eu sou um perdedor de verdade. Vou estragar qualquer coisa boa que venha na minha direção."

A verdade é que as pessoas nem sempre entendem, e as pessoas realmente nos magoam. A verdade é que vamos continuar a cometer erros. Entretanto, não é verdade que ninguém nunca vai nos amar ou entender, ou que "você é mau" ou "eu sou mau." Ainda assim, nosso condicionamento baseado no medo nos segura firme. A mente colhe evidências para apoiar as nossas crenças limitantes e é tendenciosa no sentido de se fixar nessas evidências. Quando você pergunta "O que me impede de largar essa crença?", você faz brilhar uma luz nessa estratégia básica de autoproteção. Ela é baseada em outra crença central: "Se eu sei o que está errado, pelo menos posso controlar as coisas. Manter a minha atenção nisso me ajuda a evitar uma dor maior no futuro." Em algum nível, acreditamos que as nossas crenças estão nos servindo.

Você pode desafiar essas suposições subjacentes perguntando de novo, "Isso é realmente verdade?" Se você mantiver a crença de que "ninguém nunca vai realmente se importar," você vai evitar mais sofrimento? Se você mantiver a crença de que "Eu sou um perdedor de verdade," você vai começar a melhorar de alguma forma? Se você mantiver a crença de que "Se baixar a guarda, as pessoas vão tirar vantagem de mim", você vai se sentir mais seguro e em paz?

"Como seria a minha vida sem essa crença?"

Tire um minuto agora mesmo para refletir sobre uma crença baseada no medo que você já tenha identificado. Talvez acredite que nunca vai ser realmente íntimo de ninguém ou que é uma decepção para os outros ou ainda que não merece amor. Talvez você acredite que precisa trabalhar constantemente para obter aprovação. Talvez ache que é velho demais para alguém realmente se interessar por você. Qualquer que seja a crença, tire um momento para sentir como ela afetou a sua vida. Você pode se conectar com a dor de viver com essa crença? Agora se pergunte: "Como seria a minha vida sem essa crença? Como a minha relação comigo mesmo mudaria? Como as minhas relações com os outros mudariam?"

Quando o Jason se fez essas perguntas, ele imediatamente sentiu que sem a crença na sua indignidade, ele teria mais espaço, mais vivacidade. Ele também percebeu que, sem a crença, poderia verdadeiramente confiar no amor que compartilhava com a esposa. Algumas pessoas que se fazem essa pergunta podem sentir seus corpos espontaneamente se descontraírem de um aperto profundo e habitual que eles não sabiam que estavam carregando. Outros imaginam como poderiam atravessar os dias com uma sensação de abertura, criatividade e admiração verdadeira. Ainda outros vislumbram a possibilidade de amar sem restrição. Mesmo estes pequenos gostos de liberdade na verdade despertam a nossa consciência e sabedoria intrínsecas, liberando ainda mais o nosso apego à crença.

"Quem (ou o que) eu seria se eu não vivesse mais com esta crença?"
Quando a sua percepção de si mesmo foi organizada em torno de uma crença como "Eu não mereço amor" e você vem a constatar que a crença não é verdadeira, você pode se sentir desorientado e confuso. Como o Jason, você pode até dizer "Eu não sei quem eu seria." Você não sabe mais quem você é! Para o Jason, não saber criou um espaço que permitiu que ele se abrisse, respirasse e começasse a relaxar. Outras pessoas experimentam uma sensação de estar sem chão que pode ser inspiradora, fascinante ou mesmo assustadora.

Há uma enorme força espiritual na pergunta: "Quem eu seria se eu não vivesse mais com essa crença?" A pergunta dissolve quem a faz, a noção de um eu separado. Perder a si mesmo abre caminho para o N de RAIN: não identificação. Quando você se perde, o traje espacial se quebra, e você descobre que pode se mover e respirar sem as camadas constritoras, sem o capacete e os tubos de ar. Perder-se torna possível perceber o verdadeiro mistério e plenitude de quem você é.

Vivendo além das crenças

Na vez seguinte em que Jason e eu nos encontramos, ele me falou sobre a noite que passara com Marcella depois da nossa sessão. Primeiro ele falou, e Marcella ouviu. "Eu disse a ela coisas que eu nunca tinha dito em voz alta. Principalmente contei para ela sobre a criança envergonhada e amedrontada dentro de mim... aquela que está sempre tentando controlar as coisas para se proteger... e também sobre o homem que a ama." Ele silenciou, e seus olhos ficaram marejados com a lembrança. "Eu disse o quanto a amo e que, mesmo se ela me deixasse, pelo menos saberia a verdade."

Marcella tinha sido igualmente honesta, e Jason foi capaz de ouvir sem ficar na defensiva. Ela contou a ele sobre a extensão da sua raiva, desespero e solidão por não encontrar intimidade no casamento deles. Embora essa não fosse a primeira vez que tinha expressado dor e insatisfação, era a primeira vez que Jason tinha realmente ficado quieto e atento, a primeira vez em que ele a ouviu de verdade. "Acho que estou ficando melhor em estar presente", ele disse com um pouco de orgulho. "Eu realmente queria ouvir o que era verdade para ela... entender a experiência dela, mesmo se não me sentisse bem em ouvir."

"Ela terminou", Jason contou, "me dizendo que eu vivia na minha cabeça e era inacessível, e que, talvez agora, estivesse abrindo o meu coração." Quando eles terminaram com as palavras, tinham apenas se abraçado. No silêncio, ele conseguiu sentir a ternura de dar amor, o prazer profundo de recebê-lo — e algo mais. "Minha mente não estava me contando uma história sobre o que poderia dar errado, e o que eu deveria fazer para administrar as coisas. Então, apenas desapareci. Tudo o que eu sentia era o amor que estava lá, apenas a consciência amorosa."

Jason deixou o meu consultório naquele dia com uma sensação de gratidão e abertura para qualquer que fosse o desdobramento que se seguisse, e eu não o vi novamente por quase um mês. Na sessão seguinte, ele me cumprimentou com um sorriso e começou avidamente: "Nenhuma surpresa, o inseguro que acha que tem que assumir o controle fez a sua aparição novamente." Ele parou e disse, "Mas eu descobri algumas formas de lidar com ele." Quando o impulso de tomar uma bebida ressurgiu, Jason foi capaz de responder com um novo senso de confiança. "Eu ouvi uma prece no nosso grupo de 12 passos que outro homem usa... é perfeita para a minha vida: "Não o meu desejo, mas o desejo do meu coração." Quando eu começo a pensar em bebidas ou drogas, ou quando percebo que estou tentando controlar uma situação, estou novamente acreditando que sou indigno. Quando estou ansioso ou com raiva, estou outra vez acreditando que sou indigno. Mas agora, assim que eu percebo a crença, digo a mim mesmo para ouvir o desejo do meu coração... E, quer saber, Tara, funciona. Não estou escondendo nada. Não estou mais jogando. Minha vida é mais limpa, e as coisas em casa só estão ficando melhores."

Nossas crenças baseadas no medo nos prendem na identidade do transe de um eu inseguro que é hipervigilante em administrar a vida. Nós racionalizamos, nós nos justificamos, defendemos, culpamos. Nosso desejo, nossa capacidade para a ação consciente e com intenção é comandada por um ego amedrontado. No caso Jason, isso o levou ao vício e quase destruiu o seu casamento. Mas essa mesma energia intencional pode ser guiada por uma inteligência mais profunda. Quando chamou o "desejo do seu coração", Jason reconheceu o pensamento de medo e, em vez de aceitar suas crenças limitantes, permitiu que as suas escolhas de vida emergissem das profundezas da sua própria sabedoria interior.

Refúgio na verdade

O programa *Building Bridges* nos lembra de que crenças podem ser desconstruídas, mesmo nas circunstâncias mais difíceis. Em um dos primeiros acampamentos do projeto *Building Bridges*, uma garota palestina falou às demais participantes sobre como soldados israelenses tinham entrado na casa da sua família, batido em todo mundo e saído sem pedir desculpas depois de descobrir que estavam no lugar errado. O facilitador do grupo, usando uma técnica chamada "escuta compassiva", pediu a uma garota israelense para repetir a história em primeira pessoa, incluindo os sentimentos — a raiva e o terror — que ela poderia ter vivenciado. Depois de ouvir a israelense recontar a sua história, a garota palestina começou a chorar. "Meu inimigo me ouviu!" Ela disse. As duas garotas choraram juntas e, ao longo do tempo que passaram juntas, se tornaram amigas muito próximas.

Mas o que acontece aos vínculos entre essas meninas depois que elas voltam para a suas pátrias devastadas pela guerra? Desde o seu início em 1933, centenas de adolescentes frequentaram acampamentos do projeto *Building Bridges*. Estudos de acompanhamento têm mostrado que mesmo uma curta exposição a uma realidade maior — a pessoa real e o coração do "inimigo" — cria uma mudança verdadeira e abre a porta para uma construção contínua de pontes. Este tem sido um processo interno para algumas e mais público para outras. Algumas das jovens mulheres se tornaram ativistas da paz. Uma mulher palestina é uma líder ambiental que trabalha com ambos os lados para salvar o seu frágil ecossistema de deserto compartilhado, e outra é uma professora que apresenta uma realidade maior e mais compassiva para seus alunos. Algumas das participantes mantiveram sua amizade umas com as outras. Depois que sua escola foi bombardeada, uma garota palestina ficou emocionada em receber uma ligação de uma adolescente israelense mesmo antes de receber notícias de qualquer um dos seus amigos palestinos. Essa mesma jovem mulher caiu no choro ao ouvir que um ônibus israelense tinha sido bombardeado, mesmo enquanto os primos comemoravam ao seu redor.

O transe da separação, de "nós" contra "eles," é poderoso. Ainda assim, como o Buda ensinou: "Maior ainda é a verdade da nossa conectividade." Crenças perdem sua força sempre que tomamos refúgio na experiência real. Se realmente prestarmos atenção em outra pessoa, se realmente ouvirmos e tentarmos entrar na sua experiência, começamos a descobrir que ele ou ela está além de quaisquer noções pré-concebidas.

Henry Wadsworth Longfellow escreveu: "Se pudéssemos ler a história secreta dos nossos inimigos, encontraríamos, na vida de cada homem, tristeza e sofrimento suficientes para desarmar toda a hostilidade." Esta não é uma afirmação ingênua. Não significa que outras pessoas — mesmo pessoas com as quais fizemos amizade — não vão nos fazer mal. Nem significa que devemos deixar de lado a discriminação sábia que nos ajuda a nos proteger. O que significa é que nossos corações não precisam estar blindados por crenças que obscurecem a "história secreta" do sofrimento do outro ou que excluem a possibilidade de entendimento e cuidado mútuo.

Exatamente da mesma forma, quando trazemos uma presença completa para a nossa própria experiência, vemos além das histórias limitantes que contamos a nós mesmos sobre nossa própria falta de valor, maldade e não merecimento de amor. Em vez de viver de acordo com essas histórias, nos tornamos cada vez mais livres para confiar e viver com base na nossa própria inteligência natural, abertura e amor. Então, assim como o poeta Rumi, podemos perceber:

> *Eu me livrei daquele punho ignorante que estava apertando e retorcendo o meu eu secreto.*
> *O universo e a luz das estrelas me atravessam.*

Reflexão guiada: inventário de crenças

Quanto mais consciente você estiver das suas crenças, menos força elas vão exercer na sua psique. Uma maneira hábil de fortalecer essa consciência é criar um inventário das suas crenças profundamente enraizadas. Tire um tempo para refletir sobre as suas crenças limitantes baseadas no medo e as escreva. Talvez alguns dos exemplos a seguir pareçam familiares:

"Eu preciso trabalhar duro por aprovação ou amor."
"Não sou digno de ser amado; não mereço ser feliz."
"Qualquer pessoa de quem eu me aproximar vai me machucar."
"Eu vou machucar qualquer pessoa que eu amar."
"Eu preciso me proteger ou vou me machucar."
"Eu preciso ser diferente (mais atraente, inteligente, confiante, bem--sucedido) para ser amado ou amoroso, feliz ou para ter paz."
"Outras pessoas não me entendem ou apreciam."
"Sou invisível para os outros."
"Eu sou especial, mais inteligente, melhor do que os outros."
"É perigoso parecer fraco ou carente."
"Eu não posso confiar que ninguém deixará de tirar vantagem de mim."
"Se eu não 'der o troco' os outros vão continuar me machucando."
"Eu sou fundamentalmente imperfeito."
"Sou um fracasso; vou fracassar em tudo o que fizer."
"Deus (a vida, outras pessoas) me traiu."

Reflexão guiada: pegando crenças em movimento

Você pode desenvolver seus músculos da consciência para "pegar crenças", experimentando com situações que suscitam reatividade emocional moderada, em vez de intensa.

> 1. Quando você se sentir calmo, identifique e escreva várias situações que regularmente produzem ansiedade, irritação ou desencorajamento. Alguns exemplos: "me comunicar com o meu chefe," "aprontar meu filho para a escola," "ser pego no tráfego na hora do rush," "a proximidade de um prazo final de um projeto", "se sentir cansado no trabalho," "ser criticado pelo companheiro."
>
> 2. Com o seu inventário de crenças em mãos, tire um tempo para refletir sobre cada situação. Pergunte a si mesmo, "No que estou acreditando?" Você pode precisar perguntar várias vezes, "No que

eu estou realmente acreditando?" ou "Qual é a coisa mais perturbadora na qual eu estou acreditando?" para revelar a forma mais básica da crença. Escreva, tentando capturar a crença em poucas palavras fáceis de lembrar: "Acreditando que estou fracassando," "Acreditando que vou ser punida (ou rejeitada) se fracassar", "Acreditando que eu tenho que me esforçar mais para estar bem."

3. Defina a sua intenção de estar consciente quando as situações que você identificou surgirem. Veja se é possível parar no meio delas e reconhecer no que você está acreditando. Note se isso muda como você se sente ou te dá novas escolhas sobre como responder.

No seu próprio ritmo, você pode identificar novas situações para "pegar crenças". À medida que ficar mais confiante na sua capacidade de encontrar as suas crenças com atenção plena, você vai ser capaz de praticar com situações cada vez mais carregadas.

PARTE III

O portal do amor

9.
Remédio do coração para o medo traumático

Como
A rosa
Alguma vez abriu seu coração
E deu a este mundo
Toda a sua
Beleza?
Ela sentiu o incentivo da luz
Contra o seu
Ser.
De outra forma,
Todos ficamos
Amedrontados
Demais
HAFIZ

Quando Ram Dass sofreu uma hemorragia cerebral intensa em 1997, ele tinha mais do que quatro décadas de treinamento espiritual para ajudar a guiá-lo. Sendo um dos americanos pioneiros em trazer a espiritualidade oriental para o ocidente, ele tinha explorado práticas meditativas de tradição hindu, budista, advaita e outras, e introduzido muitas gerações à meditação e ao caminho espiritual de devoção. Ainda assim, nas horas seguintes ao seu derrame devastador, ele ficou deitado numa maca olhando o teto do hospital, se sentindo totalmente desamparado e sozinho. Nenhum pensamento inspirador veio para socorrê-lo, e ele foi incapaz de refletir sobre o que estava acontecendo com atenção plena ou autocompaixão. Naquele momento crucial, como ele disse sem rodeios, "Fui reprovado no teste."

Algumas vezes, conto a história de Ram Dass para alunos que se preocupam que tenham "sido reprovados no teste." Eles praticaram encarar as dificuldades usando RAIN, mas, ao se depararem com uma situação em que o medo, a angústia ou a dor são muito intensos, simplesmente não conseguem despertar uma presença atenta. Eles em geral ficam com sentimentos profundos de desânimo e dúvidas sobre si mesmos, como se a porta do refúgio tivesse sido fechada.

Começo por tentar ajudá-los a se julgar de forma menos rígida. Quando estamos numa crise emocional ou física, com frequência estamos em transe, dominados pelo medo e pela confusão. Nesses momentos, o nosso primeiro passo em direção ao refúgio verdadeiro — muitas vezes, o único disponível para nós — é descobrir algum sentido de conexão atenciosa com a vida ao redor e dentro de nós. Precisamos entrar no refúgio através do portal do amor.

Ram Dass atravessou esse portal chamando Maharajji (Neem Karoli Baba), o guru indiano que lhe dera o seu nome hindu e que morrera 24 anos antes. No meio da sua angústia física, da sua impotência e desespero, Ram Dass começou a rezar para Maharajji, que para ele sempre fora a emanação pura do amor. Como ele escreveu mais tarde: "Conversei com o retrato do meu guru, e ele falou comigo, ele estava em toda a minha volta." Que Maharajji estivesse imediatamente "lá", tão completamente disponível como sempre, foi para Ram Dass uma bênção absoluta. Em casa outra vez na presença amorosa, ele foi capaz de estar em paz com a intensidade do desafio momento a momento que ele enfrentava.

O portal do amor é uma sensação de carinho e afinidade — com alguém amado, com a terra, com uma figura espiritual e, em última análise, com a própria consciência. Assim como a rosa precisa do incentivo da luz, nós precisamos de amor. De outra forma, como diz o poeta Hafiz, "Todos nós ficamos amedrontados demais."

O LEGADO DO TRAUMA

Dana estava frequentando o nosso grupo semanal de meditação há quatro meses quando se aproximou de mim uma noite depois da aula. Ela me disse que precisava de mais ajuda para lidar com o medo. "A confiança não vem fácil para mim," ela disse, "mas ouvir você me acalma... tenho a sensação de que você me entenderia, que me sentiria segura trabalhando com você."

Dana não parecia insegura ou facilmente intimidada. Uma mulher afro-americana alta e robusta de seus vinte e tantos anos, ela tinha um trabalho difícil como oficial de condicional em uma prisão estadual. Ela também tinha um sorriso fácil e olhos alegres, mas suas palavras contavam uma história diferente. "Posso estar bem, Tara," disse ela, "e então, se eu der um passo em falso, eu sou uma pessoa totalmente disfuncional." Em especial, quando algum homem forte ficava com raiva dela, ela ficava "sem fala." "É como se eu fosse uma menininha assustada, um caso perdido."

Pedi que a Dana me contasse sobre algumas vezes recentes em que ficara sem fala por medo. Ela se recostou na cadeira, cruzou as pernas e começou a bater nervosamente no chão com um dos pés. Quando falou, foi com palavras apressadas. "Um lugar onde isso acontece é com o meu namorado. Ele bebe — demais —, e às vezes ele começa a gritar, me acusando de coisas que não são verdadeiras... me acusando de flertar com outros homens ou de falar dele pelas costas." Ela parou por um momento e continuou. "Quando ele me enfrenta, sabe, me ameaçando", ela disse, "minhas entranhas apenas se transformam em uma bolinha apertada, e é como se o resto de mim desaparecesse." Nessas horas, ela se tornava incapaz de pensar ou falar. Tudo o que percebia eram as batidas do seu coração e uma sensação de sufocamento na garganta.

O namorado dela não era o primeiro a violá-la. Logo ficou claro que Dana tinha desaparecido naquela bolinha apertada repetidas vezes, desde que tinha 11 anos e seu tio começou a molestá-la. Por quatro anos, até que ele se mudasse para outro estado, Dana vivera com medo de que ele aparecesse quando sua mãe estivesse no trabalho. Depois de cada investida, ele a fazia jurar segredo e ameaçava puni-la se contasse. Ele frequentemente a acusava de "pedir aquilo" — se ela tivesse se vestido ou agido de forma diferente, ele dizia, nunca teria acontecido. Mesmo naquela época, uma parte dela sabia que aquilo não era verdade, mas alguma outra coisa nela acreditava nele. "Ainda acredita", ela disse. "É como se houvesse alguma maldade em mim que está sempre esperando para sair."

Dana tinha clareza sobre a fonte dos seus medos, mas essa clareza não a protegia de se sentir ansiosa, culpada e impotente. Na vez seguinte em que a vi, Dana me disse que, depois da nossa primeira sessão, os velhos terrores das ameaças do tio tinham voltado à tona. Ela teria traído o namorado? Ela seria punida por "contar"? Agora, o simples fato de sentar-se no meu consultório a submergiu em uma espiral de medo antiga e que lhe era bem familiar. Ela parou de falar, seu rosto congelou e seus olhos ficaram fixos no chão. Eu podia ver que ela tremia e que a sua respiração ficara curta. "Você está desaparecendo para dentro de si mesma?", perguntei. Ela assentiu sem olhar para cima.

Eu tinha certeza de que a Dana estava tendo uma reação de estresse pós-traumático. Ela perecia ter caído de volta no passado, tão indefesa e em perigo como quando o tio ficava de pé diante dela. Naquele momento, eu sabia que era improvável que a Dana pudesse acessar uma percepção de presença atenta. A contração de medo era forte demais.

Descobri que o que uma pessoa normalmente precisa quando o medo é intenso é "estar acompanhada" — a experiência do carinho e da presença acolhedora de outra pessoa. Se uma criança está machucada ou amedrontada, mostrar que nós entendemos e nos importamos com os seus sentimentos é mais importante do que buscar um *Band-Aid* ou explicar porque vai ficar tudo bem. O âmago da vulnerabilidade é se sentir sozinho na própria dor; a conexão com outra pessoa alivia o medo e aumenta a sensação de segurança. Entretanto, quando uma pessoa foi traumatizada, também é importante que controle o grau de contato. De outra forma, o próprio contato pode ser associado com a situação traumatizante.

"Dana," falei gentilmente, "você gostaria que eu ficasse perto de você?" Ela assentiu e bateu na almofada logo ao seu lado no sofá.

Quando eu me sentei ao lado dela, perguntei se estava tudo bem eu ficar tão perto. Ela apenas sussurrou: "Claro... obrigada." Sugeri que ela ficasse o mais confortável possível. Então ela poderia focar em como o corpo dela estava sendo suportado pelo sofá, e como os seus pés entravam em contato com o chão. Quando ela assentiu outra vez, eu a incentivei a observar a sensação de como era nós estarmos sentadas juntas.

Nos minutos seguintes, fiz contato várias vezes, informando que eu estava ali e perguntando se ela estava bem. Ela assentiu e permaneceu em silêncio, mas gradualmente parou de tremer, e sua respiração ficou mais profunda e regular. Quando perguntei outra vez como ela estava, Dana virou a cabeça o suficiente para me olhar nos olhos e me deu um pequeno sorriso. "Eu estou me acalmando, Tara. Estou melhor agora." Pude perceber pela forma como ela estava se envolvendo — com seus olhos e sorriso — que ela já não se sentia tão presa dentro do medo.

Retornei para a minha cadeira de frente para ela a fim de que pudéssemos falar sobre o que tinha acontecido. "Eu não sei o que há de errado comigo," ela começou. "Eu deveria ser capaz de me recompor por mim mesma, mas, quando eu fico presa assim, é embaraçoso. Eu simplesmente me sinto destruída." Dana compreendia que tinha um trauma e ainda assim considerava seus "episódios", como ela os chamava, como um sinal de fraqueza e covardia. Pior, eles eram a prova de que ela estava espiritualmente desamparada. Como ela disse, "Eu não tenho nenhum centro espiritual, é só escuridão lá... nenhuma alma."

Um dos legados mais dolorosos e duradouros do trauma é culpar a si mesmo. Alunos e clientes sempre me dizem que eles se sentem destruídos, imperfeitos, como "bens danificados." Eles podem entender o impacto do trauma racionalmente, mas ainda sentem autorrepulsa e vergonha quando se descontrolam. A crença subjacente parece ser a de que não importa o quanto a nossa experiência seja horrível, deveríamos ser capazes de dominar o terror, silenciar o pensamento catastrófico e evitar falsos refúgios como comportamentos de vício ou nos afastar da intimidade. Em outras palavras, o eu, não importa o quanto esteja aflito, deve sempre estar no controle.

Inevitavelmente o pequeno eu "é reprovado no teste." Quando estamos dentro do transe de um eu separado e traumatizado, estamos presos em um círculo de sofrimento: nossos cérebros e corpos continuamente regeneram a fisiologia do medo, reforçando a nossa sensação de perigo e impotência. A cura do trauma, e da vergonha que cerca o trauma, requer que despertemos do transe da separação. Dana precisava descobrir que ela podia tomar refúgio na conexão, mesmo enquanto os sentimentos brutos do trauma surgiam. Nosso contato pessoal próximo durante aqueles momentos perturbadores no meu consultório foi um primeiro passo importante.

Entendendo o trauma

Trauma é a experiência de estresse extremo — físico ou psicológico — que sobrecarrega a nossa capacidade normal de processar e lidar com as coisas. Quando estamos em um estado traumatizado, somos dominados por estratégias primitivas de sobrevivência, e separados da nossa própria sabedoria interior e dos recursos potenciais do mundo a nossa volta. Nossa realidade inteira está confinada a nossa própria noção de estarmos isolados, desamparados e com medo. Esse estado profundo de desconexão é a característica central do trauma e, em certo grau, de todas as emoções difíceis.

Tenho trabalhado com muitas pessoas cujas vidas foram dolorosamente marcadas e, ainda assim, não reconhecem o trauma como causa das suas lutas. Eles estão tão familiarizados com as suas próprias histórias pessoais que descontam o impacto da violência que suportaram. Outros, como a Dana, reconheceram o trauma e ainda assim se sentem envergonhados e não merecedores de compaixão. Pode ser útil saber exatamente o quão globalmente difundido é o trauma: por exemplo, algo entre setenta e cinco milhões e cem milhões de americanos experimentaram abuso sexual ou físico durante a infância. A conservadora American Medical Association (Associação Médica Americana) estima que mais de 30% das mulheres casadas, assim como 30% das mulheres grávidas, apanharam de seus maridos, muitas vezes repetidamente. Fontes de trauma menos reconhecidas incluem dificuldades no nosso próprio processo de nascimento, ser submetido a cirurgia ou perder uma pessoa amada. Outros milhões suportam traumas durante guerras ou desastres naturais. Quando os clientes e alunos com quem trabalho conseguem reconhecer que também sofreram um trauma, começam a considerar suas próprias vidas com uma atenção mais profunda e compreensiva.

Nem todos os traumas evoluem para a condição crônica chamada de transtorno do estresse pós-traumático (TEPT). De acordo com o clínico e escritor Peter Levine, o trauma gera o sofrimento do TEPT se as fortes energias biológicas que ele provoca não puderem ser processadas ou resolvidas com sucesso. Quando somos ameaçados, o medo nos mobiliza para alguma ação — luta ou fuga — que vai nos proteger do perigo. Em situações traumáticas, algumas pessoas são capazes de escapar do perigo, atacar de volta, ajudar outros a ficar em segurança ou encontrar um forte aliado para protegê-los no futuro. O sentido de estar em perigo é atenuado, e as energias de sobrevivência são descarregadas. Mas, se não houver forma de mobilizar uma resposta, como foi o caso da Dana por ter sido repetidamente estuprada pelo tio, a reação de apoio é congelar. Neste estado, as energias frustradas de luta/fuga baseadas no medo permanecem presas no corpo, e a mente se separa ou se dissocia da intensidade dolorosa da sensação. Esta dissociação, que pode ser experimentada como um entorpecimento ou um sentimento de ser "irreal", é uma característica central do TEPT.

Essas memórias traumáticas congeladas podem ser invocadas a qualquer momento. Quando uma situação semelhante surge, as energias não processadas e temporariamente dissociadas de terror, raiva ou desamparo são reanimadas. Nós sentimos a angústia de fugir ou lutar tudo de novo como se isso estivesse acontecendo no presente. Para a Dana, "denunciar" o namorado numa sessão de terapia comigo detonou o terror armazenado das ameaças do tio de puni-la se ela "contasse".

Meus clientes e alunos às vezes ficam atordoados ao perceber quantos dos seus pensamentos, sentimentos e comportamentos foram organizados para lidar com um trauma passado. Juntos, exploramos com que frequência eles se sentem em perigo, a frequência com que suas energias são mobilizadas para fugir ou lutar e como essas energias se expressam ou se descarregam numa ampla gama de sintomas: além da dissociação e dos *flashbacks*, os sintomas podem incluir ataques de pânico, insônia, pesadelos, depressão, obsessão mental, raiva e/ou vícios, assim como incapacidade para intimidade sexual. Dana sofria de um medo debilitante ("desaparecendo em uma bola apertada"), mas ela também atacava com raiva às vezes, comia demais e fumava. Como outros falsos refúgios, os comportamentos sintomáticos do trauma podem temporariamente diluir a dor bruta do medo, mas eles nos impedem que sigamos numa direção de segurança e amor que trazem a cura autêntica. Eles também reconfirmam a nossa percepção de estarmos fora de controle, de sermos fracos e imperfeitos.

Pessoas com estresse pós-traumático em geral oscilam entre estar completamente possuídas por uma emoção e estarem dissociadas da sensação do corpo. Presas em um transe constritivo, elas estão sem chão, separadas das dimensões essenciais do seu ser. Elas podem perder acesso a capacidades cognitivas críticas, ser incapazes de se lembrar de tempos em que tiveram sucesso ao lidar com as coisas e parecer cegas quanto aos recursos potenciais no mundo mais amplo. Há desconexão das ligações amorosas com outras pessoas. E, por fim, há a perda do senso de presença e, com isso, um distanciamento da própria fonte do espírito. Era a isso que a Dana se referia quando ela me disse que não tinha nenhum centro espiritual, nenhuma alma.

Para a Dana, como para tantos outros que experimentaram a angústia do trauma, a questão crucial é: "O que poderá fazer com que seja seguro o suficiente voltar para casa — para este corpo, para a vida, para a presença?"

Tomando refúgio no amor

Na nossa sessão seguinte, Dana me disse que a pior parte do abuso sexual era querer que alguém a ajudasse, mas estar assustada demais para pedir. "Eu costumava ensaiar contar para a minha mãe", ela disse, "e então ter pesadelos sobre o meu tio descobrir, me sequestrar e me estrangular."

Embora nosso último encontro tenha "tropeçado" no velho terror, Dana percebeu que ela tinha se recuperado mais rapidamente do que o usual. "Quando você se sentou perto de mim no sofá, ele começou a enfraquecer. Havia algo sobre você se preocupar comigo e apenas estar lá... eu sabia que estava segura naquele momento, eu estava bem." Ela parou por alguns momentos e, em seguida, fez uma pergunta fundamental: "Mas o eu que posso fazer quando estou sozinha?"

No processo de cura, há muitas vezes um movimento ou progressão natural. Primeiro nos reconfortamos com a presença física de outras pessoas e, então, descobrimos dentro de nós mesmos um caminho para a segurança e o amor. Essa é uma sequência importante e delicada. O eu traumatizado é frágil e precisa de um recurso externo. Ainda assim, como a ferida traumática original muitas vezes ocorre em um relacionamento, é possível que os relacionamentos tenham ficado associados com o perigo. Por essa razão, um relacionamento carinhoso e seguro é parte essencial do trabalho de cura.

Em muitas culturas xamânicas, acredita-se que, quando a pessoa está traumatizada, a alma deixa o corpo como forma de se proteger da dor intolerável. Em uma cerimônia chamada de "recuperação da alma", a pessoa traumatizada experimenta o amor e a segurança da comunidade, enquanto a alma é convidada a voltar. Nós podemos traduzir isso para muitos outros relacionamentos que curam, nos quais o cuidado de um terapeuta, amigo, grupo de apoio ou professor inicialmente proporciona a segurança para se reconectar com certo grau de presença e bem-estar.

Mas, como a pergunta da Dana sugere, a cura mais profunda permite que nos sintamos amados e seguros em qualquer situação, inclusive quando estamos sozinhos. Por meio da meditação, nosso refúgio exterior — a presença de outro que se importa — pode se tornar uma ponte para descobrir um refúgio interior confiável, o amor e cuidado originado no nosso próprio ser.

Mais de 2.500 anos atrás, o Buda ensinou aos seus seguidores a meditação da bondade amorosa para afastar o medo. A cada ano, antes da estação chuvosa na Índia, centenas de monges se agrupavam em torno do Buda para obter ensinamentos e instruções espirituais. Eles iam procurar um lugar adequado para um "retiro da chuva" por três meses, um período de prática intensa. Um ano, como conta a história, os monges encontraram uma parte de floresta idílica, com árvores majestosas e uma fonte limpa de água fresca — o lugar perfeito para meditar dia e noite. Eles não perceberam, no entanto, que a floresta era habitada por deidades que se sentiram desempossadas quando os monges chegaram. Os espíritos enfurecidos criaram ilusões terríveis de monstros, fantasmas e demônios, encheram a floresta com gritos e gemidos e produziram um cheiro nauseante. Os monges logo ficaram pálidos e trêmulos, incapazes de manter qualquer concentração ou equilíbrio interior. Encorajadas, as deidades das árvores se tornaram ainda mais agressivas, até que os monges fugiram de volta para o acampamento do Buda.

Muito para o seu desânimo, no entanto, o Buda insistiu que voltassem à floresta assombrada. Mas, antes de saírem, os ensinou versos de amor universal para recitar e refletir, e prometeu que isso os levaria além do medo para a liberação espiritual. Quando os monges se aproximaram da floresta, eles mergulharam na meditação, enviando correntes de bondade amorosa incondicional, primeiro para eles mesmos e depois para o exterior, para todos os seres em todos os lugares. Os corações dos espíritos das árvores se tornaram tão imbuídos com boa vontade que se materializaram em forma humana, ofereceram aos monges comida e água, e os convidaram a ficar. Pelo tempo restante do retiro dos monges, os espíritos das árvores foram tomados pela aura da sua presença amorosa, e em troca, mantiveram a floresta livre de barulho e distrações. E, como a história também nos conta, cada um desses monges atingiu o auge da realização espiritual.

Como os monges, nós sofremos sempre que despossuímos as energias da vergonha ou da mágoa, da raiva ou do medo. Quando qualquer parte da nossa vida interior passa despercebida, não é sentida, quando é afastada ou rejeitada, nos sentimos sozinhos e com medo. E, como os espíritos das árvores, tais energias despossuídas vão nos assombrar até que as encontremos com uma presença carinhosa. Como o Buda ensinou, existem duas expressões do amor que naturalmente nos curam e libertam. A palavra páli para bondade amorosa, *metta*, significa cordialidade, carinho, amor ou cuidado incondicionais, e a palavra páli para compaixão, *karuna*, significa "sentir com," suportar o sofrimento com uma solidariedade ativa. Na sua sabedoria, o Buda percebeu que ao despertar intencionalmente a bondade amorosa e a compaixão, nós convidamos as mágoas e o medo alienados para a consciência e nos libertamos em uma plenitude do ser.

Hoje em dia, pesquisadores estão descobrindo o que acontece nos cérebros dos meditantes quando a sua atenção está focada nessas duas expressões do amor. Exames sofisticados de escaneamento cerebral mostram que o córtex frontal, uma parte do cérebro que é desativada durante o trauma, se acende durante meditações de bondade amorosa e compaixão. Essa atividade cerebral está fortemente correlacionada com sentimentos subjetivos de felicidade, abertura e paz.

Quando ensino meditações para o coração, muitas vezes, como parte da prática, peço que os alunos visualizem a si mesmos sendo abraçados por uma pessoa amada e/ou para oferecer um toque gentil a si mesmos. As pesquisas mostram que um abraço de 20 segundos estimula a produção de oxitocina, o hormônio associado com sentimentos de amor, conexão e segurança. No entanto, não precisamos receber um abraço físico para apreciar esse benefício: seja imaginando um abraço ou sentindo nosso próprio toque — no nosso rosto, no nosso peito —, também liberamos oxitocina. Seja por meio de visualizações, palavras ou toque, as meditações sobre o amor podem deslocar a atividade cerebral de forma que surjam emoções positivas e a reatividade traumática seja reduzida.

É por isso que a minha meta seguinte no trabalho com a Dana foi ajudá-la a acessar sentimentos de amor e segurança por conta própria. Ela já tinha aprendido uma versão tradicional da meditação de bondade amorosa na minha aula, mas agora poderíamos personaliza-la, identificando imagens e palavras específicas que permitissem que ela se sentisse abraçada pelo amor.

"Quem", perguntei, "ajuda você a encontrar um sentimento terno de estar segura internamente?" Os olhos da Dana se iluminaram. "Isso é fácil. Marin, minha amiga, ou minha irmã mais nova, Serena. Eu confio nas duas, elas sempre me ajudaram. E eu me sinto segura... com você." Ela disse isso um pouco timidamente, e eu sorri, deixando claro que eu me sentia honrada por ser considerada assim por ela.

Sugeri que ela imaginasse o que chamei de "suas aliadas" aqui mesmo na sala, imaginando estar rodeada por nós três. Fechando os olhos, Dana se concentrou por alguns momentos e então disse suavemente, "Ok, eu vejo cada uma de vocês. Você e Marin estão uma de cada lado... cada uma de vocês está segurando um dos meus braços... e minha irmã está bem atrás de mim."

"Como você se sente, Dana?" Sem muita hesitação ela respondeu. "É como estar numa banheira quentinha!"

"Bom," eu disse. "Agora deixe-se apenas encharcar nesse calor, sinta quão profundamente ele pode ir... como ele pode relaxar os lugares dentro de você que mais precisam disso." Parei e então perguntei, "Quando você deixa entrar o calor da presença dos seus aliados, que palavras devem ser mais reconfortantes para ouvir e lembrar?"

Dana ficou bem quieta e então acenou com a cabeça. "É que eu estou segura, que eu sou amada... esta é a minha prece: que eu possa me sentir segura, que eu possa me sentir amada."

Esperei alguns momentos e então disse, "Dana, se você ficar contraída por dentro e ficar encolhida de medo, apenas imagine cada uma de nós aqui, ao seu redor de novo. Sinta o calor à sua volta e deixe aquelas palavras, a sua prece, te confortar... deixe o significado, o sentimento de estar segura e ser amada, te envolver. *Deixe seu corpo ter a sensação de ser amada*. Você pode praticar isso agora se quiser."

Dana se acomodou na cadeira e sua respiração ficou mais fácil e profunda. Ela girou a cabeça em círculos algumas vezes para soltar o pescoço e ficou completamente quieta. Quando olhou para mim de novo, sorriu e seus olhos estavam claros. "Isso lembra que é *possível* relaxar. É como se houvesse uma rede a minha volta e eu não pudesse cair demais. Há muito tempo eu não me sentia tão bem."

Antes que a Dana saísse, eu a incentivei a fazer essa prática de chamar suas aliadas em algum momento todos os dias, durante um período de pouco estresse. "Experimente com o que te ajuda a sentir a nossa presença, a nossa companhia", sugeri. "Você pode sussurrar nossos nomes, visualizar nossos rostos, sentir nosso toque te sustentando... o que quer que te conecte com a sua sensação de bem-estar. Lembre-se da sua prece por segurança e amor... e deixe que ela a inunde."

A necessidade de novos recursos

Descobrir uma forma de entrar em contato com emoções positivas e, em particular uma sensação de carinho e segurança relativa, é um elemento essencial na cura do trauma. Pesquisas recentes mostraram que esse é o denominador comum de todas as terapias efetivas para o trauma. Para se conseguir a libertação de emoções intensas como o terror ou a vergonha, *a sensação daquela dor precisa ser experimentada novamente dentro de um contexto ampliado, enriquecido*. Com isso, quero dizer que um recurso adicional, como o amor, a segurança ou a força, precisa estar presente para que o padrão repetitivo da dor emocional se transforme.

Essa abordagem também se baseia em um *insight* básico da teoria moderna de aprendizado. Para que uma nova aprendizagem ocorra, a nova informação precisa ser combinada com uma experiência conhecida. Para Dana, isso significava experimentar seus velhos medos de punição enquanto alguém — neste caso, eu — estivesse lá e pudesse ajudá-la a se sentir segura no momento presente.

Terapias ou estratégias meditativas que não fornecem esse recurso extra de cuidado podem ser facilmente retraumatizantes, porque experimentar de novo o medo e o desamparo do evento sem novos recursos é algo que confirma a identidade percebida de um eu em perigo e impotente. Por outro lado, desenvolver um refúgio interno no qual nós nos sentimos amados e seguros nos permite reduzir a intensidade do medo traumático quando ele surgir. Quando somos capazes de entrar em contato com um refúgio interno através das nossas palavras e imagens geradas internamente, ou do autotoque, a nossa bioquímica se modifica. Nossa reatividade de lutar-fugir-congelar já não inibe respostas potencialmente adaptativas, e a mente se torna mais espaçosa e receptiva. Novas associações, novos recursos internos, novas formas de lidar e entender começam a emergir espontaneamente. O resultado mais básico é uma sensação crescente de autoconfiança — nós sabemos que temos dentro de nós o que quer que seja necessário para estarmos presentes na nossa vida.

Cultivando um refúgio interno

Você pode começar a desenvolver um refúgio interno confiável por conta própria se baseando em qualquer coisa relativa à sua experiência passada que tenha lhe ajudado a sentir uma sensação de conexão e um sentimento maior de segurança. É melhor fazer essa *reflexão quando você não estiver dominado pelo medo*. Uma vez que você esteja sintonizado com esse caminho para o refúgio, você pode usar deliberadamente a força da atenção para tornar esses estados mentais mais prontamente disponíveis.

Quando trabalho com alunos e clientes para desenvolver um refúgio interno de segurança e amor, em geral começo com as seguintes perguntas.

- *Com quem você sente conexão e proximidade? Com quem você se sente cuidado ou amado, em casa e seguro?*

Assim como a Dana, algumas pessoas imediatamente identificam um indivíduo — um membro da família ou amigo, tutor ou professor — cuja presença cria a sensação de "estar em casa". Para outras pessoas, a casa é uma comunidade espiritual, um grupo de 12 passos ou um círculo de amigos íntimos. Algumas vezes o sentimento de proximidade é mais forte com uma pessoa que morreu, como para o Ram Dass com o Maharajji, ou com uma pessoa que você reverencia, mas pode nunca ter encontrado, tal como o Dalai Lama, Gandhi ou Madre Teresa. Muitas pessoas se sentem atraídas por uma figura arquetípica como o Buda ou Jesus, Kwan-yin (o bodhisattva da compaixão), a Virgem Maria ou alguma outra expressão da mãe divina. Também conheci muitas pessoas que sentem conforto e adequação quando trazem à mente seu cachorro ou gato. Eu asseguro os alunos de que nenhuma figura é mais espiritual, elevada ou pura do que outra para ser usada como foco. Tudo o que importa é escolher uma fonte de sentimentos seguros e amorosos.

- *Onde e quando você se sente mais em casa — seguro, relaxado ou forte?*

Algumas pessoas encontram um senso de santuário no mundo natural, enquanto outros se sentem mais orientados e seguros quando estão cercados pelo barulho e pela vibração de uma grande cidade. Seu espaço seguro pode ser uma igreja ou templo, seu escritório ou um estádio esportivo lotado. Algumas pessoas se sentem mais em casa enroladas na cama com um livro — outras quando estão trabalhando em um laptop em uma cafeteria lotada. Certas atividades podem oferecer uma sensação de tranquilidade ou fluidez, desde jogar pingue-pongue até arrumar um armário ou ouvir música. Mesmo se você quase nunca se sente verdadeiramente relaxado e seguro, pode criar qualquer cenário ou situação onde você esteja mais próximo de se sentir em casa.

Um cliente com o qual trabalhei desabrochava com caminhadas solitárias na floresta. Pedi que visualizasse um local que era especial para ele, onde um córrego salpicado de sol escoava em torno de pedras, e então me dissesse o que podia ver, cheirar, ouvir e sentir. Nós revisitamos o córrego juntos várias vezes e, aos poucos, à medida que aprofundava a atenção, ele descobriu uma sensação suave fluindo no peito que estava ligada a esse lugar. Sempre que ele se sentia sobrecarregado por depressão ou ansiedade, chamava aquele espaço pessoal sagrado, colocava a mão no peito e inspirava uma sensação de vivacidade, fluidez e conforto.

• *Que eventos, experiências ou relacionamentos foram mais úteis para revelar a sua força, a sua coragem, o seu potencial?*
Às vezes, o que surge é uma memória de uma experiência particularmente significativa — um empreendimento artístico ou profissional, um serviço prestado, uma façanha atlética — fonte de gratificação pessoal ou realização. Qualquer que seja a experiência, é importante explorar como ela aprofunda a nossa confiança em nós mesmos.

Um homem com o qual trabalhei recordou como tinha se juntado a um piquete para protestar contra a política discriminatória de contratações na empresa onde trabalhava. Quando entrou em contato com o senso de integridade e coragem presente em suas lembranças, sentiu uma vibração estável e brilhante em seu coração, enchendo o peito inteiro e transbordando para o mundo. "Algo muito real em mim tinha se apresentado", ele me disse.

• *O que em você o ajuda a confiar na sua bondade?*

Quando estamos presos no trauma ou em emoções muito fortes, pode não ser possível refletir sobre a bondade — nossa ou de outros. Mas, quando o corpo e a mente estão menos agitados, essa investigação pode ser uma entrada poderosa para o refúgio interno. Com frequência peço a clientes e alunos para refletirem sobre as qualidades que eles gostam em si mesmos — humor, bondade, paciência, criatividade, curiosidade, lealdade, honestidade, admiração. Sugiro que eles relembrem suas aspirações de vida mais profundas — amar mais, perceber a verdade, felicidade, paz, servir aos outros — e sintam a bondade dos seus desejos de coração. E convido-os a sentir a bondade da sua própria essência, sua experiência de vivacidade, consciência e coração.

• *Quando você está preso no medo, o que você mais quer sentir?*

Quando faço essa pergunta, as pessoas muitas vezes dizem que só querem que o medo vá embora. Mas, quando param para refletir, identificam estados mentais mais positivos. Como a Dana, elas querem se sentir seguras ou amadas. Querem se sentir valorizadas. Anseiam por se sentir em paz, em casa ou confiantes. Ou querem se sentir fisicamente amparadas, abraçadas. As palavras que dão nome aos nossos desejos, e as imagens que surgem com elas, podem se tornar uma entrada valiosa para o refúgio interno. Muitas vezes o ponto de partida é oferecer a nós mesmos desejos ou preces tais como, "Que eu possa me sentir seguro e em casa." Assim como oferecer as frases na meditação clássica de bondade amorosa ou colocar uma mão no coração, expressões de cuidado pessoal nos abrem para uma experiência de integração e conforto.

Às vezes, entretanto, as pessoas se sentem tão isoladas, tão desconectadas do amor e da segurança, que inicialmente não conseguem encontrar quaisquer recursos internos nos quais repousar. Bonnie veio para um retiro de fim de semana depois de uma biópsia em um nódulo suspeito no seio. Seu câncer passara alguns anos em remissão, e a princípio o medo de que ele tivesse retornado surgiu com tanta força que ela mal conseguia respirar. Então, em uma reunião com um pequeno grupo, duas outras pessoas falaram sobre as doenças potencialmente fatais com as quais conviviam. Quando foi a vez da Bonnie de falar, ela tremia, mas estava presente. "Ouvir as histórias de vocês me fez respirar profundamente pela primeira vez em alguns dias. Percebi que não estava sozinha." Concordamos que pelo resto do fim de semana a prática da Bonnie seria simples: reconhecer o medo dizendo para si mesma, "Isto é sofrimento," e então lembrar a si mesma, "Eu não estou sozinha. Outras pessoas também sentem isso." Antes de ir embora ela me disse, "Venho dizendo aquelas palavras repetidamente. Agora, o simples fato de designar dessa forma e *sentir* que eu tenho companhia me dá um pouco de espaço... Posso deixar o medo estar lá por mais ou menos um minuto de cada vez. Não gosto dele, mas consigo ficar presente com ele." Quando a Bonnie chegou em casa e descobriu que o nódulo era benigno, me enviou em e-mail. "Eu sei mais sobre como encontrar o refúgio verdadeiro", ela escreveu. "Meu câncer ainda pode voltar. Tudo é incerto, mas agora eu sei o que eu tenho que lembrar. Não estou sozinha."

Novamente a frase "Neurônios que disparam juntos, conectam-se juntos" explica bem: quando nós direcionamos repetidamente a nossa mente a pensamentos e lembranças que evocam sentimentos de amor (ou segurança, ou força), a própria estrutura dos nossos cérebros se altera. Em um nível físico e energético, desenvolvemos novas conexões neurais que servem como canais vitais para a cura. Para onde vai a atenção, a energia flui.

Na época do seu derrame, Ram Dass tinha reverenciado, rezado e estudado com o seu guru, Maharajji, por um período de trinta anos. O portal para uma presença vasta e amorosa já estava aberto e, no seu momento de grande necessidade, ele pode atravessá-lo em direção à cura. Mas percebi muitas vezes que o portal do coração ainda está disponível mesmo para pessoas como a Dana, que tiveram pouca experiência com o treinamento interno. Tudo o que é necessário é o desejo de se curar e a disposição para praticar. Como o poeta Hafiz escreveu, "Peça ao amigo por amor, peça a ele novamente... Pois aprendi que cada coração consegue aquilo pelo qual ele mais roga."

"Estou confiando na minha alma"

Por três meses, Dana praticou fielmente, chamando suas aliadas diariamente durante momentos de calma relativa e sentindo-se abraçada pelo seu calor e por suas próprias preces por segurança e amor. Ela e eu nos encontramos regularmente naquele período, explorando juntas como a sua nova habilidade de se acalmar também ajudava a sua prática de RAIN quando ela se sentia ansiosa, irritada ou triste. Mas foi sozinha e diante de um medo reativo extremo que a Dana descobriu sua capacidade de despertar do transe do trauma.

"Estou aprendendo o que significa confiar em mim mesma", ela começou. Então, continuou dizendo o que tinha acontecido na noite do sábado anterior. Depois de entornar um fardo de seis cervejas, o namorado da Dana tinha feito observações sarcásticas e a instigado a reagir. "Você não gosta do que eu falo? Vai em frente, cadela... tenta me calar... veja o que acontece." Dana sentiu seu intestino instantaneamente se contorcer de medo e sabia que, se ficasse, apenas se sentiria mais amedrontada e paralisada. Antes de sair pela porta, Dana falou ao namorado que, desta vez, estava tudo acabado entre eles.

E então o medo a assaltou. Com medo de ficar em casa sozinha, ela foi para o apartamento da Marin e pediu para passar a noite lá. Marin a abraçou com carinho e elas passaram mais de uma hora falando sobre o que aconteceu. Mas muito depois que Marin tinha dormido, Dana continuava acordada no sofá. "Eu não conseguia parar de pensar sobre como ele poderia tentar me punir, sabe... me perseguir ou algo assim." Sentindo novamente uma maré crescente de terror, Dana se viu enrolada em posição fetal e tremendo. "Foi aí que eu me lembrei daquela vez no seu consultório, quando perdi o controle e nós nos sentamos no sofá juntas... eu sabia que tinha que chamar as minhas aliadas."

Dana se sentou e colocou os lençóis em volta dela; ela focou no suporte do sofá sob seu corpo, como eu tinha sugerido que fizesse quando sentisse o medo surgir, e plantou os pés firmemente no chão, sentindo a sua solidez. "Então eu pedi ajuda," Dana disse numa voz suave. "Sussurrei o nome da Marin, o nome da minha irmã e o seu, Tara. Eu estava juntando as minhas aliadas, fazendo com que elas me rodeassem. Mesmo assim, o meu coração ainda parecia que explodiria de medo."

Dana descreveu o medo "como vidro quente quebrado", rasgando o seu peito, mas continuou sussurrando nossos nomes e trazendo a sua atenção para os pés no chão." "Sentindo vocês comigo, pude ficar firme enquanto o mundo desabava!", afirmou. Dana se sentou no sofá se abraçando e imaginando que nós a abraçávamos, enquanto seu corpo tremia incontrolavelmente, e o medo continuava a rasgá-la. Ainda assim, como ela disse, "Eu continuava sentindo todas vocês lá me cuidando — como se eu estivesse rodeada por uma presença que se importava comigo — enquanto minhas entranhas eram rasgadas. Mesmo que eu estivesse surtando, não me senti sozinha. Eu podia ouvir as palavras 'Que eu possa me sentir segura, que eu possa me sentir amada' passando na minha mente."

Gradualmente, Dana notou que algo estava mudando. "O medo ainda estava lá, mas ele já não me dominava... havia algum espaço. *Era o espaço do amor, que era maior do que este eu amedrontado.* E, conforme eu me acalmava um pouco e os minutos passavam, o espaço se tornou cada vez mais cheio de luz. Luz cálida, luminosa. Era como se eu fosse parte daquela luz... e então percebi... a minha alma estava de volta. Aquele espaço iluminado estava dentro de mim. Comecei a chorar, sentindo como todos esses anos eu estivera perdida, vivendo sem essa luz, vivendo em um eu destruído."

Enquanto Dana e eu nos sentamos juntas em silêncio, eu me lembrei de alguns versos de um poema de Rashani Réa chamado "The unbroken (O inteiro)":

Há uma quebra da qual vem o inteiro...
E uma fragilidade de cujas profundezas emerge a força.
Há um espaço vazio vasto demais para palavras através do qual
passamos com cada perda,
de cuja escuridão somos consagrados a existir.
Há um grito mais profundo do que todos os sons
cujas bordas dentadas cortam o coração
quando nos abrimos ao lugar dentro de nós
que não pode ser quebrado e é inteiro...

Graça feroz: nos tornando quem somos

Logo após o derrame, Ram Dass descreveu seu caminho de cura como "graça feroz". O derrame tinha tirado dele aspectos firmemente arraigados de sua identidade — ele já não era autossuficiente, não podia dirigir um carro, jogar golfe ou falar com a fluência de antes. Ainda assim, se abrindo para a sua vulnerabilidade e sua perda, ele se viu mais consciente do divino dentro e em volta dele.

Quando encontramos a dor com uma presença carinhosa, qualquer ferida ou perda profunda pode ser transformada em graça feroz. Podemos encontrar a graça nas proximidades de uma experiência assustadora ou trabalhando com traumas de longa data. Embora a dor do trauma possa nos levar a acreditar que nosso espírito tenha sido contaminado ou destruído, não é assim. Nenhuma violência pode corromper a presença eterna e pura que é o próprio fundamento do nosso ser. Ondas de medo ou vergonha podem nos dominar temporariamente, mas, conforme continuamos a confiar-nos à presença amorosa, quando nos deixamos *sentir* amados, nossas vidas se tornam cada vez mais uma expressão de quem ou do que somos. Esta é a essência da graça — regressar a quem somos.

Dana tinha antecipado que o sentimento de estar destruída ressurgiria e que ela seria capaz de encontrar seu caminho de volta para casa quando isso acontecesse. Por sorte, seu namorado pareceu aceitar que o relacionamento estava acabado e não a perseguiu. Então, muitos meses após a sua noite no sofá da Marin, Dana telefonou para um cliente recentemente liberado em condicional que tinha perdido uma reunião obrigatória. Quando ela o confrontou, o homem começou a falar sem parar, praguejando e gritando e terminou com, "Vai se f*... você é como todo o resto, você não dá a mínima para como é a minha vida." Depois que ele desligou bruscamente, o coração da Dana acelerou e o seu corpo inteiro tremia. Sua mente se agitou com a noção de que ela tinha feito algo muito errado.

Dana sabia que tinha que praticar com RAIN, mas, antes de começar, ela se acomodou na cadeira do escritório, pousou os pés firmemente no tapete e chamou suas aliadas. Dentro de poucos minutos, estava absorvendo a mensagem de confiança e se sentindo em um espaço familiar de carinho. Tranquila o suficiente para trazer a atenção plena ao que estava acontecendo dentro dela, Dana aprofundou a atenção. Com uma presença gentil, ela foi capaz de investigar o aperto de medo no peito e reconhecer a crença familiar de que de alguma forma ela estava em risco e poderia ser punida. Ela gentilmente disse as palavras agora familiares: "Que eu me sinta segura. Que eu me sinta amada." Quanto mais relaxava, permitindo que as sensações e os pensamentos surgissem e desaparecessem, mais se sentia reconectada com o seu eu verdadeiro. "Aquele espaço interno de calor e luz estava de volta outra vez — a minha alma. O meu eu maior me abraçava com bondade."

Então aconteceu algo que realmente surpreendeu Dana. Assim como ela tinha investigado a sua própria experiência interior, ela começou a se perguntar sobre o homem que tinha sido tão agressivo e ameaçador. O que ele estava sentindo? Subitamente conseguiu sentir a humilhação e o medo sob a raiva dele. Seu ponto de vista mudou completamente. "Quando me perguntei o que *ele* mais precisava", ela me disse, "estava muito claro: alguém para ajudá-lo a se sentir seguro, para ajudá-lo a sentir que ele importava."

Dana estava nervosa antes do encontro com o seu cliente na semana seguinte, mas também se sentia confiante e aberta. A princípio o homem estava mal-humorado e não a olhou nos olhos. Mas, em resposta às suas perguntas e preocupação evidente, logo ficou animado, falando para ela como os seus antigos amigos eram loucos, como era difícil tentar ficar limpo. Antes de sair, ele disse: "Sabe, talvez eu tenha te julgado errado... e desculpe por isso. Obrigado por ficar do meu lado."

À medida que ganhava confiança na sua capacidade de lidar com as situações, Dana descobriu que estava se tornando uma pessoa mais gentil. Essa foi uma mudança dramática, já que, em sua própria avaliação, não dava muita colher de chá para as pessoas. "Agora eu realmente vejo como eles estão sofrendo", contou, se referindo às pessoas com quem trabalhava. "Quando eles voltam para a garrafa e para a maconha, como esse homem provavelmente fez, quando eles voltam para a rua, bem... não é diferente de eu fumar ou ficar presa ao homem errado. Então, em cada caso, descubro que estou me perguntando, 'Como posso me sentar ao seu lado e lhe fazer companhia? O que vai ajudá-la a recuperar a sua alma?'"

Como Joseph Campbell escreveu, "O privilégio de uma vida é ser quem você é." Quando nos identificamos menos com o medo, a verdade de quem somos consegue brilhar. Podemos descobrir uma empatia natural, como a da Dana, e a capacidade de sentir a alma, a luz e a bondade nos outros. Nossa verdade pode se expressar como criatividade ou humor, como curiosidade ou generosidade, como devoção ou amor. Não importa como ela se expresse, o caminho da cura nos leva de uma existência estreita e autocentrada, moldada pelo medo, para uma vida originada na consciência e no coração.

Meditação guiada: bondade amorosa,
— recebendo amor

Os treinamentos do coração são tão centrais para atingir o refúgio verdadeiro que são encontrados ao longo de todo este livro. Oferecer bondade amorosa (metta) para nós mesmos é apresentado na página 47 e receber bondade amorosa de outros é apresentado na primeira meditação abaixo. Acordar a compaixão (karuna) quando estamos tomados pelo medo é a segunda meditação abaixo. A compaixão também é introduzida na forma de perdão para nós mesmos na página 223, e perdão para os outros, na página 248. As práticas de bondade amorosa e compaixão são completamente estendidas para incluir as outras pessoas nas páginas 274 e 271, respectivamente.

O medo surge de uma sensação de separação e perde força quando percebemos a nossa conexão aos outros e à vida. Essa versão da meditação da bondade amorosa pode ajudá-lo a desenvolver a sua capacidade de receber amor e confiar na sua sensação de conexão.

> *Sente-se de forma confortável e em silêncio, e respire profundamente algumas vezes. Com uma atenção suave, percorra o seu corpo e a sua mente, observando qualquer medo ou vulnerabilidade que possa estar sentindo. Conecte-se com o seu desejo de se sentir seguro, protegido e amado. Lembre-se de um lugar — no mundo ou na sua imaginação — onde você se sente plenamente em casa. Pode ser um lugar na natureza ou no seu quarto, numa cafeteria ou numa catedral. Tire alguns momentos para evocá-lo com todos os seus sentidos, imaginando as formas e as cores, os cheiros e sons do seu lugar de cura. Você consegue se sentir lá, sendo mantido pela energia serena, reconfortante ou de beleza à sua volta?*

> *Agora traga à mente o rosto de alguém que te ajuda a se sentir amado e seguro. Pode ser a sua avó ou um professor querido, seu cachorro ou seu amigo mais querido. Pode ser uma figura espiritual como o Buda, Kwan-yin (o bodhisattva da compaixão) ou Jesus. Quem quer que apareça, sinta que percebe a sua vulnerabilidade e o seu desejo por um refúgio seguro. Olhe nos seus olhos e o visualize enviando uma mensagem de amor — "eu estou aqui com você... eu me importo com você." Sinta a sua presença física e deixe a sua energia envolvê-lo e mantê-lo em um abraço de segurança.*

Permita-se alguns momentos para assimilar o amor e o conforto que está sendo oferecido. Como é sentir esse carinho te envolvendo e apoiando?

Agora, coloque suavemente a mão no seu coração ou no seu rosto e receba o toque como uma mensagem do seu carinho e proteção.

Se você está enfrentando uma situação particularmente dolorosa na sua vida, tente entrar em contato com o medo subjacente e sentir como aquele medo está vivendo no seu corpo. Toque sua garganta, peito, barriga. Quando o fizer, imagine que o amor do ser que você chamou está fluindo através da sua mão para os lugares mais vulneráveis e amedrontados. Você pode ouvir o som da voz deste ser falando palavras de bondade e reafirmação. Leve o tempo que quiser, deixando o amor entrar e se abrindo diretamente para as sensações e sentimentos que surgem. Como receber amor o afeta? Note qualquer mudança na sua respiração, nos ombros e na barriga, no coração e na mente. Há algum sinal de que a mensagem de amor e conexão foi recebida profundamente pelo seu corpo e pelo seu espírito? Se você for paciente e gentil consigo mesmo, vai aprender a se conectar com uma sensação de refúgio interior quando mais precisar dela.

Como nós fomos feridos em relacionamentos, pode ser desafiador confiar e assimilar o amor. Permita-se algum tempo e explore essa prática com o máximo possível de autocompaixão:

- *Se você não encontrar alguém que evoque uma sensação profunda de se sentir amado ou seguro, escolha uma pessoa (animal de estimação, figura espiritual) que você acredite ser intrinsecamente carinhosa, acolhedora e sábia. Pode imaginar também uma presença sem forma que você experimenta simplesmente como calor e luz. Com a prática, a sensação de amor vivo vai despertar.*

- *Se você entrar em contato com alguma dor por se sentir indigno de ser amado, imagine aquele ser ou presença oferecendo bondade diretamente a sua dúvida, mágoa ou medo. Busque uma mensagem ou lembrança deste ser que o ajude a relaxar e confiar na presença do amor.*

- *Conecte-se com a sua intenção de despertar e libertar o seu coração. Isso vai lhe dar coragem de experimentar e descobrir o seu próprio caminho para um refúgio seguro e amoroso.*

Meditação guiada: tonglen — uma presença de cura com o medo

A meditação apresentada a seguir é uma versão da prática tradicional de compaixão tibetana conhecida como *tonglen*. Você vai se beneficiar da prática de *tonglen* naqueles momentos em que estiver consciente de estar tomado pelo medo. Entretanto, se você está se sentindo traumatizado ou sobrecarregado, é mais seguro começar com a meditação da bondade amorosa ou explorar essa reflexão com o suporte de um terapeuta ou tutor.

> *Encontre um lugar confortável para se sentar, onde você se sinta o mais seguro e protegido fisicamente possível. Fechando os olhos, gentilmente percorra o seu corpo, relaxando a testa e a mandíbula, soltando os ombros e suavizando as mãos.*
>
> *Traga a sua atenção para o ritmo natural e para as sensações da respiração. À medida que a respiração flui, permita que suas células recebam essa energia vital. Com cada inspiração, relaxe aberto em receptividade total, como um balão gentilmente expandindo com o ar. Esteja ciente da experiência de não resistência, de suavizar toda a tensão e de entrar diretamente em contato com as sensações da respiração.*
>
> *Com a expiração, experimente a realidade de soltar, de liberar aquilo que estiver no espaço à sua volta. Imagine que todo o seu corpo e a sua mente pudessem fluir para além de você com a respiração e se misturar com a vastidão do espaço.*

Continue meditando no ritmo de receber — ser tocado com a inspiração — e soltar — sentindo a abertura com a expiração.

Quando se sentir pronto, traga a mente para uma situação que suscita medo. Questione-se: "Qual é a pior parte dessa situação? Do que eu realmente estou com medo?" A princípio, a sua investigação provavelmente vai disparar uma história. Mas, se você ficar alerta ao que está acontecendo no seu corpo, a história pode se tornar um portal para acessar os seus sentimentos de uma forma mais completa. Prestando uma atenção especial à sua garganta, ao peito e à área do estômago, descubra como o medo se expressa em você. Você pode gentilmente convidar o medo: "Seja tudo aquilo que você realmente é."

Como parece ser o medo de fato? Onde no seu corpo você o sente com maior intensidade? As sensações mudam ou se movem de um lugar a outro? Elas têm uma forma? Uma cor? Como você experimenta o medo na sua mente? Ela parece contraída? Está acelerada ou confusa?

Agora, à medida que você inspira, deixe a respiração tocar o lugar onde você mais sente dor e vulnerabilidade. Traga a sua atenção completa para as sensações de medo. Então, conforme expira, sinta a abertura do espaço que contém a sua experiência. Também sinta o espaço que existe dentro das sensações de medo e solte o seu medo dentro deste espaço contínuo interno e externo. Imagine-o flutuando e se desenrolando nesta abertura.

Você pode aprofundar a sua presença curativa com o medo colocando gentilmente uma mão sobre o coração. Deixe o toque ser suave, um gesto de fazer companhia ao medo. Com cada inspiração, afirme a sua disposição para se conectar com as ondas de medo, não importa o quão desconfortáveis e perturbadoras elas sejam. Expirando, entregue o seu medo para a consciência aberta e se ofereça uma prece de amor: "Que eu fique livre deste sofrimento", "Que eu me sinta seguro e confortável", "Que eu seja mantido em bondade amorosa", "Eu sinto muito e eu te amo" ou qualquer prece que lhe traga alívio e conforto. Sinta que o calor do seu toque está ajudando a comunicar a bondade da prece.

Depois de algum tempo, traga à mente outros seres que experimentam medo — pessoas que você conhece e o vasto número de seres que você não conhece. Lembre-se de que, embora as histórias possam divergir, nossa experiência humana de medo é a mesma. Comece a inspirar em nome de todos aqueles que compartilham este sofrimento, permitindo-se receber a intensidade e plenitude da sua dor no seu coração. À medida que você expira, libere esta enormidade de sofrimento no espaço ilimitado, oferecendo a todos os que sofrem compreensão, paz, cuidado ou o que quer que você mais deseje. Conforme o seu coração se abre para a verdade do nosso sofrimento compartilhado, você se torna aquele espaço de cura aberto. À medida que você oferece o seu cuidado e a sua prece, sua consciência passa a ser inundada por compaixão. Continuando a inspirar o sofrimento e expirar carinho, sinta que o seu coração vasto e terno pode conter os medos deste mundo.

Ajustando a sua meditação ao seu estado mental: se você se sentir fechado ou entorpecido, foque na inspiração e em entrar em contato com as sensações físicas do medo. Por outro lado, se o medo parecer "demais", enfatize a expiração — soltar para a abertura e segurança, focando nas frases de bondade amorosa e/ou nas sensações da sua mão sobre o seu coração. Também pode ajudar abrir os olhos ou ouvir os sons à sua volta. Com o tempo, você vai descobrir um equilíbrio entre estar em contato com o medo e se lembrar da abertura e do amor.

O papel da respiração: embora a respiração possa ser um apoio poderoso nesta prática, o essencial é receber ou ser tocado pela experiência e então soltar em um campo maior de amor e consciência.

Se focar na respiração te distrai ou dificulta a prática, sinta-se livre para simplesmente focar nessas qualidades da presença.

O papel do toque: o autotoque pode ajudá-lo a entrar em contato com a sua experiência e despertar o carinho. Experimente variar a localização da sua mão, a pressão e duração do toque para encontrar o que serve melhor para a sua meditação.

Ao longo do dia: o medo frequentemente nos pega em situações onde não somos capazes de tirar um tempo para meditar, mas podemos fazer uma breve versão desta prática que vai nos ajudar a entrar em contato e curar nossos sentimentos conforme eles surgem. Desta forma, a energia não fica enterrada nem começa a apodrecer.

Usando a sua respiração (se você assim escolher), inspire e se permita tocar as sensações de medo; expire e solte no espaço a sua volta, oferecendo ao medo abertura e bondade amorosa. Se você sentir que ajuda, coloque a mão gentilmente sobre o seu coração. Note o que acontece quando você amplia a sua atenção para lembrar e respirar por outros seres que também estejam lutando com o medo.

Se o medo for realmente forte: assim que você ficar consciente dos pensamentos e sentimentos de medo, pare por um momento e respire profundamente algumas vezes. Com cada expiração, veja se é possível relaxar áreas de tensão óbvias, suavizando o rosto, deixando os ombros caírem para trás e para baixo e liberando a tensão nos seus braços e mãos.

Agora ofereça em silêncio essas palavras a si mesmo:

Este é o sofrimento do medo.
O medo é parte de estar vivo.
Outras pessoas experimentam isso também... eu não estou sozinho.
Que eu seja gentil comigo mesmo... que eu dê a mim mesmo a compaixão de que preciso.

Esses lembretes ao trabalhar com o medo são muito similares às frases que a autora e professora Kristin Neff recomenda para trabalhar com todas as formas de sofrimento. Quando você os tiver repetido várias vezes, entre novamente na atividade em que estava antes com a intenção de pensar em si mesmo com carinho. Essa prática simples pode guiá-lo para uma presença clara e afetuosa e ajudá-lo a encarar o seu dia com mais confiança.

10 . Autocompaixão: largando a segunda flecha

No momento em que você vir como é importante amar a si mesmo, vai parar de fazer os outros sofrerem.
BUDA, SAMYUTTA NIKAYA

Eu nunca me culpo quando não estou rebatendo. Eu apenas culpo o taco, e se ele continua, eu apenas troco de taco... afinal, se eu sei que não é minha culpa eu não estar acertando, como eu posso ficar com raiva de mim mesmo?
YOGI BERRA

O Buda uma vez perguntou a um aluno, "Se uma pessoa for atingida por uma flecha, é doloroso?" O aluno respondeu, "É". O Buda, então, perguntou, "Se a pessoa for atingida por uma segunda flecha, é ainda mais doloroso?" O aluno respondeu outra vez, "É." O Buda explicou: "Na vida, não podemos controlar a primeira flecha. No entanto, a segunda flecha é a nossa reação à primeira. E com esta segunda flecha vem a possibilidade da escolha."

A primeira flecha é o nosso condicionamento humano a nos apegar ao conforto e ao prazer, e a reagir com raiva ou medo à experiência desagradável. É uma lição de humildade descobrir que a força de vontade frequentemente não é páreo para essas energias primitivas. Nós acreditamos que deveríamos ser capazes de controlar nossas emoções "negativas", então elas simplesmente nos invadem e dominam nossas psiques. Achamos que deveríamos ser capazes de parar com os nossos pensamentos obsessivos ou comportamentos compulsivos, mas os ensaios ansiosos, os desejos por comida ou atenção, nos perseguem ao longo de todo o dia.

A segunda e mais dolorosa flecha é a nossa reação a esses "fracassos". Às vezes, a nossa autoaversão é sutil; não estamos cientes de como ela nos enfraquece. Contudo, muitas vezes ela não é tão sutil

— nos odiamos pela forma como ficamos inseguros e perturbados, por estarmos cansados e sermos improdutivos, por nossos vícios em álcool e outras substâncias. Em vez de prestarmos atenção às emoções difíceis (e algumas vezes originadas de traumas) por baixo da primeira flecha, atiramos em nós mesmos a segunda flecha da autoculpa.

Despertar a autocompaixão é muitas vezes o maior desafio que as pessoas enfrentam no caminho espiritual. Os alunos me procuram com problemas complexos — vícios, desavenças familiares, ansiedade de desempenho incapacitante, um filho com problemas. No entanto, quando começamos a investigar, eles descobrem que a dor mais profunda está relacionada ao modo como eles estão se sentindo sobre si mesmos — ao modo como eles estão se condenando por seus desejos, sua raiva, sua inadequação no trabalho ou nos relacionamentos.

Quando estamos viciados na mensagem da segunda flecha — "Eu basicamente não sou bom" —, nos tornamos duros e impiedosos conosco. Estamos tentando vencer as nossas fraquezas e mudar para melhor, ainda assim o efeito é reconfirmar a nossa convicção de que somos intrinsecamente imperfeitos. Aquela sensação básica de maldade então prepara a próxima rodada de agressão, para a atitude de defesa ou de paralisia que sustenta o nosso sofrimento. Atacar a nós mesmos é um falso refúgio doloroso.

A boa notícia é que nós realmente temos alguma escolha em relação à segunda flecha. Podemos parar de nos atacar em função do modo como nos sentimos, pensamos e agimos. Podemos aprender a reconhecer quando estamos em guerra com nós mesmos e a decidir parar e aprofundar a nossa atenção. Podemos nos permitir entrar no portal do amor.

Viciado na autoculpa

Sam se odiava pela sua raiva. No escritório em que ocupava uma posição de chefia, era conhecido por ser exigente, impaciente e perfeccionista. Ele tinha tolerância zero com desculpas e queria suas ordens executadas de forma rápida e eficiente. Quando isso não acontecia, lançava acusações de incompetência ou apatia. Não era muito diferente em casa. Quando a filha chegou tarde em casa de um concerto, ele teve um ataque de cólera, gritando e xingando até que ela correu para o quarto e trancou a porta. Quando sua esposa, Jennie, cometeu um erro no pedido de bufê para a festa de fim de ano, ele explodiu com ela na frente da equipe de entrega.

Algumas vezes, em especial com a esposa e a filha, ele mais tarde se sentia envergonhado e enojado consigo mesmo por perder o controle. Ele tentava se desculpar e encontrar uma forma para compensá-las. Mas o fato de se sentir mal sobre si mesmo só parecia levá-lo à próxima explosão. Quando provocado, se sentia "injustiçado" e com uma raiva autojustificada. Alguém estava atrapalhando o que precisava acontecer; alguém estava estragando tudo. Ele estava sendo intencionalmente enfraquecido, desrespeitado.

Sam sabia que precisava de uma forma de se acalmar. Quando soube, por um colega, a respeito de um programa de redução de estresse baseado em atenção plena (MBSR –*Mindfulness Based Stress Reduction*) que o ajudara a diminuir a sua ansiedade e insônia, Sam providenciou um programa similar para a sua empresa. A meditação da atenção plena apresentou Sam a um lado novo dele mesmo. Ele se deu conta do contraste entre momentos quando ele estava sentado atentamente, ciente da sua respiração, de sons e sensações, e as ocasiões (a maior parte da sua vida) em que ele corria para todos os lados, preso à agitação e à raiva reativa. Como ele me disse mais tarde, "É como se eu fosse duas pessoas completamente diferentes!"

Sam começou a vir regularmente às minhas aulas semanais, na esperança de que as palestras e meditações guiadas o ajudassem a ficar mais relaxado. Depois que aprendeu a prática de fazer uma pausa atenta, Sam tentou parar em certos momentos do dia de trabalho — quando ele sentava pela primeira vez à sua mesa de trabalho pela manhã, cada vez que desligava o telefone, um pouco antes de entrar em uma reunião — para se reconectar com a sua respiração e os seus sentidos. Uma noite ele me disse que quando conseguia se lembrar de parar, era "como mágica... uma chance para ficar centrado." Mas, quando o seu temperamento flamejava, ele dizia, "Eu sou um louco e qualquer coisa a ver com meditação pertence a outra galáxia."

Ainda assim, Sam persistia e, depois de seis meses de aula, se inscreveu para um retiro de uma semana. Quando nos encontramos no meio da semana para uma entrevista particular, ele entrou rapidamente na sala, se sentou e foi direto ao ponto: "A atenção plena me coloca em contato com odiar a mim mesmo, Tara. Com a repugnância. Aqui estou eu, um cara que tem tanto — trabalho estimulante, facilidade financeira, uma família fantástica —, e fico agindo como um completo idiota." Ele cruzou os braços e encostou com força na cadeira. "Eu estou magoando as pessoas com a minha raiva... pessoas que eu amo." Depois de um silêncio ele continuou. "Só tem uma coisa que importa. Eu tenho que me livrar desse animal violento dentro de mim... eu odeio a pessoa em que me transformei."

Sam não poderia ter expressado o nosso dilema humano de forma mais clara. Além dos muitos alvos do nosso autojulgamento, está o mesmo sentimento central: aversão a um eu imperfeito.

Muitos de nós nos agarramos aos nossos pensamentos condenatórios como uma forma de nos controlar e esperançosamente melhorar. Sempre que ensino sobre aceitação e perdão, a mesma pergunta surge: "E se eu estiver destruindo a minha vida com a minha compulsão por comida... isso não é errado?" "E se eu realmente estiver machucando alguém... isso não é ruim?" "Por que eu deveria me livrar da culpa?" Em outras palavras, o autoperdão é apenas uma forma de perdoar a nossa sombra, de desviar o olhar das partes do nosso ser que mais precisam ser arrancadas pela raiz e eliminadas? É resignação? Se nós nos perdoamos, perdemos a nossa única chance de mudar?"

Respondi ao Sam com uma pergunta diferente: "Odiar a fera a torna menos raivosa?" Balançando a cabeça, ele se rendeu com um sorriso. À medida que continuamos a conversa, eu assegurei ao Sam que, quando falo sobre autoperdão, não quero dizer que deveríamos nos desculpar pelo nosso comportamento danoso ou nos dar permissão para nos comportarmos mal. Em vez disso, a intenção é soltar o ódio de nós mesmos que fecha o nosso coração e contrai a nossa mente.

O primeiro passo para nos libertar é parar quando estamos presos em autoculpa e aprofundar a nossa atenção. A tarefa do Sam nos próximos dias seria investigar os momentos em que ele se virava contra si mesmo.

"Não é culpa sua... de verdade"

Dois dias mais tarde, Sam compartilhou o que ele tinha descoberto. "Todas as segundas flechas pareciam picadas de agulha até que eu pensei na Jennie." Ele respirou profundamente algumas vezes, se preparando para me contar mais. "Duas semanas atrás ela fez uma mamografia que mostrou lesões suspeitas. A biópsia foi em uma terça, os resultados deveriam sair na sexta. Mas, sexta à tarde, quando eu cheguei em casa do trabalho, a primeira coisa que eu vi foi um pacote que eu queria que ela colocasse no correio e que ainda estava no corredor. Senti uma onda de raiva e comecei a gritar, me esquecendo completamente dos resultados do teste." Ela parou, seus olhos se encheram de lágrimas. "A expressão dela... eu nunca vou esquecer. Ela desmoronou." Sam começou a soluçar. "Tara", ele disse, sua voz sufocando, "eles descobriram cedo, eu acho que ela vai ficar bem. Mas e o coração dela? Como eu pude fazer aquilo?"

Sam me disse que quando pensou na Jennie durante uma das meditações, ele teve que sair da sala imediatamente. "Voltei para o meu quarto e desmoronei. Eu chorava e dizia: 'Eu não consigo evitar,' repetidamente, como se eu estivesse tentando fazê-la entender e me perdoar. E então subitamente eu ouvia a voz do meu pai, implorando à minha mãe para perdoá-lo depois que ele se descontrolava. Ele despedaçou cinco taças de vinho — bateu com elas uma após a outra nos armários da cozinha. Eu estava em pé na porta — mais ou menos com uns 11 anos —, ele nem mesmo sabia que eu estava lá. Tantas vezes, ele se descontrolou... comigo, com o meu irmão mais novo, com a minha mãe, gritando no telefone com quem quer que estivesse do outro lado. Você nunca sabia o que viria." Sam respirou fundo e balançou a cabeça. "Eu entendi, Tara. Eu o odiei na juventude. Eu me lembro de estar na faculdade, no primeiro ano, escrevendo uma carta para ele o condenando por não mudar. Mas ele realmente não conseguia se controlar. Era como se ele estivesse sob o efeito de alguma droga, totalmente entregue à fúria. E ele se desprezava também." Sam parou de falar e olhou para o chão. Então, disse suavemente, "Quando eu entendi aquilo, eu soube que eu também não conseguia evitar... acho que eu *devia* ser diferente, mas isso simplesmente acontece. Eu não consigo evitar."

Fiquei em silêncio por alguns momentos, respeitando a percepção dele. "Sam... o que você viu — sobre o seu pai e você mesmo — é verdade. A raiva descontrolada não é culpa sua." Então parei e me repeti. "*Não é culpa sua... de verdade.*" Os olhos do Sam se encheram de lágrimas e eu continuei. "Por favor, saiba... você pode aprender a ser responsável — capaz de responder diferentemente —, mas isso será possível apenas se você entender que você não é culpado."

Eu tenho dito isso para muitas pessoas, incluindo a mim mesma, e sei que ajuda. É porque alguma sabedoria bem dentro de nós sabe que isso é verdade. Seríamos melhores se pudéssemos. Não queremos estar presos em emoções dolorosas e não queremos causar sofrimento aos outros.

O Buda ensinou que a primeira flecha — as coisas sobre nós mesmos que trazem vergonha e repugnância — está na maioria das vezes fora do nosso controle. As nossas deficiências são formadas e sustentadas por inúmeras forças. Muitos de nós nascem com tendências genéticas para a ansiedade, agressão ou depressão; somos criados em culturas que estão acometidas pelo vício e pela violência, pela fraude e pela ganância. O nosso meio ambiente é cheio de poluentes que afetam o nosso sistema nervoso de inúmeras e desconhecidas formas. Nossas famílias de origem são muitas vezes assaltadas por dificuldades financeiras, por conflito e desentendimento, por traumas trazidos por gerações. E, fundamentalmente, o modo como tratamos aos outros e a nós mesmos é moldado pela maneira como nossos cuidadores nos trataram. Alguma ação combinada destas forças gera a primeira flecha de emoções dolorosas e comportamentos compulsivos.

Se ficarmos atentos a como a nossa experiência surge de um conjunto complexo de causas, estamos no limite de um *insight* importante: *as emoções convincentes que moldam a nossa autopercepção são na verdade impessoais.* Assim como nevascas ou enchentes recorrentes não têm como alvo uma fazenda em particular, o nosso clima emocional interno não é propriedade nossa, nem é controlado por este corpo e mente em particular. Em vez disso, ele surge de causas que estão além da nossa existência individual.

Às vezes, introduzo essa ideia de impessoalidade apontando para uma estátua de bronze no salão de meditação onde eu dou aula. Anos atrás, outro professor e eu decidimos achar o Buda perfeito para a nossa comunidade. Depois de olhar muitas estátuas, nós selecionamos esta pela sua graça e simplicidade. O Buda foi colocado em um altar na entrada e eu me lembro como eu fiquei feliz quando os alunos vieram depois da aula para olhar de perto. Mas então eu notei que alguns deles gesticulavam e inclinavam a cabeça para a esquerda. Eu me juntei a eles e um deles apontou que nosso novo Buda estava inclinado. Com certeza, esse era um Buda imperfeitamente moldado e desequilibrado! Por sorte, a nossa comunidade abraçou o Buda inclinado como seu e a estátua se tornou um lembrete de que somos todos moldados por forças que estão além do nosso controle. Somos imperfeitos e não podemos evitar isso.

Mesmo um gostinho dessa verdade, um sussurro de "Não é minha culpa," solta a identificação com a autoculpa e nos permite ter mais compaixão pela nossa experiência real. Se nós conseguirmos parar de condenar a nossa imperfeição, podemos nos reconectar com o calor curativo dos nossos corações de Buda. E isso abre a porta para a mudança.

SOLTANDO A SEGUNDA FLECHA

Sam entendeu que precisava parar de se culpar e se odiar, mas ele não sabia por onde começar, ou mesmo se era possível. "O sentimento de ser mau é algumas vezes tão forte... eu simplesmente não sei se posso me perdoar pelo que fiz à minha esposa, à minha filha..."

"Nós em geral não conseguimos nos perdoar imediatamente," respondi. "É um processo que leva o seu próprio tempo. O que é importante agora é a sua intenção de se relacionar consigo mesmo com *compaixão*, com gentileza."

Sam e eu concordamos em terminar o nosso encontro com uma meditação guiada simples. "Volte àquela situação com a sua esposa, quando você primeiro entrou pela porta," sugeri, "e tente se lembrar do que provocou a raiva." Ele assentiu. "Agora apenas deixe a raiva estar lá... reconhecendo-a atentamente e permitindo. Sinta onde ela está no seu corpo e a convide a estar o mais inteira possível." Esperei alguns momentos e, quando eu vi a respiração do Sam ficar curta e seu rosto ficar vermelho, perguntei, "Da perspectiva da raiva, o que é tão perturbador?"

Sam disparou de volta, "Ela está chateada porque a Jennie não fez o que eu pedi para ela fazer."

"E qual é a pior parte disso? Perguntei. Agora ele respondeu mais devagar. "Bem... por trás da raiva tem um sentimento de que eu não sou importante para ela e... nem respeitado." Ele parou, e disse: "Que não ligam para mim. Algo como... ela me humilhou. Se ela me respeitasse e se importasse comigo, quereria me ajudar." Ele parou de novo e então disse, "Tem também um sentimento de constrangimento ou vergonha, como se devesse haver algo errado comigo por ela não querer fazer as coisas para mim."

Espelhei de volta o que ele tinha falado. "Então... por trás da raiva tem um sentimento de não ser respeitado ou cuidado... e alguma *vergonha* por isso... isso significa que alguma coisa deve estar realmente errada com você." Sam assentiu devagar, assimilando a realidade da sua insegurança.

"Ok, agora tire uns momentos para ver a si mesmo através dos olhos de um amigo, alguém que realmente se importa com você e entende que você está se sentindo humilhado e envergonhado." Parei para dar ao Sam um tempo para trazer isso à mente.

"Agora," falei, "com esse tipo de visão, comece a oferecer a si mesmo algumas palavras de perdão e compaixão. Pode ser 'Eu te perdoo' ou 'perdoado, perdoado' ou talvez 'eu me importo com esse sofrimento.' Ofereça quaisquer palavras que comuniquem entendimento e carinho." Sam praticou em silêncio por vários minutos e, quando abriu os olhos, eles estavam calmos e brilhantes. "Alguma coisa se abriu e surgiu espaço", ele me disse. "Era como se o meu coração estivesse abraçando a parte de mim que fica com raiva, o lugar que é inseguro... e abraçando o meu pai também."

Nós nos sentamos em silêncio juntos por algum tempo, apreciando esse espaço de bondade e presença. Antes de sair, Sam disse, "Pela primeira vez, estou me sentindo terrivelmente imperfeito, mas não *mau*. A raiva é parte da mistura, mas eu estou mais..." Ele me deu um olhar pensativo e bateu no seu coração. "Eu acho que estou me abrindo para a possibilidade de que há um ser humano decente aqui." Sam e eu trabalharíamos juntos por muitos meses, mas, na abertura para a bondade interior naquele momento, ele tinha começado a experimentar a liberdade de um coração que perdoa.

Vendo além das nossas falhas

Entrar em contato com a verdade do nosso próprio sofrimento é o que abre o coração para a autocompaixão e o perdão. Para o Sam, esse reconhecimento veio quando ele descobriu os sentimentos que alimentavam a própria raiva. Para a Vanessa, detenta numa prisão de segurança máxima, ele foi despertado pela primeira vez por um poema.

Vanessa participou de um curso de meditação budista dado por uma das minhas amigas. Com mais de um metro e oitenta, era uma mulher poderosa e forte com cabelos pintados de vermelho vivo e tatuagens por todo o corpo. Conhecida na sua ala como uma valentona, ela protegia algumas mulheres e implacavelmente insultava e intimidava outras. Durante as aulas de meditação, enquanto outras participantes se juntavam às discussões, ela apenas ficava sentada, silenciosa e carrancuda. Mas nunca perdeu uma aula durante o curso de oito semanas. Na última aula, minha amiga pediu um *feedback*. Depois que as outras falaram, ela se virou para Vanessa. "Bem", ela começou incerta, "eu não consegui seguir algumas daquelas palavras budistas." Então ela olhou em volta, quase timidamente. "Qual era aquela... budisat..." A instrutora disse, "Ah, você quer dizer bodisatva — um ser desperto, com compaixão?" "É", disse Vanessa. "Aquela. Eu gostei dela... e daquele poema sobre o pirata."

O pirata apareceu em um poema de Thich Nhat Hanh que a minha amiga tinha lido na aula anterior:

> *Sou a menina de doze anos,*
> *refugiada num pequeno barco,*
> *que se atira ao mar*
> *depois de ser violentada por um pirata.*
> *E eu sou o pirata, com o coração ainda incapaz de ver e amar.*

"Então, isso me fez pensar... me fez saber alguma coisa", Vanessa disse. Ela falou tão suavemente que todos precisaram se esforçar para ouvi-la. "Eu sempre pensei que eu fosse má, a problemática, aquela que fez os outros sofrerem. Agora eu sei que *eu estou sofrendo também*." Vanessa tinha lágrimas nos olhos, mas a maioria das pessoas olhava para o chão, apenas respeitando as palavras dela.

Depois que aquele grupo terminou o curso, minha amiga continuou a ensinar na prisão, e ela soube que a Vanessa mudara de uma forma profunda. Ela não era mais uma valentona. Ela era uma pessoa mais triste e mais quieta, lentamente lidando com o próprio sofrimento.

Quando ouvi a história da Vanessa, me lembrei de uma fala de uma música religiosa afro-americana que sempre me emocionou: "Deus olha além da nossa falha e vê a nossa necessidade."

E se pudéssemos reconhecer as nossas falhas e olhar para ver o que há além delas? E se pudéssemos ver, com grande ternura, as dolorosas necessidades não atendidas que moldaram o nosso comportamento? Para muitos de nós, esse processo é o trabalho de uma vida, um trabalho que requer o apoio ativo de pessoas amadas, terapeutas, mestres espirituais ou tutores. Ainda assim, ele começa no momento em que estamos dispostos a olhar para nós mesmos através dos olhos da compaixão.

Um coração de mãe

Marge, uma mulher da nossa comunidade de meditação, estava em um impasse doloroso com o filho adolescente. Aos 15 anos, Micky estava em uma espiral descendente de faltar aulas e usar drogas, e acabara de levar uma suspensão por fumar maconha na escola. Embora a Marge se culpasse — ela era a mãe, afinal de contas —, também estava furiosa com o filho. Os *piercings* que ela não tinha aprovado, as mentiras, o cheiro de cigarro, os fones de ouvido que o mantinham isolado no seu próprio mundo — toda interação com o Micky fazia com que ela se sentisse impotente, com raiva e medo. E, quanto mais tentava assumir o controle com críticas, com "castigos" e outras formas de colocar limites, mais arredio e desafiador o Micky se tornava.

Quando a Marge veio para uma sessão de aconselhamento, me disse, "Já se passaram meses desde que o meu filho e eu tivemos uma conversa civilizada. Basicamente, ele não fala comigo." Mas ela queria sobretudo que eu soubesse o quanto a situação toda era de fato culpa dela. Advogada com um escritório importante, a Marge sentia que tinha deixado a carreira interferir em uma maternidade atenciosa. Ela tinha se divorciado do pai do Micky quando ele estava entrando no jardim de infância, e seu novo parceiro, Jan, tinha vindo morar com eles muitos anos mais tarde. Na maioria das vezes, era o Jan, e não a Marge, que participava nas reuniões de pais e nos jogos de futebol, era Jan que estava lá quando Micky chegava da escola. Recentemente o estresse tinha aumentado quando um novo cliente aumentou as horas de trabalho e demandas da Marge.

"Eu queria ter estado mais disponível para ele", disse ela. "Quero dizer, eu o amo, eu tentei, mas agora é impossível me aproximar dele. Tara, eu estou com tanto medo de que ele transforme a vida dele em um desastre." Eu ouvi o desespero na voz dela, e, quando ela terminou, a convidei a sentar em silêncio por alguns minutos. "Você pode notar quaisquer sentimentos de que esteja ciente... e, quando você estiver pronta, dê nome a eles em voz alta." Quando ela falou de novo, a voz da Marge era monótona. "Raiva — dele, de mim, vai saber. Medo — ele está arruinando a vida dele. Culpa, vergonha — tanta vergonha por estragar tudo como mãe." Quando ela abordou a vergonha, sua voz ficou baixa, quase inaudível.

"Marge", falei suavemente, "vamos tirar um tempo e investigar a vergonha... tudo bem?" Ela assentiu. "Você pode começar concordando em deixá-la estar lá e sentir onde você a sente mais no seu corpo." Outra vez, ela assentiu e, alguns momentos mais tarde, colocou uma das mãos no coração e outra na barriga. "Bom," eu disse. "Continue se deixando sentir a vergonha e sinta se há alguma coisa que ela queira dizer. O que ela está acreditando sobre você, sobre a sua vida?"

Passou algum tempo até que a Marge falasse. "A vergonha diz que eu decepciono todo mundo. Eu estou tão fixada em mim mesma, no que é importante para mim. Não é só o Micky... é o Jan... e o Rick [seu ex-marido]... e a minha mãe... e... eu sou egoísta e ambiciosa demais... eu desaponto todas as pessoas de quem eu gosto." Ela parou e se recostou pesadamente no sofá.

"Há quanto tempo você vem se sentindo assim... que você decepciona todo mundo?", perguntei. Balançando a cabeça, ela disse: "Desde que eu me lembro de mim. Mesmo quando era uma menininha. Sempre senti que estava falhando com as pessoas, que eu não merecia amor. Então agora eu corro tentando realizar coisas, tentando ser valorizada... e eu acabo falhando com aqueles a quem mais amo!"

"Tire um momento, Marge, e deixe o sentimento de falhar com as pessoas, de não ser merecedora de amor, ser tão intenso quanto ele realmente é." Eu parei, e depois de uns momentos ela disse, "É como um sentimento dolorido puxando o meu coração."

"Agora," eu disse, "sinta como é saber que mesmo quando você era uma menininha — desde que você se lembra —, você vivia com esta dor de não merecer amor, vivia com este puxar dolorido no seu coração. Sinta o que isso fez com a sua vida." Marge ficou muito quieta e então começou a chorar baixinho.

Marge estava experimentando o que eu chamo de "tristeza da alma", a tristeza que surge quando somos capazes de sentir a nossa existência temporária, preciosa, e encarar diretamente o sofrimento que surgiu por deixarmos a vida passar. Reconhecemos como a nossa autoaversão nos impediu de estar próximos de outras pessoas, de expressar e deixar o amor entrar. Vemos, às vezes com uma clareza impressionante, que nos afastamos da nossa própria criatividade e espontaneidade, de estarmos completamente vivos. Lembramo-nos de momentos perdidos quando poderia ter sido diferente e começamos a sofrer pela nossa vida não vivida.

Essa tristeza pode ser tão dolorosa que nós inconscientemente tendemos a nos afastar dela. Mesmo se começarmos a tocar a nossa tristeza, muitas vezes a enterramos, voltando outra vez para a vergonha — julgando o nosso sofrimento, assumindo que nós, de alguma forma, merecemos isso, dizendo a nós mesmos que os outros têm "sofrimento real" e nós não deveríamos nos encher de pena de nós mesmos. *Nossa tristeza da alma é completamente revelada somente quando entramos em contato com a nossa dor de uma forma direta e atenta.* Ela se revela quando ficamos no lugar e reconhecemos plenamente que este ser humano está passando por um momento difícil. Em tais momentos, descobrimos um afloramento natural de compaixão — a ternura do nosso próprio coração pronto para perdoar.

Quando o choro da Marge diminuiu, sugeri que ela perguntasse ao lugar da tristeza o que ele mais queria. Ela soube imediatamente: "Confiar que eu sou merecedora de amor na minha vida."

Eu a convidei para novamente colocar uma mão no coração e uma mão na barriga, deixando a pressão gentil das mãos transmitir carinho. "Agora sinta qualquer mensagem que mais ressoe para você e a envie para dentro de você. Permita que a energia da mensagem lhe invada e conforte todos os lugares do seu ser que precisam ouvi-la."

Marge se sentou muito quieta, seu rosto concentrado. Depois de alguns minutos, ela respirou profundamente algumas vezes e descansou as mãos no colo. Sua expressão estava serena, sem defesa. "Parece correto, Tara", ela disse calmamente, "ser gentil com o meu próprio coração dolorido." Marge tinha olhado além das suas falhas para as suas necessidades. Ela estava se curando com compaixão.

Antes de ela sair, sugeri que parasse sempre que estivesse ciente da culpa ou da vergonha e tirasse um momento para se reconectar com a autocompaixão. Se ela estivesse em um lugar privado, poderia gentilmente tocar no coração e na barriga e deixar aquele contato aprofundar a comunicação com a sua vida interior. Também a encorajei a incluir a prática de *metta* (bondade amorosa) para ela mesma e para o filho na sua meditação diária: "Você vai ver que a autocompaixão vai te abrir para se sentir mais amorosa." Os olhos da Marge brilharam com lágrimas, e eu pude senti-la desejando despertar o coração dela.

Seis semanas mais tarde, Marge e eu nos encontramos de novo. "Algo aconteceu", ela me disse, "algo que eu não teria pensado ser possível." No fim da sua meditação diária, Marge fazia um pouco de *metta* para si mesma. Ela se lembrava da sua honestidade, sua sinceridade, seu desejo de amar mais. Então, ela se oferecia votos, na maioria das vezes recitando, "Que eu me aceite exatamente como eu sou... que eu seja preenchida por bondade amorosa, abraçada pela bondade amorosa," Depois de alguns minutos, ela então trazia o Micky à mente: "Eu via como seus olhos se acendem quando ele fica animado... e como ele parece feliz quando ri. Então eu dizia, 'Que você se sinta feliz... que você se sinta relaxado e à vontade... que você sinta o meu amor agora.' Com cada frase eu o imaginava... feliz... relaxado... se sentido abraçado pelo meu amor."

A interação deles começou a mudar. Ela saia cedo nas manhãs de sábado para buscar seus *bagels* preferidos antes de ele acordar. Ele levava o lixo para fora sem ninguém pedir. Juntos, eles assistiram a vários episódios de *"The wire"* na TV. Eles riram juntos quando o velho golden retriever teve um "momento de filhote", brincando com um cachorro da vizinhança. "E então", Marge me contou, "há algumas noites, ele entrou no meu escritório em casa, sentou-se confortável no sofá e disse casualmente, 'E aí, mãe? Pensei em ver como você está.'"

"Não foi exatamente uma conversa extensa", ela disse com um sorriso. "Ele de repente se levantou... me disse que tinha que encontrar uns amigos no shopping. Mas estamos mais à vontade... uma porta se reabriu." Marge ficou pensativa por alguns momentos e disse, "Eu entendo o que aconteceu. Soltando a culpa — a maior parte da qual eu estava direcionando a mim mesma —, eu criei espaço para nós dois no meu coração." Marge me deu um olhar melancólico. "Eu queria ter visto isso antes... mas não é tarde demais."

QUANDO NÓS CAUSAMOS DANO

O comediante Jack Handey, do programa *Saturday Night Live,* uma vez escreveu: "Aprendi a me perdoar. Disse a mim mesmo: 'Vá em frente e faça o que quiser, está tudo bem para mim.'" Isso apenas captura os nossos medos sobre autoperdão, a caixa de Pandora vai se abrir, soltando nossos instintos mais vis e destrutivos. Certamente, há falsas formas de autoperdão — ignorar o sofrimento que causamos, justificar nosso apego e nossa agressão — que são autoindulgentes mesmo à custa da dor dos outros. Mas autocompaixão e perdão são saudáveis quando emergem de um compromisso honesto com o nosso próprio sofrimento.

Como a Marge estava descobrindo, a autocompaixão é inteiramente interdependente com agir de forma responsável e carinhosa com os outros. O fato de nos perdoarmos prepara o caminho para uma presença amorosa que pode apreciar a bondade alheia e responder ao sofrimento e às necessidades deles. E, por sua vez, a nossa forma de nos relacionarmos com os outros afeta o modo como pensamos sobre nós mesmos e contribui para o nosso processo de autoperdão. Observei esse processo se desdobrar no Sam.

Um mês após o nosso retiro, Sam me encontrou para uma sessão particular e me contou de um incidente recente. Ele tinha comprado ingressos para um concerto no Kennedy Center e, na hora em que ele e sua esposa tinham combinado de sair, ela ainda não tinha chegado em casa. Nenhuma mensagem e ela sequer atendia o celular. Quando ela chegou correndo, dez minutos depois, o Sam estava, como ele disse, "em modo louco". "Ela se desculpou, me disse que seu telefone estava descarregado, tráfego... e tudo mais... mas eu ainda assim queria atacar. Quero dizer, ela sabia que sair na hora era importante para mim. Se eu fosse importante, ela teria se preocupado em chegar na hora!"

Mas Sam tinha se forçado a ficar quieto — uma parte dele queria magoá-la, mas uma parte mais profunda sabia que não deveria. Durante o trajeto de carro para a cidade, ele observou sua raiva e os sentimentos subjacentes de ser desconsiderado, de achar que suas necessidades não tinham importância. "Conforme eu dizia para mim mesmo 'perdoado, perdoado', os sentimentos se transformaram em impotência — eu não podia controlá-la, eu não podia me controlar —, e então em vergonha. Eu continuei tentando ser gentil e perdoar o que estava surgindo em mim. Era como o clima... apenas acontecendo."

Em algum momento durante o concerto, ele olhou de relance para a esposa e notou a sua atenção extasiada, aberta e bela. A tempestade tinha passado. De volta em casa, tarde naquela noite, ela se aconchegou a ele na cama. "Eu sei o quanto você vem tentando," sussurrou. "Eu costumava ter tanto medo das suas explosões, mas só de saber que você está ciente me faz sentir mais segura." Para o Sam, as palavras da Jennie e sua compreensão foram um bálsamo de cura. "Eu ainda vou explodir", ele me disse, "mas ela confia mais em mim e eu estou começando a confiar em mim mesmo também. Estou aprendendo a encontrar algum espaço entre mim e a minha raiva, aprendendo a me relacionar com ela... e é aí que estão as escolhas."

O DESEJO DE FAZER REPARAÇÕES

Nós somos profundamente marcados pelo sofrimento que causamos aos outros. Essa marca é algumas vezes sentida como vergonha, culpa ou remorso, e é a sensibilidade do nosso coração nos chamando a atenção. Nos ensinamentos budistas, tal sensibilidade pode ser inteligente e saudável — ela tem um papel importante no despertar e na libertação dos nossos corações. Em contraste ao nosso hábito de bater em nós mesmos, a vergonha saudável é um sinal de que nos desviamos dos nossos valores de vida mais profundos — ela chama a atenção para uma percepção contraída e diminuída do eu —, e ela pode nos energizar para nos realinharmos com nossos corações. Da mesma forma, a culpa foca a atenção nas nossas ações inábeis e pode nos levar a admitir nossos erros e corrigi-los da forma como formos capazes.

O autoperdão não pode ser completo até que tenhamos feito alguma reparação para aqueles que prejudicamos. Fazer reparações não tem como objetivo satisfazer a um padrão externo de moralidade. Mais do que isso, é uma expressão da nossa integração ao mundo e aos nossos próprios corações. O desejo de fazer reparações surge quando temos a coragem de encarar a realidade do nosso impacto nos outros. Ele surge quando nossos corações anseiam por aliviar seus sofrimentos ou, como o Sam, quando nos dedicamos a não causar o sofrimento. Mesmo se alguém não está mais vivo ou não faz mais parte ativamente das nossas vidas, é possível reconhecer a verdade do seu sofrimento e oferecer a ele ou a ela nossos votos, preces, remorso. Quando assumimos intencionalmente a responsabilidade pelas nossas ações, o aperto rigoroso da autoaversão se afrouxa e voltamos para uma sensação de conexão, paz e tranquilidade. Essa cura está muito próxima ao processo cristão e judeu de expiação. Por meio da expiação dos nossos erros, tornamos a reconciliação possível — com Deus, com o outro ferido e com o nosso coração e o nosso ser.

Encontrei uma linda ilustração desse processo de cura no livro *Offerings at the Wall* (literalmente, "Oferendas no Muro"), que inclui uma seleção de algumas das 90 mil cartas e recordações que veteranos e seus entes queridos deixaram no Memorial para os Veteranos do Vietnã, em Washington, D.C. Em 1989, uma fotografia gasta de um rapaz vietnamita e uma garotinha foi colocada no muro, junto com a seguinte carta:

Prezado senhor,
Por vinte e dois anos eu tenho carregado o seu retrato na minha carteira. Eu tinha apenas dezoito anos naquele dia em que nos encontramos naquela trilha em Chu Lai, Vietnã. Porque o senhor não tirou a minha vida eu nunca saberei... me perdoe por ter tirado a sua vida, eu estava reagindo exatamente da forma como tinha sido treinado... Tantas vezes ao longo dos anos eu tenho olhado o seu retrato com a sua filha. Sempre achei que meu coração e minhas entranhas queimariam com a dor da culpa. Tenho duas filhas agora. Vejo o senhor como um soldado valente, defendendo a sua pátria. Acima de tudo, posso agora respeitar a importância que a vida tinha para o senhor. Suponho que seja por isso que eu sou capaz de estar aqui hoje. Chegou a hora de eu continuar o processo da vida e liberar a dor e a culpa. Me perdoe, senhor.

O homem que escreveu a carta, Richard Luttrell, tinha encarado a enormidade do que significa tirar uma vida. Deixando-se sentir a dor da sua culpa, olhando uma vez e outra para o seu eu amedrontado e reativo — para a pessoa que tinha sido treinada para matar —, Richard encarou a sua própria fragilidade humana. Reconhecendo isso e pedindo perdão, ele estava buscando fazer reparações e libertar o seu coração.

Compartilhei essa história muitas vezes com alunos e, em 2009, descobri que a jornada de Luttrell por perdão não tinha acabado com essa nota comovente. Por intermédio de um companheiro veterano, o retrato tinha voltado a ele e, ao recebê-lo, ele tomou uma decisão: encontraria a filha do retrato e devolveria a foto a ela. Richard viajou para o Vietnã, encontrou a filha e seu irmão, e se apresentou a eles com a ajuda de um intérprete. "Diga a ela que esta é a foto que eu tirei da carteira do pai dela no dia em que eu atirei e o matei, e eu a estou devolvendo." Com a voz embargada, ele pediu perdão a ela. A jovem explodiu em lágrimas e se jogou nos braços de Richard, soluçando. Mais tarde, o irmão dela explicou que ele e a irmã acreditavam que o espírito do pai deles vivia em Richard e que naquele dia tinha retornado para eles.

Para todos nós, o ponto de partida para a cura é a reconciliação com o nosso próprio coração. Seja quando somos incapazes de nos perdoar pelo que parece ser um grande erro ou se estamos presos em autojulgamento crônico, nós estamos em guerra, separados da nossa ternura, do nosso próprio espírito. Se pudermos ver a nossa vulnerabilidade humana além das nossas falhas, estamos no caminho da reconciliação. A nossa autocompaixão vai naturalmente nos levar a nos importarmos com os outros e, talvez, como aconteceu com o Richard, para uma experiência de amor e conexão que nunca teríamos imaginado ser possível.

REFLEXÃO GUIADA: O ESCANEAMENTO DO AUTOPERDÃO

Mesmo quando não estamos abertamente em guerra com nós mesmos, passamos o nosso dia nos julgando pelas maneiras pelas quais sentimos que estamos falhando. Essa prática traz os nossos autojulgamentos à consciência de forma que eles possam ser vistos e liberados. É uma forma especialmente purificadora de terminar o dia. Tente quando você estiver deitado na cama antes de dormir.

Tire alguns momentos para ficar quieto e relaxar quaisquer áreas óbvias de tensão. Respire profunda e lentamente algumas vezes para ajudá-lo a chegar ao seu corpo como um todo.

Agora se pergunte, "Há alguma coisa entre mim e estar confortável comigo mesmo?" (Sinta-se livre para mudar a pergunta de qualquer forma que o ajude a identificar a presença da culpa.) Então pare e veja o que surge no seu corpo e na sua mente. Que histórias de erros você tem contado a si mesmo? — histórias sobre decepcionar os outros, sobre ter mau desempenho no trabalho, de não alcançar seus padrões como pai ou mãe, companheiro, amigo, ser humano.

Se algo surgir, apenas reconheça e ofereça perdão. Você pode gentilmente colocar a mão no coração e sussurrar "perdoado, perdoado" ou "está tudo bem." Relembre a sua intenção de não se afastar do seu coração. Investigue outra vez — há mais alguma coisa que você esteja usando contra si mesmo? Continue assim até que você tenha identificado quaisquer autojulgamentos que você venha carregando. Termine esse escaneamento oferecendo a si mesmo uma prece ou benção, um desejo para a sua própria paz de coração e mente.

Reflexão guiada:
Terminando a guerra contra você mesmo

Muitas vezes, o nosso sentimento mais profundo é a sensação de que alguma coisa que fizemos — algo sobre nós — está fundamentalmente errada e é inaceitável. Encontrar uma forma de estar em paz com as nossas imperfeições humanas é a base de toda a cura.

Encontre uma posição sentada confortável e tire alguns momentos para relaxar as áreas de tensão óbvias no seu corpo. Conecte-se com a sua intenção de abrir o coração para o seu próprio ser. Então traga à mente algum aspecto de si mesmo que pareça imperdoável. Talvez você não possa se perdoar por ser uma pessoa julgadora e controladora, ou pelo modo como você feriu outras pessoas. Você pode não ser capaz de se perdoar pela forma como você está arruinando a sua vida com um comportamento viciado. Você pode sentir desgosto pela sua obsessão mental. O que parece ser tão errado ou mau em relação a esse seu comportamento, emoção ou forma de pensar imperdoáveis? Permita-se sentir a aversão que você tem de si mesmo.

Agora explore mais profundamente o que norteia essa sua parte inaceitável. Se você é viciado em comida, nicotina ou álcool, que necessidades você está tentando satisfazer, que medos você está tentando acalmar? Quando você julga os outros, você está sentindo medo? Se você feriu outra pessoa, você agiu por sofrimento e insegurança? Por necessidade de se sentir poderoso ou seguro? Olhe para si mesmo e para a sua vulnerabilidade como se através dos olhos do amigo, parente ou divindade mais amoroso e compreensivo.

À medida que você fica ciente desses desejos e medos subjacentes, se permita senti-los diretamente no seu corpo, coração e mente. Mesmo que você não goste dos comportamentos, tente abraçar essa vulnerabilidade subjacente com compaixão. Colocando a mão no seu coração, mande uma mensagem sincera de autocompaixão diretamente ao lugar de medo e necessidades não satisfeitas — para a dor que deu origem ao que parece imperdoável. Você pode mentalmente sussurrar, "Eu vejo como causei o meu sofrimento e eu me perdoo agora." Ou você pode simplesmente oferecer a si mesmo as palavras: "perdoado, perdoado."

Encontre o que quer que surja — medo ou julgamento, vergonha ou tristeza — com a mensagem de perdão. Mesmo a resistência em perdoar pode ser encontrada com "perdoado, perdoado." Você pode chamar a presença de alguém que você considere ser profundamente amoroso e compreensivo e sentir a sua compaixão fluindo em você, lhe apoiando. Descubra o que acontece quando você traz um coração que perdoa incondicionalmente para as suas partes que estão feridas e vulneráveis.

Quando você se sente incapaz de se perdoar: *pode estar acreditando que não merece ser perdoado ou ter medo de que, ao perdoar a si mesmo, você vá apenas fazer a mesma coisa de novo. Talvez você esteja com medo de que, se você realmente se abrir para o perdão, vai estar cara a cara com alguma verdade intolerável. Se essas dúvidas e medos surgirem, os reconheça e aceite com compaixão. Então diga a si mesmo, "É minha intenção me perdoar quando eu for capaz." Sua intenção de perdoar é a semente do perdão — esta disposição vai gradualmente relaxar e abrir o seu coração.*

11 . A coragem de perdoar

*Aqueles que são livres de pensamentos rancorosos certamente
encontram paz.*
BUDA

Pulverize-se
Desfaça-se, para que flores silvestres surjam onde você está.
Você foi de pedra por muitos anos.
Tente alguma coisa diferente.
Renda-se.
RUMI

Hakuna, nosso poodle padrão super "alfa" de 40 quilos, odiava os akitas na nossa antiga vizinhança. Se saíssemos para um passeio numa trilha próxima quando o nosso vizinho estava passeando com eles, eu tinha que passar a coleira de Hakuna em volta de uma árvore para mantê-lo firme enquanto ele latia ferozmente e tentava se lançar sobre os outros cães. Mas, depois que passavam, ele retomava seu trote alegre pela floresta. Ele não ficava ruminando sobre "aqueles malditos akitas, pensam que são donos da floresta... aquele rabo enrolado estúpido, aquele pelo extravagante... da próxima vez eu vou mostrar a eles!" Hakuna saía cheirando tudo e aproveitando o dia.

Quando animais ficam com raiva, se arrepiam ou mostram os dentes, atacam, arranham ou mordem. Depois que o encontro acaba, voltam à homeostase — um estado relativamente relaxado. Nós humanos somos diferentes. Em vez disso, nós reprisamos ofensas passadas e antecipamos como os outros poderão nos machucar, criar dificuldades ou nos desrespeitar no futuro. Isso mantém os hormônios da raiva e do medo circulando no nosso corpo e os pensamentos de culpa e vingança girando em nossa mente. O desfecho? Ficamos presos no modo guerreiro, nosso coração blindado, nossa mente estreita. Diferentemente de Hakuna, não estamos livres para apreciar o dia.

A raiva surge quando alguém ou alguma coisa obstrui nossas necessidades ou desejos. Se você está numa autoestrada e outro carro atravessa a sua frente, há um bombeamento de adrenalina na sua corrente sanguínea. Sua frequência cardíaca sobe. A pressão sanguínea aumenta. Respondemos a ameaças não físicas da mesma forma. Se você descobre que o seu parceiro mentiu para você ou se o seu chefe lhe diz que você está despedido, o seu corpo dispara para a resposta luta-fuga-congelamento — uma reação fisiológica instantânea a uma ameaça percebida. Você quer ganhar o controle outra vez, e o caminho da "luta" lhe diz para "ficar quites" ou prejudicar quem quer que seja ou o que quer que seja que você acha que está causando problema.

Como todas as emoções, a raiva é uma parte essencial e inteligente do nosso equipamento de sobrevivência. Nós precisamos da raiva para nos mostrar que os nossos limites foram violados de forma que possamos responder apropriadamente. A raiva nos mostra quando alguma coisa é injusta ou ameaçadora para o nosso próprio bem-estar e o dos outros. É essencial que ouçamos a nossa raiva, mas não precisamos viver com histórias constantes de culpa e ressentimento para nos cuidarmos bem. A menos que estejamos muito atentos, a raiva não apenas surge e se dissipa; em vez disso, ela se torna um hábito fortemente arraigado, sempre pairando no fundo, pronta para explodir em pensamentos e comportamentos agressivos. Quando a raiva é um hábito da mente, ela invariavelmente causa conflito mesmo com aqueles que amamos. Ela é ruim para a nossa saúde e para o coração; e, como espécie, ela nos mantém em guerra.

Que lobo você vai alimentar?

Depois dos ataques de 11 de setembro de 2001, quando muitas pessoas temiam uma espiral contínua e perversa de retaliação e violência global, uma lenda Cherokee maravilhosa se tornou viral na internet:

> *Um velho avô fala com o neto sobre as causas da violência e da crueldade no mundo. "Em cada coração humano", ele fala ao menino, "existem dois lobos brigando um com o outro — um é amedrontado e raivoso, e o outro, compreensivo e gentil." O menino olha atentamente nos olhos do avô e pergunta, "Qual deles ganha?" Seu avô sorri e diz calmamente, "Qualquer um que nós escolhermos alimentar."*

É fácil alimentar o lobo que tem medo e raiva. Em especial se fomos muito feridos, o caminho da raiva pode se tornar profundamente arraigado no nosso sistema nervoso. Quando a nossa velha sensação de ofensa ou medo é disparada, o calor e a pressão intoleráveis da raiva nos transpassam instantaneamente. Nossa atenção fica presa nos sentimentos e pensamentos de violação, e tudo o que queremos é vingança. Muitas vezes, antes de qualquer chance de escolha, a resposta grosseira já foi dada, batemos a porta com força, apertamos o botão de enviar em um e-mail imprudente, falamos mal de alguém pelas costas.

No entanto, nós temos, sim, escolha. Meditações que treinam o coração e a mente desativam diretamente os caminhos da raiva que impulsionam os nossos comportamentos habituais. Enquanto o sistema límbico age quase instantaneamente, podemos desenvolver uma resposta do córtex frontal — que inclui os centros envolvidos na compaixão — que interrompe e domina a reação. É aí que entra a atenção plena. A atenção plena é o "lembrar" que nos ajuda a parar e reconhecer o que está acontecendo no momento presente. Uma vez que paramos, podemos chamar os centros superiores do cérebro para abrir novas possibilidades. Podemos nos acalmar, podemos lembrar das dificuldades e da vulnerabilidade de outra pessoa, podemos lembrar da nossa própria bondade e força. Não importa quão dolorosamente sejamos provocados pela violência e insensibilidade do mundo, podemos direcionar a nossa atenção de forma que nos leve para casa, para a nossa sanidade e bom coração intrínsecos. Esse despertar é o nosso potencial evolucionário: em consideração à nossa própria liberdade interior e ao bem-estar dos outros, podemos intencionalmente alimentar o lobo gentil e compreensivo.

Perdão compreensivo

Uma noite depois das minhas aulas noturnas de meditação, Amy, membro da nossa comunidade de meditação em DC que eu vim a conhecer muito bem ao longo dos anos, me perguntou se podíamos conversar por alguns minutos. Ela me lembrou que tinha sido criada por uma mãe terrível, "um ser humano manipulativo e narcisista". Essa mãe, sobre quem eu tinha ouvido várias histórias dolorosas no passado, tinha recentemente sido diagnosticada com câncer de mama terminal. Como era a única filha morando na mesma cidade, a Amy tinha se tornado a principal cuidadora da mãe. Então lá estava ela, passando muitas horas por dia com uma pessoa que ela vinha evitando há décadas. "Eu sempre tive muito ressentimento da minha mãe", afirmou. Então, depois de uma pausa, falou mais calmamente, "Agora eu não me suporto por ter um coração tão duro."

Eu sabia que a Amy já tinha trabalhado duramente para abrir o coração dela. Passara anos amargamente afastada do ex-marido, em constante conflito com a filha mais velha e com o sócio. Então, em um dos nossos retiros residenciais muitos anos atrás, ela tinha descoberto como a prática de RAIN podia ajudá-la a trazer uma atenção clara e gentil aos conflitos na sua vida. Aos poucos, quando se tornou mais gentil e presente consigo mesma, descobriu que estava mais acolhedora nesses relacionamentos importantes.

Mas a prática de meditação da Amy não parecia ter tido o menor efeito sobre a sua hostilidade para com a mãe. "Quando eu era criança, a minha mãe me tratava como se eu fosse um obstáculo ou como se estivesse ali apenas para ajudá-la... outro fantoche na vida dela", a Amy contou. "Se fico perto dela por muito tempo, tenho medo de que ela simplesmente pise na minha pessoa adulta também. Mesmo agora que ela está muito doente, parece impossível engolir a minha raiva e tentar perdoá-la."

Nós protegemos as nossas feridas armando-nos com ódio e culpa. O perdão, que nos permite deixar essa armadura, se torna possível quando trazemos uma presença plena e compassiva para a nossa vulnerabilidade subjacente. Tal presença solta a nossa identificação com os pensamentos e sentimentos de raiva e revela um espaço do coração que é naturalmente aberto, inclusivo e caloroso. Mas é muito raro isso acontecer de uma forma súbita e irreversível. Se carregamos ressentimento e estamos em conflito com alguém, podem ser necessárias muitas rodadas de presença intencional com a nossa própria mágoa ou medo até que a nossa autocompaixão nos abra para mais aceitação e compreensão. E quando a nossa queixa se expressa como ódio intenso, ou quando nos sentimos profundamente violados, como a Amy se sentia, o perdão pode parecer fora de alcance ou mesmo impossível.

O perdão também pode parecer uma má ideia. Como a Amy, podemos ter medo de que se soltarmos o culpar, estaremos traindo as nossas próprias emoções e nos colocando no caminho de mais sofrimento. Podemos sentir que, se perdoarmos, estaremos tolerando o comportamento prejudicial da pessoa e não honrando nosso direito de ser tratados com respeito. Talvez nós sintamos que se perdoarmos alguém, ficaremos presos achando que a culpa é nossa. Esses medos são compreensíveis e precisam ser reconhecidos, mas são baseados em uma visão equivocada.

Perdão significa soltar o culpar aversivo; significa que nós paramos de alimentar o lobo que tem medo e raiva. Não significa que dispensamos a nossa sabedoria sobre quem pode nos magoar ou que paramos de tomar atitudes para proteger a nós e aos outros de danos. A Amy realmente precisava praticar o discernimento sábio; ela realmente precisava reconhecer as demandas inapropriadas da mãe ou suas observações ofensivas pelo que elas eram de fato. Todos nós precisamos ser capazes de saber quem pode trair a nossa confiança, pegar o nosso dinheiro, entender mal as nossas intenções e abusar de nós fisica ou mentalmente. E quando alguém ameaça o nosso bem-estar ou o de outra pessoa, precisamos encontrar formas efetivas de comunicar as nossas preocupações, traçar limites e determinar as consequências para ações prejudiciais. Podemos nos divorciar de um cônjuge, colocar um filho de castigo, impor regras para falar com um amigo, votar para que alguém deixe um cargo, fazer campanha implacável por mudanças sociais. Podemos dedicar nossas vidas a prevenir danos, e ainda assim mantermos nossos corações livres do culpar aversivo.

Perdoar significa não empurrar ninguém, ou qualquer parte do nosso próprio ser, para fora do nosso coração. Isso significa que, mesmo se decidirmos que não é saudável ver novamente uma determinada pessoa, nós ainda encontramos uma forma de ter boa vontade com ela. Tomar este tipo de refúgio no amor incondicional é corajoso e desafiador. Escolher alimentar o lobo compassivo significa parar a guerra — os pensamentos que culpam e as ações de punição — e nos abrir diretamente para a dor da nossa vulnerabilidade. Esse era o caminho diante da Amy. Em vez de se virar contra a mãe ou contra ela mesma, ela precisava se tornar íntima com a ferida que alimentava a sua raiva. Isto requeria uma autocompaixão profunda.

RAIN COM A RAIVA

Amy e eu concordamos em nos encontrarmos em particular para explorar como ela poderia encontrar mais liberdade na relação com a mãe. Na nossa primeira sessão, ela falou sobre a infância dela. Agora que ela estava com a mãe regularmente, lembranças antigas estavam voltando. Na mais intensa dessas lembranças, a Amy tinha três anos de idade. Sua mãe gritava na parte de cima da casa que ela tinha preparado um banho para ela e que ela deveria entrar na banheira. Mas, quando Amy entrou no banheiro, o que ela encontrou esperando por ela foram alguns centímetros de água morna. Quando ela se recordou desse momento crucial, se lembrou vividamente da percepção que tinha passado pela sua mente de menina de três anos: "Isso é tudo o que vou conseguir. Ninguém está cuidando de mim." E aquilo estava próximo da verdade.

Sua mãe sempre se preocupava com os próprios dramas, perpetuamente reagindo a supostas desfeitas de amigos, lutando contra o ganho de peso e censurando o marido pelas suas falhas como provedor. Pouca atenção foi dada às necessidades físicas ou emocionais da Amy e seus irmãos.

Depois de me contar isso, Amy se recostou pesadamente na cadeira. "Como eu posso me importar com essa pessoa que não tinha um osso maternal no corpo? Como eu posso perdoar e ser gentil? Eu odeio a forma como ela faz careta, seu tom superior quando ela fala dos outros, a forma como tudo o que acontece é sobre ela." Sugeri que ela não precisava tentar se importar com a mãe dela naquele momento.

As pessoas muitas vezes me contam histórias de grandes traições e mágoas e então perguntam, "Como eu posso chegar a perdoá-la depois que ela teve aquele caso?" "Como eu posso perdoá-lo por abusar de mim fisicamente quando eu era criança?" Quando tentamos perdoar alguém prematuramente, em geral conseguimos apenas disfarçar a nossa raiva e mágoa subjacentes. Então incentivo uma mudança de foco: "Este não é o momento de perdoar; não seria possível ou real neste ponto", posso dizer. "Agora, o que precisa de atenção é o lugar dentro de você que está doendo, que está com medo. Agora é a hora de oferecer uma presença compassiva ao seu coração." No caso da Amy, a entrada para essa presença foi através da atenção plena de RAIN.

Conduzi a Amy perguntando a ela o que era mais perturbador na situação dela. Ela resumiu rapidamente. "Ela não se importa com ninguém além dela mesma. Ela é uma desgraçada egocêntrica." Então continuou. "Isso realmente me irrita... eu fui trapaceada e não tive uma mãe e agora eu estou aqui cuidando dela." Seu rosto endureceu e ela mal respirava. Perguntei do que ela estava mais ciente naquele momento. Depois de um longo silêncio, ela disse, "Tem tanta raiva que eu mal posso contê-la."

O início de RAIN é reconhecer e permitir o que quer que você esteja sentindo, mas isso nem sempre é simples ou fácil. Quando perguntei para a Amy, "Você pode permitir que a raiva esteja aqui?" ela me deu um olhar desconfiado. Ela tinha passado anos tentando controlar aquela raiva submergindo-a, fazendo o oposto de "deixar estar". Ela então tinha surtos de violência. Amy olhou para mim e balançou a cabeça. "Eu tenho medo de que se eu realmente abrir espaço para essa raiva, ela vai destruir cada relacionamento que eu tenho. Já magoei pessoas que eu amo."

Há duas maneiras pelas quais em geral respondemos à raiva forte. Ou somos dominados pela experiência, encenando a energia emocional das nossas histórias de culpa. Ou empurramos a raiva para longe, julgando-a como algo ruim, nos dissociando das experiências do corpo e redirecionando a nossa atenção. Sam (no capítulo 10) julgava sua raiva duramente, mas ela estava sempre espreitando sob a superfície, e era disparada com facilidade. Por outro lado, muitas pessoas suprimem a raiva de uma forma mais eficaz, talvez por temerem que ela vá sobrecarregá-las e/ou afastar as outras pessoas. Mas, então, como tão frequentemente acontece com a Amy, ela se acumula e pode explodir com ímpeto.

Quando a raiva é enterrada, a energia é convertida e expressa de formas diferentes. Uma amiga que lutava contra uma depressão pesada participou de um *workshop* de atuação e fez o papel de uma mulher agressiva e raivosa. O papel a colocou em contato com uma raiva dos homens que ela suprimira por décadas, uma raiva que tinha sido mascarada por uma sensação de impotência e desesperança. Um cliente com síndrome do intestino irritável descobriu que sofre mais de dor de estômago quando está em desacordo com os outros. Agora, se ele pode reconhecer a raiva e dar à energia permissão para estar lá, seu intestino relaxa. A raiva é uma energia de sobrevivência e ela quer a nossa atenção.

O "aceitar" de RAIN não significa que nos deixamos ser dominados pela raiva. Aceitar não é encenar. Em vez disso, permitimos quando reconhecemos as histórias de culpa sem acreditar nelas, e quando deixamos as sensações de raiva surgir, sem encená-las ou suprimi-las.

Mas a Amy tinha me dito que ela tinha medo de permitir que sua raiva estivesse lá, então nós começamos prestando atenção ao medo dela. Eu a encorajei a entrar em contato com ele. O medo estava disposto a deixar essa raiva estar aqui? O medo podia dar espaço suficiente para que ela estivesse presente com essa raiva? Amy ficou quieta por alguns momentos e então assentiu. A parte amedrontada concordou que ela podia continuar "estando com" a raiva.

Agora Amy podia começar a investigar a energia emocional sob a raiva. Mas eu sabia que, para fazer isso, ela precisaria sair da influência sedutora das suas histórias ressentidas. Ela tinha passado grande parte da vida dela consumida por essas histórias, circulando sem parar em pensamentos de culpa. Nós tínhamos falado sobre as histórias, respeitando-as como janelas para a dor. Mas a raiva também vivia mais profundamente no corpo dela — em um lugar além do pensamento. O próximo passo era ela ampliar e aprofundar a atenção de forma que pudesse entrar em contato completo com essas energias no seu corpo.

Pedi a Amy para observar o que estava sentindo no corpo. Ela fechou os olhos e parou por um momento. "É como um caldeirão quente pressurizado no meu peito." O que aconteceria, perguntei, se ela dissesse sim a esse sentimento, se ela permitisse que o calor e a pressão fossem tão intensos quanto eles quisessem ser? "Tara," ela disse, balançando a cabeça, "eles querem explodir..." Novamente, eu a encorajei a permitir, a aceitar a sua experiência assim como ela era.

Amy ficou absolutamente quieta por alguns momentos e então ela falou hesitante. "A raiva parece ser como chamas explosivas... como uma tempestade de vento se alastrando em todas as direções. Ela está explodindo as janelas deste consultório." Ela parou e olhou para mim. "Está ótimo", falei. "Deixe-a ser o que ela realmente é." Ela continuou em voz baixa, "Está se espalhando pela Costa Leste.

Agora ela está destruindo todas as formas de vida... rasgando os continentes, os oceanos, a terra." Ela continuou me contando sobre a fúria da raiva, como ela estava se alastrando no espaço. Então ela ficou muito quieta. Falando em uma voz suave, ela finalmente disse, "Ela está ficando mais fraca." Ela se recostou na poltrona e deixou escapar um suspiro murcho e cansado. "Agora só tem vazio. Não sobrou ninguém no mundo. Eu estou completamente sozinha, solitária." Então, em um sussurro que mal dava para ouvir, ela disse, "Não tem ninguém que me ame, ninguém que eu ame."

Abaixando a cabeça e colocando o rosto nas mãos, Amy começou a chorar. Na raiva, ela tinha encontrado um lugar vazio, um lugar que parecia sem amor. Agora, o que se revelava era tristeza: uma tristeza pela perda do amor na vida dela.

Círculos de compaixão que se ampliam

O poeta Rumi escreve, "Desfaça-se, para que flores silvestres surjam onde você está." A armadura de ressentimento da Amy tinha se desfeito, expondo seus sentimentos de estar desconectada, separada do amor que é a própria fonte de se sentir em casa na vida.

Quando perguntei a Amy o que a sua parte dolorida mais precisava que ela fizesse, ela soube imediatamente: "Saber que eu me importo com esta dor, que eu aceito e amo este lugar dolorido." Eu a conduzi para gentilmente colocar sua mão no coração e oferecer a si mesma a mensagem que seu eu ferido mais precisava ouvir. Ela começou a repetir uma frase que tinha feito sentido para ela no retiro um ano atrás: "Sinto muito, eu te amo." "Sinto muito" não era um pedido de desculpas. Em vez disso, era uma simples expressão de tristeza pela sua própria dor.

Amy sussurrou a frase várias vezes para si mesma e começou a se balançar de um lado para o outro. Ela me disse, "Eu estou vendo a menininha na banheira e sentindo quão abandonada e sozinha ela se sente. Eu a estou abraçando agora, dizendo a ela 'Sinto muito, eu te amo.'"

Depois de alguns minutos, Amy se sentou ereta, relaxou as mãos no colo e respirou profundamente. Ela olhou para mim com uma nova abertura e brilho em seus olhos. "Tara, eu acho que entendo", ela disse. "Eu estive com raiva por tanto tempo que eu a abandonei — a minha parte interior — da mesma forma que a minha mãe abandonou aquela menina de 3 anos. Ela fez uma pausa e continuou. "Eu só tenho que lembrar que essa parte de mim precisa de amor. Eu quero amá-la."

A compaixão por si mesmo é a própria essência de um coração que perdoa. Ainda assim, às vezes, não é possível considerar nosso próprio ser com bondade porque a intensidade da nossa raiva, assim como o medo ou a dor subjacentes à raiva são tão devastadores. Aqueles que, como a Amy, experimentaram mágoas ou traumas profundos são sábios em procurar ajuda de um terapeuta, professor ou tutor para guiá-los. Como o processo de perdão revela uma vulnerabilidade profunda, ele requer muita paciência, quer seja realizado sozinho ou com apoio. Em especial, quando estamos em um relacionamento com alguém que nos feriu, podemos ser feridos várias vezes, e é difícil não alimentar o lobo raivoso com pensamentos de atribuir culpa.

Amy antecipou isso. Quando começou a falar sobre ver a mãe mais tarde naquele dia, ela notou um aperto ansioso no peito. Ela me disse, "Estou com medo de me fechar quando estiver com ela." Mas a Amy disse, "Espera!" e recostou-se, fechando os olhos. Ela novamente colocou a mão no coração, sussurrando, "Sinto muito, eu te amo. Sinto muito, eu te amo," enviando a mensagem gentil à sua própria ansiedade. Depois de alguns momentos, ela respirou profundamente algumas vezes e sorriu. Falou devagar, como se cuidadosamente escolhendo as palavras. "Quando investigo e compreendo o que está acontecendo... como esse medo... e lhe ofereço amor, eu já não estou presa." Então ela completou, "O medo não foi embora, ele é parte de mim. Mas a presença, o amor, me revela que eu sou muito maior do que o medo."

O fato de oferecer uma atenção compassiva e atenta à sua vulnerabilidade tinha conectado Amy com a amplidão do ser que podia incluir a dor. Essa consciência natural, o N de RAIN, é a realização de uma atenção íntima. Quando estamos repousando nessa presença, estamos habitando nosso próprio coração e mente despertos.

"Amy," observei, "você encontrou um lindo caminho para casa, para quem você realmente é." Ela sorriu, dizendo, "Sim, é exatamente assim que eu me sinto."

Muitas pessoas nas minhas aulas e workshops descobriram que, quando param de alimentar o lobo raivoso, e, em vez disso, se abrem para a sua própria vulnerabilidade, isso realmente se parece como uma volta para casa. Como uma pessoa afirmou, "Em vez de focar na pessoa que me machucou, comecei por um caminho de me libertar." Nós podemos "dar o troco" a alguém e deixar a ferida supurar, ou prestar atenção na cura. Alimentar o lobo raivoso pode acontecer mais fácil, mas aprender a estar presente com a nossa vida interior nos conecta à nossa bondade.

Algumas semanas mais tarde, Amy começou nosso encontro lendo o que tinha escrito no seu diário pela manhã: "Há mais espaço no meu coração." Na noite anterior, depois que a mãe tinha reclamado pela terceira vez que a sua sopa ainda não tinha sal suficiente, Amy sentiu a familiar onda crescente de irritação e ressentimento. Ela enviou a mensagem "Sinto muito, eu te amo" para o seu interior, dando permissão ao aborrecimento, ao nervosismo no seu próprio coração. Ela sentiu uma suavização, um relaxar da tensão. Olhando para cima, foi atingida pela expressão sombria e insatisfeita da mãe dela. E assim como ela tinha aprendido a investigar sobre si mesma, o pensamento veio: "O que a minha mãe está sentindo agora?" Quase imediatamente ela pode sentir a insegurança e a solidão da mãe. Imaginando a mãe dentro do seu coração, Amy mais uma vez começou a oferecer mensagens carinhosas. "Sinto muito" ela sussurrou, "eu te amo."

Ela se descobriu genuinamente calorosa com a mãe e, evidentemente, seus sentimentos foram contagiosos. A noite foi agradável para as duas. Elas fizeram piadas sobre a "mono dieta" da mãe, só com batatas chip, não tão diferente de outras dietas loucas — que ela tentara ao longo dos anos. Mãe e filha entraram na internet juntas e compraram um roupão e se divertiram ainda assistindo a *The Daily Show* na TV.

No nosso último encontro, Amy me contou como, vários dias antes, sua mãe tinha acordado de manhã quente e suada. Amy passou um pano fresco na testa, bochechas, braços e pés dela. "Ninguém nunca me deu banho", sua mãe disse com um sorriso melancólico. Amy imediatamente se lembrou da menininha na banheira, os poucos centímetros de água e ficou com lágrimas nos olhos. Ela e a mãe tinham estado a maior parte da vida se sentindo negligenciadas, como se não importassem. E, naquele momento, cada uma a seu modo experimentava a intimidade do carinho. Elas olharam uma para a outra e tiveram um momento de amor descomplicado. Foi o primeiro momento desse tipo que Amy podia recordar, um momento que ela sabia que ia apreciar muito depois que a mãe se fosse.

COMO UM BUDA RESPONDERIA?

A raiva da Amy e sua armadura se suavizaram depois de um processo profundo e focado de autocompaixão, mas, às vezes, tudo o que é necessário para o perdão é uma perspectiva nova e mais ampla.

Imagine que você está andando na floresta e vê um cachorrinho sentado perto de uma árvore. Quando você se aproxima, ele repentinamente avança, mostrando os dentes. Você fica com medo e com raiva. Mas, então, nota que uma das suas patas está presa em uma armadilha. Imediatamente a raiva se transforma em preocupação: você percebe que a agressividade do cachorro vem de um lugar de vulnerabilidade e dor. Isso se aplica a todos nós. Quando nos comportamos de forma nociva, é porque estamos presos em algum tipo de armadilha dolorosa. Quanto mais olhamos com olhos de sabedoria para nós mesmos e para os outros, mais cultivamos um coração compassivo.

Joshua estava inspirado pelo mestre zen vietnamita Thich Nhat Hanh, e particularmente pelos seus ensinamentos sobre o perdão. Ele me procurou para pedir ajuda para responder a uma situação no trabalho. Joshua era diretor de marketing de uma grande firma de *softwares* e valorizava a abordagem centrada em equipe da empresa. No entanto, estava sentindo um antagonismo crescente por parte de um executivo da sua unidade. "Ele não age bem com os outros", Joshua comentou aborrecido, "e eu estou tendo dificuldade de conviver e lidar com ele." Pedi para que ele fosse mais específico. "Ele conta vantagem, reinventa histórias, faz parecer que é a força motriz por trás de qualquer sucesso na nossa unidade... e está sempre fazendo piadas maliciosas sobre as outras pessoas." Como Joshua resumiu: "Phil é inteligente e tem valor, mas é viciado em se autopromover em detrimento dos outros..." Depois de uma pausa, ele completou, "E eu sou sugado pelo jogo dele. Quero colocá-lo no lugar dele... pelo menos um pouco para baixo!"

Pedi ao a Joshua para revisar uma situação recente em que se sentiu particularmente irado com o Phil. Foi num encontro de equipe durante a avaliação de um projeto difícil. "Phil deu informações sobre os custos superiores aos previstos e, com um sorriso de desdém, sugeriu que o grupo tinha pegado o vírus – 'A perspectiva excessivamente otimista de Joshua pode ter sido contagiosa,' Phil afirmara. Na verdade, todos tinham concordado que essa seria uma boa aposta." O Joshua contou que tinha se defendido, lembrando que o próprio Phil tinha escrito memorandos para encorajar o investimento no projeto. "Eu estava provavelmente perdendo tempo; ele apenas ficou sentado lá com aquele sorriso, assentindo."

Sugeri que tentássemos uma visualização curta e Joshua concordou avidamente. "Primeiro, lembre-se do sorriso dele e do tom de voz com que falou da sua perspectiva otimista. Agora identifique o que o seu coração e o seu corpo estão sentindo." Esperei enquanto Joshua deixava a sua atenção se voltar para dentro. "Consegui", ele disse. "Meu rosto está quente."

"Agora", prossegui, "imagine que você pudesse apertar o botão de pausa e congelasse a ação. E que você pudesse convidar o Thay [o nome carinhoso de Thich Nhat Hanh usado por seus seguidores] para intervir e encher o seu ser com a consciência dele. Você pode recordar o brilho e a gentileza nos seus olhos, se lembrar do som da sua voz e então deixá-lo assumir por você. Pode repousar ao lado e apenas testemunhar o que se desenrola." Dei ao Joshua alguns momentos para imaginar isso. Depois, fiz perguntas, com pequenos intervalos entre uma e outra: "Como o seu corpo se sente, com a consciência do Thay te preenchendo? Como é ver o Phil e toda a situação através dos olhos do Thay? Com o coração do Thay? Como o Thay lidaria com a situação?" Mais uma vez, parei. Terminei a visualização com uma reflexão final. "Se sinta de volta, habitando completamente o seu próprio corpo e a sua consciência. Sinta que o Thay está bem ao seu lado, e ele tem uma mensagem importante para você, algo que pode guiá-lo nesse tipo de situação. Qual é a mensagem? Apenas ouça... você pode ouvi-la como palavras... você pode ver uma imagem... você pode apenas ter uma sensação no seu corpo. O que quer que você note pode ajudar."

Joshua ficou quieto por um tempo e, então, abriu os olhos. "Bem...", disse ele, "foi interessante!"

"Por favor, o que você notou?"

"Fiquei impressionado com a mudança no meu corpo", Joshua falou. 'Eu não tinha nem mesmo percebido como o meu estômago fica contraído perto daquele cara!' Quando o Thay interviu, tudo se soltou... é como se a consciência dele simplesmente tivesse aberto espaço."

Joshua respirou algumas vezes e continuou. "Olhando da perspectiva do Thay, o que ficou claro foi que Phil é inseguro. Senão ele não precisaria se vender constantemente ou diminuir os outros. E ele não acha que as pessoas gostam dele. O simples fato de enxergar isso... realmente deixar entrar no meu coração que ele está vivendo com isso... faz a diferença."

Assenti e perguntei como o Thay tinha respondido ao Phil. "Ele apenas deixou o comentário sobre mim passar... nenhuma defesa necessária. Quando estávamos saindo da sala, sorriu para o Phil e deu um tapinha amigável nas costas dele. O cara pareceu surpreso... e confuso... e... emocionado. Ele quer que eu goste dele." Joshua parou e compartilhou a mensagem que o Thay tinha dado a ele: "Era para lembrar que outras pessoas querem se sentir importantes e amadas. Apenas isso."

Joshua agora podia ver que o Phil estava preso em uma armadilha dolorosa, mas ele ainda estava preocupado. "Eu estou preocupado que, focando na insegurança do Phil e sendo mais gentil, eu vou transmitir a ele a mensagem de que não há nada demais em maltratar a mim e aos outros." Concordei que essa questão era importante, e perguntei novamente, "Como você acha que o Thay responderia?"

Depois de refletir por alguns momentos, Joshua disse: "A compaixão se estende às necessidades de todos. Uma pessoa não é livre para pisar em todas as outras. Mas, se nos lembrarmos de que alguém está realmente sofrendo, vamos responder e traçar limites mais gentilmente."

Joshua saiu energizado e com uma nova confiança sobre situações desafiadoras: "O que me anima é que, a qualquer momento, posso chamar o Thay — realmente, no meu próprio coração — para ter uma visão mais ampla. Isso parece radical!"

É radical — até a raiz — chamar a sabedoria dos nossos corações. Você pode tentar essa prática simples da próxima vez em que estiver preso em um padrão reativo. Pense em um ser sábio e gentil que você admire. Pode ser uma pessoa conhecida, uma figura espiritual, uma deidade. Então imagine que a consciência deste ser está dentro de você, que você está olhando através dos olhos daquele ser, com o coração daquele ser. Deixe essa pessoa ou ser ajudá-lo a responder. Ouça a mensagem. Você pode descobrir que está realmente tocando o seu próprio ser mais desperto, inteligente e atencioso.

Perdão não é passividade

Meu livro *Radical Acceptance* (Aceitação Radical) foi lançado logo após os Estados Unidos iniciarem a invasão do Iraque em 2003. Quando eu viajava de uma cidade a outra, muitas pessoas me perguntavam se deveríamos aceitar integralmente a atividade militar do nosso país. "Como podem a aceitação e o ativismo andar juntos?" diziam. É uma boa pergunta. Se nós apenas alimentarmos o lobo compassivo, vamos ignorar a injustiça no nosso mundo? Como alguém vai ficar motivado a se levantar contra a injustiça, falar a verdade, parar as guerras, se não se sentir com raiva ou indignado?

Frequentemente respondo com a minha própria história. Nas semanas antes da invasão, li os jornais com uma sensação crescente de agitação. Eu não conseguia parar de pensar sobre os homens no nosso governo que eram responsáveis pelo que parecia ser um próximo passo inevitável na escalada global da violência. A simples visão de seus retratos no jornal incitava em mim enormes ondas de raiva e hostilidade.

Fiquei cada vez mais consciente do quanto criar um inimigo na minha mente era ainda outra forma de violência. Assim, decidi começar a meditação a partir do jornal. Eu olhava as manchetes, lia um pouco e parava. Naquela pausa eu testemunhava meus pensamentos e me permitia reconhecer a minha indignação crescente. Então eu investigava, deixando os sentimentos se expressarem plenamente. Quase todos os dias, quando eu me abria para a raiva e sentia a sua força completa, ela se desdobrava em medo — pelo nosso mundo. E, quando eu ficava em contato direto com o medo, ele se desdobrava em tristeza — por todo o sofrimento e perda. E a tristeza se desdobrava em me importar com todos aqueles seres que seriam obrigados a sofrer devido às nossas ações bélicas. Meu país estava alimentando o lobo agressivo, e a dor causada por isso era de cortar o coração.

Sentar-me com os sentimentos que surgiam na minha meditação do jornal me deixou dolorida e sensível. Aquilo me lembrou de que, sob a minha raiva e o meu medo, estava um cuidado com a vida. E isso me motivou a agir, não a partir de uma raiva que estava focada no inimigo, mas a partir do sentimento de me importar.

Eu não estava sozinha. Um crescente movimento inter-religioso de paz estava comprometido a alimentar o lobo sábio. No dia 23 de março de 2003, uma semana depois do início da guerra no Iraque, eu e um grande grupo nos reunimos em frente à Casa Branca. Nós carregamos pôsteres mostrando mães iraquianas chorando sobre os corpos de crianças feridas; jovens soldados americanos cujas vidas seriam ameaçadas; órfãos iraquianos; homens, mulheres e crianças de ambas as sociedades que sofreriam. Depois que as pessoas designadas a falar terminaram, um microfone foi passado de mão em mão para que qualquer um que se sentisse tocado pudesse oferecer uma prece. Uma jovem menina nos ombros do seu pai falou para a multidão atenta: "As crianças iraquianas são exatamente como as nossas crianças. *Por favor, por favor...* não os deixem ser feridos." Nós fomos um protesto não violento, com poemas, músicas e apelos para mantermos todos os seres humanos em nossos corações. O estado de espírito foi contagiante. Quando a polícia chegou para nos prender, eles foram amigáveis, respeitosos e gentis. Quando fomos colocados no camburão, eu fui ajudada a subir e a carregar a minha mochila. Em outra van estavam um bispo e um pastor, ambos com suas vestes clericais. Um policial colocou a cabeça para dentro e falou alegremente, "Ah, crime do colarinho branco."

Podemos alimentar o lobo sábio se nos importarmos com a paz e aprendermos a parar. Mattie Stepanek, um poeta de 13 anos que depois morreu de distrofia muscular, escreveu sobre tal possibilidade no dia após o 11 de setembro:

Precisamos parar
Apenas parar
Parar por um momento...
Antes que alguém diga ou faça qualquer coisa
Que possa machucar mais alguém.
Precisamos estar em silêncio.
Apenas em silêncio.
Em silêncio por um momento
Antes que o futuro desapareça
Em cinzas e pó
Pare. Fique em silêncio e perceba
De tantas formas nós somos iguais.

Um coração destruído

Com frequência me perguntam como podemos despertar o nosso potencial para a compaixão quando estamos pessoalmente sob ataque. E se a gente ou alguém que amamos foi repetidamente ameaçado, humilhado ou violado? Como perdoar?

Em *Tattoos on the Heart* (Tatuagens no Coração), o padre jesuíta Gregory Boyle escreve sobre as tragédias humanas que se desenrolam em um dos bairros mais dilacerados pela violência de gangues de Los Angeles. Soledad, mãe de quatro filhos, ficou orgulhosa quando o segundo deles, Ronnie, conseguiu seu diploma do Ensino Médio — algo que poucos na vizinhança conseguiam — e entrou para a Marinha. De volta para casa, durante uma folga após servir no Afeganistão, ele saiu à noite para lanchar. Esperando a sua volta, ela ouviu vozes na rua desafiando Ronnie. Então, ouviu os tiros. Não importava que ele nunca tivesse pertencido a uma gangue, que ele estivesse cuidando da sua própria vida. Ronnie morreu nos seus braços do lado de fora da porta da cozinha.

Logo depois, seu filho mais velho, Angel, que tinha pertencido a uma gangue, também se formou no Ensino Médio. Um dia, seis meses após a morte de Ronnie, Angel decidiu ajudar a mãe a superar o seu sofrimento imobilizador. Ele implorava que ela colocasse roupas coloridas, arrumasse o cabelo e fosse uma mãe para os seus três filhos restantes. Ele chegou a ela, ele atingiu seu coração. Quando fez um esforço para se arrumar, ele lhe disse que ela estava deslumbrante. Mais tarde naquela noite, enquanto comia um sanduíche na varanda deles, Angel foi morto com um tiro por garotos de uma gangue rival.

Boyle escreve que ele encontrou Soledad mais tarde naquele dia "soluçando em uma enorme toalha de banho... os poucos de nós presentes descobrimos nossos braços pequenos demais para abraçar esse tipo de dor." Soledad estava fechada na angústia da separação. Boyle passou muitas horas com ela nos dois anos seguintes. Ele se lembra de ter perguntado como ela se sentia. Soledad respondeu, "Você sabe, eu amo os dois filhos que tenho. Eu sofro pelos dois que se foram." Chorando pela dor sem fim, admitiu, "O sofrimento vence... o sofrimento vence."

Muitos meses depois, Soledad foi parar no pronto socorro com dores no peito. Enquanto estava deitada, um garoto com múltiplos ferimentos de bala foi trazido em uma maca e colocado no cubículo ao lado. Nenhuma cortina foi fechada e ela estava testemunhando a sua luta pela vida. Ela reconheceu-o como um dos membros da gangue que matara os seus meninos. Soledad sabia que seus amigos poderiam dizer, "Reze para que ele morra." Mas não foi isso o que ela fez.

Quando ouviu os médicos gritando, "Estamos perdendo ele!" alguma coisa se abriu. "Comecei a chorar como nunca chorei antes", ela relatou a Boyle, "e comecei a rezar com mais determinação do que jamais rezei. 'Por favor, não o deixe morrer. Eu não quero que a sua mãe passe pelo que passei.'" O menino sobreviveu, assim como a capacidade de amar de Soledad. Ela tinha feito seu caminho do sofrimento para o perdão e se reconectado com a vida.

Quando li sobre a Soledad, me lembrei de um ensinamento sobre perdão que muitas vezes compartilho com os alunos. É uma história contada por um personagem no filme *A Intérprete*:

Todo mundo que perde uma pessoa quer se vingar de alguém, até de Deus se não houver mais ninguém para responsabilizar. Mas, na África, em Matobo, o povo Ku acredita que a única forma de acabar com a tristeza é salvar uma vida. Se alguém é assassinado, um ano de luto termina com um ritual que chamamos de Julgamento do Homem Afogado. Há uma festa de noite inteira ao lado de um rio. Ao amanhecer, o assassino é colocado em um bote, levado para a água e jogado na água. Ele está amarrado e, portanto, não pode nadar. A família do morto tem que fazer uma escolha. Eles podem deixá-lo se afogar ou salvá-lo. O povo Ku acredita que, se a família deixa o assassino se afogar, eles terão justiça, mas vão passar o resto da vida de luto. Se o salvam, se admitem que a vida nem sempre é justa, e esse mesmo ato pode eliminar a sua tristeza.

O contador da história conclui, "A vingança é uma forma preguiçosa de tristeza."

A vingança é uma forma preguiçosa de tristeza. Ela é uma forma preguiçosa de medo, de vergonha. A vingança se torna o nosso falso refúgio porque é mais fácil culpar e expulsar o outro do nosso coração do que sentir a nossa própria dor, perda e impotência. Soledad sabia disso. Ela perdeu seus dois meninos para a vingança. O sofrimento era mais doloroso do que a vingança, no entanto, era o único caminho para a cura, para amar novamente.

A LIBERDADE DE UM CORAÇÃO QUE PERDOA

A escolha da presença e do perdão — alimentar o lobo sábio e compassivo — é a corrente evolutiva que carrega a nós humanos em direção à paz e à liberdade espiritual completa. Verdadeiros heróis são aqueles que, como a Soledad, nos mostram o que é possível.

Quando eu era adolescente, Nelson Mandela chamou a minha atenção e ganhou o meu coração. Um ativista espiritual, Mandela personificou a força transformadora de um coração que perdoa em escala nacional. Ele foi aprisionado em 1962 pelo seu ativismo antiapartheid e passou 27 anos da sua vida na cadeia. Por 18 daqueles anos, Mandela foi mantido na notória Ilha Robben, próximo à Cidade do Cabo, onde prisioneiros eram segregados, privados de comida, sujeitos a incontáveis indignidades e forçados a fazer trabalhos pesados. Ainda assim, durante esse tempo, conseguiu ficar amigo de vários dos seus carcereiros. Mandela acreditava que, no fundo, as pessoas eram gentis "se você pudesse despertar a sua bondade inerente", e ele fez justamente isso: um guarda arriscou o seu trabalho ao trazer escondido o novo neto de Mandela, de forma que, com lágrimas nos olhos, Mandela pudesse segurar e beijar o bebê.

Quando Mandela foi eleito presidente da África do Sul, chamou a atenção do mundo ao convidar um dos seus carcereiros brancos para a cerimônia inaugural. Sua dedicação em buscar entendimento e reconciliação tirou a África do Sul da beira da guerra civil e permitiu que o país fizesse a transição da tirania racial do apartheid para uma democracia multirracial. Aos meus olhos, Mandela exemplifica nosso potencial humano: ele foi além da reatividade do ódio e da vingança e respondeu ao seu mundo com um coração inclusivo e que perdoa.

Liberar a armadura da raiva — acabar com a guerra e se abrir à vulnerabilidade — requer uma tremenda coragem e dedicação. Talvez também requeira imaginação. O que torna isso possível é o nosso desejo inato de sermos plenos, amorosos e livres. Como a mestre zen Joko Beck escreve, "Nossa falha em conhecer a alegria é um reflexo direto da nossa inabilidade de perdoar." Se estamos presentes seja com a culpa comum, a aversão que surge do abuso ou a raiva que é um legado da injustiça histórica, temos a capacidade de sair do transe e voltar para casa, para o nosso coração desperto. Foi possível para Mandela com seus algozes, para Soledad depois de perder seus meninos e para a Amy com sua mãe. É possível entre pessoas de raças diferentes depois de gerações de violações, e é possível entre membros de uma família que se afastaram dolorosamente. Qualquer que seja a sua situação e história com outras pessoas, é possível decidir não empurrar ninguém para fora do seu coração. Não é possível você se obrigar a perdoar, mas você pode estar disposto. Se perdoar é a sua intenção sincera, a porta já está aberta.

Meditação guiada:
um coração que perdoa os outros
Essa reflexão baseia-se na prática tradicional budista do perdão na qual primeiro pedimos perdão aos outros, então o oferecemos a nós mesmos e, por fim, àqueles que nos ofenderam.

Pedindo perdão

Sentado confortavelmente, feche os olhos e se permita ficar presente e quieto. Repouse a sua atenção na respiração por alguns momentos, relaxando quando inspira e relaxando quando expira.

Traga à mente uma situação na qual você causou sofrimento a outra pessoa através das suas palavras, ações ou negligência. Tire alguns momentos para se lembrar das circunstâncias e sinta a mágoa, o desapontamento ou o sentimento de traição que a pessoa possa ter sentido. Permita-se sentir a sua tristeza ou arrependimento.

Agora, mantendo essa pessoa na sua consciência, comece pedindo perdão. Mentalmente sussurre o nome dessa pessoa e diga, "Eu entendo a mágoa que você sentiu e eu te peço perdão agora. Por favor, me perdoe. Por favor, me perdoe." Com um coração sincero, repita o seu pedido várias vezes. Então, fique um tempo em silêncio e se abra à possibilidade de ser perdoado.

Nos perdoando

Assim como nós ferimos os outros, também prejudicamos a nós mesmos. Reflita sobre as maneiras com as quais você julgou ou puniu a si mesmo, as maneiras com que você se violou ou negligenciou, as maneiras com que você negou a si mesmo o seu próprio carinho. Lembre e visualize as situações e se permita sentir a dor que você continua a carregar por prejudicar seu corpo, coração e mente. Conforme você reflete sobre isso, e sobre a tristeza e arrependimento que sente por se machucar, ofereça as seguintes palavras: "Vejo e sinto as maneiras com as quais eu tenho me prejudicado e eu me perdoo agora." Se você ainda não está pronto para perdoar, diga, "É minha intenção perdoar a mim mesmo quando eu for capaz." Sua intenção de perdoar é a semente do perdão — essa disposição vai gradualmente relaxar e abrir o seu coração.

Perdoando os outros

Da mesma forma que cada um de nós magoou a si mesmo e aos outros, cada um de nós foi ferido nos nossos relacionamentos. Traga à mente uma experiência na qual você foi profundamente desapontado ou rejeitado, abusado ou traído. Sem se julgar, observe se você ainda está carregando sentimentos de raiva e culpa em relação à pessoa que o magoou. Você deixou essa pessoa de fora do seu coração?

Recorde com detalhes a situação específica que faz com que você se lembre mais completamente de como você foi ferido. Você pode se lembrar de um olhar raivoso no rosto de um dos seus pais, das palavras duras de um amigo, do momento em que você descobriu que uma pessoa de confiança o enganara, do seu parceiro saindo com raiva de casa. Fique consciente da tristeza ou vergonha, raiva ou medo. Com aceitação e gentileza, sinta essa dor à medida que ela se expressa no seu corpo, coração e mente. Tire alguns momentos para abraçar os lugares feridos com compaixão. Colocando a mão no coração, ofereça uma presença terna para essa ferida. Demore o quanto quiser repousando em autocompaixão.

Quando se sentir pronto, olhe mais de perto para essa outra pessoa e sinta o medo ou a mágoa, a culpa ou a vergonha, a dor interior que deve ter feito ela se comportar de forma dolorosa. Experimente ver este ser como um ser humano imperfeito, vulnerável e real.

Agora, permanecendo conectado com o lugar da sua própria dor, mentalmente sussurre o seu nome e ofereça a mensagem de perdão: "Sinto o dano que foi causado e, na medida do que me for possível agora, eu te perdoo." Ou, se você se sente incapaz de oferecer perdão nesse momento: "Sinto o dano que foi causado e minha intenção é te perdoar." Permaneça conectado com seus próprios sentimentos de vulnerabilidade e repita a mensagem de perdão ou intenção pelo tempo que quiser.

Com essas práticas, é comum julgarmos a nós mesmos sobre quão bem ou completamente fomos capazes de fazer a meditação. Deixe de lado quaisquer julgamentos que esteja carregando e honre a sinceridade da sua intenção de abrir e libertar o seu coração. Finalize a meditação soltando todas as ideias de um eu ou de um outro. Simplesmente repouse na experiência da consciência terna. Se um pensamento ou sentimento surgir, sinta a capacidade de incluir todo este mundo que vive e morre no vasto espaço de um coração que perdoa.

Para além das ideias de certo e errado, há um campo. Eu lhe encontrarei lá.
Quando a alma se deita naquela grama, o mundo está preenchido demais para que falemos dele.
Ideias, linguagem e mesmo a expressão "cada um" não fazem mais nenhum sentido.
-RUMI

12 . Dando as mãos: vivendo a compaixão

O que eu quero é tão simples que quase não consigo dizer: gentileza elementar.
BARBARA KINGSOLVER

Nós não nos propomos a salvar o mundo; nós nos propomos a imaginar como as outras
pessoas estão e refletir sobre como nossas ações afetam os corações de outras pessoas.
PEMA CHÖDRÖN

Deixe aqueles que desejam a natureza de Buda não treinar em muitos Darmas, mas em apenas um.
Qual deles? Grande compaixão.
Aqueles com grande compaixão possuem todos os ensinamentos do Buda como se eles estivessem na palma da sua mão.
SUTRA QUE PERFEITAMENTE ENCAPSULA O DARMA.

Como foi contado no seu livro *Heart Politics* (literalmente, "Política do Coração", sem tradução para o português), a ativista social Fran Peavey um dia andava no campus da Universidade de Stanford quando passou por um grupo de pessoas carregando equipamentos de vídeo. Eles se aglomeravam em volta de um chimpanzé macho que corria solto e uma fêmea de chimpanzé que estava em uma longa corrente. Os chimpanzés estavam aparentemente lá por algum motivo de pesquisa, e os cientistas e espectadores (a maioria deles homens) tentavam fazê-los acasalar. O macho não precisava de muito encorajamento. Ele estava grunhindo e puxando a corrente da chimpanzé menor, enquanto ela choramingava e tentava evitar seus avanços. Um sentimento de empatia varreu Peavey. Então, aconteceu algo que ela nunca esqueceria:

De repente, a chimpanzé fêmea arrancou a sua corrente do alcance do macho. Para o meu espanto, ela andou no meio da multidão, diretamente para mim, e pegou a minha mão. Ela me levou até as únicas outras duas mulheres na multidão e deu as mãos a uma delas. Nós três ficamos juntas em um círculo. Eu me lembro da sensação daquela palma áspera contra a minha. A pequena chimpanzé tinha nos reconhecido e entrado em contato com anos de evolução para formar seu próprio grupo de apoio.

A comunhão começa na nossa vida antes de aprendermos a falar. Mesmo depois de deixarmos o refúgio do útero, nosso desenvolvimento depende de um relacionamento profundamente íntimo com os nossos primeiros cuidadores. Nós imediatamente entramos numa dança de sintonia: uma mãe sente o desconforto do filho num choramingo ou movimento agitado e responde oferecendo o peito, um paninho macio ou uma fralda seca. O bebê ouve o afeto na voz da mãe, sente o seu cheiro familiar, sente seu toque gentil e relaxa com prazer. Desde o nascimento, estamos conectados para entender a experiência de outros seres humanos e dar e receber carinho.

Essa dança de sintonia é nosso direito de nascença. O grau em que nossos sentimentos de conexão são danificados, sustentados ou aprofundados é o principal fator preditivo da nossa saúde e felicidade durante a vida. Se nossos primeiros laços são cortados pela morte ou pelo abandono, pela falta de atenção ou abuso, passamos a ser assombrados pelas nossas necessidades não atendidas de segurança e amor. Tire um bebê macaco da mãe, e ele vai do estresse angustiado à ansiedade aguda e ao colapso depressivo, e possivelmente à morte. Por outro lado, o contato carinhoso é um remédio para o corpo e a alma. Se alguém — mesmo um estranho — segura a sua mão enquanto você está assustado, os centros do medo no seu cérebro começam a se acalmar. E, quando estamos no fim das nossas vidas, olhando para trás, são os momentos de conexão amorosa que brilham mais. Esses são os momentos que nos dão significado: os momentos em que estamos completamente em casa na plenitude e ternura do nosso ser.

Quando ouvi a história da chimpanzé fêmea, fiquei emocionada com a percepção da sua consciência. Ela pareceu perceber as respostas empáticas das mulheres próximas e instintivamente buscou uma forma de afirmar a sua integração a elas. Os homens, em contraste, trataram todo o encontro como um evento esportivo. Buscavam excitação, compromisso e associação, ainda que reforçando "nós" e "eles". Vendo os chimpanzés apenas como objetos de entretenimento, eles agiam a partir do transe da separação e o reforçavam.

Encontrar refúgio em relacionamentos começa com reconhecer as formas com que nos distanciamos de outras pessoas. Você pode parar aqui e se fazer uma pergunta simples e honesta: "Como, nas minhas interações com outras pessoas hoje, eu criei separação?" Não tenha pressa e seja gentil — é uma pergunta importante.

Criando separação: eu e o outro

Meu primo Victor era "o estranho" na minha família. Com falta de oxigenação ao nascer e inválido por toda a vida, Victor era sustentado financeiramente pela mãe dele e, posteriormente, pelo meu avô. Meus pais incluíam o Victor em todas as nossas grandes refeições festivas, mas a repugnância e o constrangimento da minha mãe apareciam antes que todos os outros parentes e amigos chegassem. "Onde devemos sentá-lo?", questionava, balançando a cabeça. "Quem quer que esteja próximo a ele vai ter que lidar com o cuspe quando ele falar..." Conforme os anos passaram, Victor perdeu os dentes. "Ele baba", ela resmungava. "Aquelas camisas com manchas, é tudo horrível." Nós crianças não nos importávamos tanto quanto a minha mãe, mas sabíamos que o Victor não era "um de nós". Nós lhe dávamos sua gravata anual de Natal e éramos educados, mas ele era "o outro".

Por toda a nossa evolução, nós humanos temos buscado segurança e vantagem avaliando onde estamos em relação aos outros.

Usamos raça, orientação sexual, religião, educação, aparência, inteligência, saúde, posição socioeconômica e etnia como filtros rápidos para essa avaliação. Como outros animais com hierarquia, checamos para ver quem tem mais poder, quem é provável que satisfaça as nossas necessidades, quem representa uma ameaça. Sempre que encontramos uma pessoa nova, o nosso condicionamento genético, cultural e pessoal instantaneamente gera incontáveis julgamentos sobre como essa pessoa se encaixa em nossos planos de nos sentirmos seguros e realizados.

Esses cálculos criam o que eu chamo de transe dos "outros irreais". Seres humanos reais sentem esperança e medo; seus motivos e humores são complexos e inconstantes; seus corpos estão sempre mudando. Em contraste, os "outros irreais" são bidimensionais. É muito fácil reconhecer nossos estereótipos — prostituta, viciado em crack, político, estrela de cinema, ditador. Menos óbvio é como nossas inseguranças e afetos influenciam a nossa capacidade de compreender com precisão os nossos colegas, amigos e familiares. Ainda assim, quando nos sentimos estressados e emocionalmente reativos, quase todo mundo se torna um "outro irreal."

Aqui você pode parar outra vez e trazer à mente alguém de quem você quer alguma coisa: aprovação, dinheiro, ajuda, segurança, promoção no trabalho. O que aparece primeiro? Você foca em uma imagem em particular, uma conversa recente, um humor? Agora tire um momento para olhar mais de perto. Tente imaginar a vida dessa pessoa a partir de dentro dela: o que ela ama? No que ela acha que pode não ser boa o bastante? O que lhe dá prazer? O que a deixa ansiosa? Imagine como essa pessoa poderia ser tocada pela gentileza — ou mágoa ou crítica. Algo mudou na sua perspectiva?

Às vezes, é um choque ver a pessoa por trás da imagem que nós criamos. Fui relembrada disso quando ouvi a seguinte história numa igreja em uma véspera de Natal.

Vendo além da máscara

Uma mulher estava viajando com o marido e seus dois filhos no dia de Natal. Tinha sido uma viagem longa e cansativa, e eles finalmente pararam para almoçar em um restaurante quase vazio.

Enquanto esperavam pela refeição, o filho de 1 ano começou a acenar da cadeira infantil e a dizer "Oi" para alguém sentado do outro lado do restaurante. Para a consternação da mãe, acabou por ser um homem maltrapilho, vestido em roupas esfarrapadas e sujas, desordenado e imundo, obviamente um sem-teto bêbado. Agora ele acenava de volta para o seu menino e falava, "Oi, bebê, oi, garotão... estou te vendo, cara."

Ela e o marido trocaram olhares e alguns outros clientes no restaurante levantaram as sobrancelhas, lançando olhares uns aos outros. Ninguém estava gostando do que estava acontecendo.

Enquanto faziam a refeição, a perturbação continuou. Agora o velho gritava pela sala, "Você sabe bater palmas? Bom menino... Você sabe brincar de esconder?... Ei, olha, ele sabe brincar de esconder." A mulher e o marido se encolhiam de vergonha. Mesmo o filho de 6 anos não podia entender porque o velho estava falando tão alto.

Ela tentou virar a cadeira do menino de 1 ano, mas ele gritava e se retorcia para encarar seu novo amigo.

Sem esperar nem que a família terminasse a refeição, o marido se levantou para pagar a conta e levar o filho mais velho para o carro. A mulher segurou o bebê nos braços e rezou consigo mesma para que ela pudesse passar pelo velho bêbado sem mais alvoroço.

Claramente isso não seria possível. Quando ela se aproximou dele, seu filho mais jovem se jogou para o seu novo amigo com ambos os braços — seu sinal de "me pegue no colo" — e ela podia ver os olhos do homem pedindo, "Por favor, você me deixaria segurar o seu bebê?"

Não houve tempo para responder. O bebê se jogou nos braços do velho.

Ela pode ver lágrimas sob os cílios do homem quando seu filho colocou a cabeça no seu ombro. Ele gentilmente balançou e embalou o menino e, então, olhou bem nos olhos dela. "Cuide deste bebê," ele disse firmemente.

Quando ele relutantemente devolveu o bebê, era como se ele estivesse rasgando o seu próprio coração. Suas palavras finais para ela: "Deus a abençoe, madame. Você me deu o meu presente de Natal."

Ela balbuciou alguma coisa de volta e correu para o carro, suas próprias lágrimas escorrendo livremente. Seu único pensamento era "Meu Deus, meu Deus, me perdoe."

Depois que o pastor terminou de contar essa história, toda a congregação estava absolutamente quieta. No silêncio, notei que Paul, o garoto de 15 anos sentado perto de mim, soluçava. Seus pais eram meus amigos e eu o conhecia desde criança. Nos últimos dois anos, Paul tinha lutado com TDAH, começado a usar roupas góticas, se recolhido em um mundo de fones de ouvido e videogames e começado a usar drogas. Quando coloquei a minha mão no joelho dele, ele se inclinou e sussurrou, "Aquele era eu, aquele era eu."

Eu também chorava. As palavras "Como eu pude?" vinham uma vez e outra na minha mente. Quantas pessoas eu tinha deixado de compreender, de quantas eu tinha me separado? Mesmo naquela noite, eu tinha criado separação. Aqui estava o filho dos meus amigos sentado ao meu lado, e eu estava tendo pena dele a distância. Sim, eu sabia que ele estava com problemas. E ainda assim minha mente estava fixada em como aquele doce menino loiro para o qual eu tinha lido histórias estava agora pintando o cabelo de preto e colocando *piercings* no corpo.

"Por favor," rezei durante a cerimônia de acender velas no encerramento, "por favor... que eu possa me lembrar da luz que brilha através de cada um de nós. Que possamos amar uns aos outros."

O "OUTRO" É PARTE DE NÓS

Depois da morte do meu pai, minha mãe se tornou a principal pessoa responsável pelo bem-estar do Victor. Quando ele ficou mais fraco, foi ela que encontrou a melhor casa de repouso disponível. Ela o visitava todas as semanas e lidava com os seus assuntos financeiros e médicos. No início, fazia isso por obrigação, mas a gratidão do Victor, sua inocência e afeição crescente começaram a amolecê-la. Ela era como o Papai Noel com seus presentes, pizza e doces, quebra-cabeças e revistas, e os olhos dele se iluminavam quando ela entrava no quarto.

A grande angústia do Victor era a casa de repouso. Ele vivera por décadas em seu próprio apartamento pequeno, e aquele não era o seu lar. Ele queria sair, e ainda assim tinha que ficar — ele não era capaz de se cuidar sozinho. Depois de uma visita difícil, a minha mãe dirigiu até um parque próximo, parou o carro e apenas sentou-se em silêncio. Ela o viu na sua mente, andando inquieto de um lado para o outro no quarto, desejando estar em outro lugar e totalmente desamparado. Uma onda de tristeza a varreu. Ele era uma criança presa. Ela sentiu seu coração tomado por uma tristeza ainda maior. Victor era a *sua* criança — ela tinha que amá-lo. Perceber isso, ela me disse mais tarde, a inundou com ternura. "Naqueles momentos eu gostei mais de mim mesma, eu era mais a pessoa que eu queria ser."

Algo fundamental tinha mudado no relacionamento deles. Ela ainda se sentiria explorada, impaciente, insuficiente às vezes. Mas ela amava o Victor, e ele conseguia sentir isso. No fim da próxima visita dela, ele estendeu a mão e tocou o seu braço, como se para dizer "Eu quero que fiquemos juntos, não vá." E, no ano seguinte, ele pareceu relaxar; ele não precisava reclamar tanto. Era como se ele estivesse flutuando pacificamente no oceano dela, acalmado pela conexão deles. Quando sentimos compaixão, a vulnerabilidade da outra pessoa se torna parte da gente. Minha mãe tinha estado no centro de sentimentos difíceis, estando presente com os medos e confusão do Victor, assim como com a sua própria aversão suprimida. Naquela presença, prestando atenção, seu coração tinha se aberto. Sua pena por um "outro" tinha se tornado carinho pelos dois. Não era mais com os problemas do Victor que eles estavam lidando —, era uma situação compartilhada, seu sofrimento compartilhado. Ele tinha se tornado uma parte do coração dela.

A história do Victor termina de forma triste. Muitos anos atrás, quando tinha 83 anos, a minha mãe decidiu se mudar para a Virgínia e morar comigo e Jonathan na nossa propriedade. Ela encontrou pessoas gentis para visitar o Victor, mas ainda tinha medo que ele ficasse abandonado. E, então, uma semana depois que ela contou para ele que estava se mudando, Victor morreu. Eles ficaram de mãos dadas, e ele não queria continuar sem ela.

Quando a minha mãe me ligou para contar, estava triste. "Ele era uma pessoa", ela disse em meio às lágrimas. "Ele tinha uma inteligência, uma gentileza, um bom coração. Mas, era tão triste... as pessoas o desprezavam. Eu mesma fiz isso... até que o conheci."

A COMPAIXÃO PODE SER CULTIVADA

A capacidade para a compaixão está programada no nosso cérebro e no nosso corpo. Assim como estamos equipados para perceber diferenças, para nos sentirmos separados e para reagir com aversão, também somos projetados para sentir uma conexão com nossos companheiros humanos. "Neurônios espelho" especializados nos sintonizam com o estado de outra pessoa — com as suas emoções e as intenções por trás dos seus movimentos — e recriam aquele estado no nosso cérebro. Nossa experiência não é só uma projeção baseada em expressões visíveis como caretas, olhos se estreitando ou sobrancelhas franzidas. Por causa dos neurônios espelho e outras estruturas no córtex pré-frontal que formam nossos circuitos de compaixão, podemos realmente "sentir com" eles.

Ainda assim, esses circuitos da compaixão são facilmente bloqueados quando estamos estressados e fora de contato com as nossas emoções e corpos. Eles também podem ser bloqueados quando acreditamos em estereótipos culturais e quando estamos tendo uma reatividade não examinada em relação às pessoas na nossa vida. Pesquisas mostram que quanto menos nos identificamos com alguém — menos eles parecem reais para nós —, menos o sistema de neurônios espelho é ativado.

A boa notícia é que podemos desbloquear e ativar as nossas redes de compaixão. Isso acontece quando nos voltamos intencionalmente aos refúgios da verdade e do amor. A atenção plena emprega diretamente as partes do nosso cérebro (a ínsula e o córtex cingulado anterior) que são essenciais para ler as emoções dos outros. Quando reconhecemos atentamente que o outro está magoado ou com medo, naturalmente sentimos a ternura da compaixão. Aquela ternura floresce plenamente quando encontramos formas de expressar nosso carinho. Essa alquimia de nos deixar ser tocados pela dor do outro e de responder com amor é a essência das práticas budistas de compaixão.

Um desses treinamentos de meditação, a prática tibetana de *tonglen*, literalmente significa "mandar e receber" (uma versão de *tonglen* é apresentada na página 199). A respiração é usada como apoio e orientação: inspirando com receptividade profunda, inspiramos a dor dos outros. Expirando, oferecemos nosso carinho e bênçãos, enviando o que quer que traga alívio, espaço e felicidade. Essa prática vai contra a nossa tendência de nos fechar diante do sofrimento. Como a minha mãe descobriu, quanto mais profundamente nos deixamos ser tocados pelo sofrimento, mais amolecemos e despertamos o nosso coração. Quanto mais oferecemos o nosso amor, mais descobrimos a nossa integração a todos os seres e a própria consciência amorosa.

O ponto de partida no *tonglen* é um relaxamento intencional em torno do nosso coração. Cada um de nós foi ferido e, em reação, ergueu defesas para se proteger de sofrer mais danos. Nós não queremos estar vulneráveis ou disponíveis para a dor. No entanto, antes de podermos ser compassivos, precisamos ser sensíveis. Como o poeta Mark Nepo escreve,

> *Nosso desafio cada dia não é nos vestir para encarar o mundo,*
> *mas tirar as luvas de forma que a maçaneta da porta seja fria e a*
> *maçaneta do carro esteja molhada e o beijo de adeus pareça com os*
> *lábios de outro ser, macio e irrepetível.*

Inspirando: "ouvido do coração"

A maioria de nós considera ouvir uma grande virtude. Nós adoramos que os outros nos ouçam com interesse e carinho e esperamos ser bons ouvintes. Mas é difícil. Para ouvir bem, devemos estar cientes da estática mental que interfere: cientes da nossa reatividade emocional; cientes de todas as formas com que interpretamos (e mal interpretamos) uns aos outros; cientes da nossa pressa de preparar uma resposta; cientes de como nos armamos com julgamento. Aprender a ouvir envolve sair do nosso diálogo íntimo incessante e usar o que São Benedito chamou de "ouvido do coração". Esse ouvir profundo, uma forma de "respiração," oferece um espaço compassivo para a cura e a intimidade.

Kate era uma aluna de meditação que descobriu o poder de ouvir no relacionamento com a mãe, Audrey, que era uma mulher rica, de sucesso, brilhante e narcisista. Aqueles que conheciam bem a Audrey se referiam a ela de brincadeira como "o centro do universo". Escritora famosa, ela tratava as outras pessoas como satélites em sua órbita, seu público para deliciar com histórias; o papel deles era deixá-la brilhar na sua própria luz refletida.

Audrey podia ser animada e encantadora ao falar, mas era exaustivo estar com ela. Assim que puderam, ambas as filhas se estabeleceram na costa oposta do país. A irmã mais velha de Kate raramente voltava para visitar a mãe, e, embora Kate viesse nos feriados, suas estadias eram sempre breves. O padrasto delas amava a esposa, mas ele e Audrey tinham caído numa rotina em que faltava intimidade. Alguns dos amigos da Audrey ainda toleravam ser um público cativo, mas, conforme envelhecia, ela se isolava cada vez mais.

Kate veio ao meu *workshop* de Relacionamentos Conscientes para focar no casamento dela, e não na mãe. Mas, quando ela saiu, estava imensamente consciente do sofrimento da mãe e da possibilidade de que ouvir profundamente pudesse levar à cura. Sua inspiração foi a imagem de uma fonte.

Durante o *workshop*, nós imaginamos nossas vidas interiores e espíritos como fontes que ficam entupidas com mágoas e medos não processados. Quando ignoramos os nossos sentimentos dolorosos, ou os afastamos, eles impedem a nossa vivacidade natural e obscurecem a consciência pura que é a nossa origem. Não ouvindo a nossa vida interior, nós nos afastamos da realidade. O que resta é um eu diminuído, um outro irreal.

Mas, quando confiamos em alguém e essa pessoa nos ouve realmente, os detritos começam a se dissolver, e a fonte da vivacidade está, de novo, livre para fluir. E, quando ouvimos de fato outra pessoa, a ajudamos a voltar para casa para essa mesma vivacidade.

É importante lembrar que esse processo é demorado. Quando começamos a ouvir, muitas vezes ficamos face a face com os emaranhados desagradáveis, ciúme, autoconsciência ou raiva que entupiam a fonte. A conversa pode parecer superficial ou chata, nervosa ou egoísta. Um ouvinte dedicado persiste sem se perder em resistência ou julgamento. Essa presença incondicional é um bálsamo de cura. Ela gradualmente ajuda quem está falando a relaxar suas defesas emaranhadas de forma que a sua vitalidade natural e espírito possam emergir. Talvez você tenha notado isso quando alguém de fato o escuta. Você se sente mais calmo, pleno, "mais você mesmo" — mais em casa. Como uma fonte desentupida, as águas profundas do humor, inteligência, criatividade e amor começam a fluir.

Kate deixou o *workshop* com a intenção de experimentar e, quando surgiu uma oportunidade de participar de uma sessão de treinamento profissional próxima da casa da mãe dela, decidiu que estava na hora de tentar ouvir profundamente com ela. Fez arranjos para ficar por dez dias, sua visita mais longa para a mãe desde que foi para a faculdade.

Agora, Kate realmente ouvia durante o seu tempo juntas. Como tínhamos praticado, ela ouvia internamente a sua própria tensão sem julgamentos quando sentia resistência, e então se abria novamente para o que quer que fosse que sua mãe estivesse dizendo.

Da mesma forma, quando se sentia sem importância, impaciente, entediada ou julgando, ela trazia atenção plena e gentileza para a sua própria experiência. Ela era capaz de trazer esse mesmo espaço de presença aberto e claro para a mãe.

No início foi difícil. "Eu tinha uma sensação de pânico," Kate me contou mais tarde. "Era como se eu fosse me afogar se eu não fugisse, se eu não encontrasse um pouco do meu próprio espaço. Ela ocupa tanto espaço!" Mas ela descobriu que, se mantivesse o senso de humor, conseguia respirar, perdoar suas próprias reações e continuar voltando. Então ela se treinava para aprofundar a presença: "Agora... o que está acontecendo... minha mãe está falando. Estou quieta. Há um tempo sem fim. Ouço cada palavra... eu ouço quem ela é."

Ficou mais fácil quando a Kate ouviu o que estava por trás das palavras da sua mãe. Ela começou a ouvir desespero, como se a mãe estivesse insistindo repetidamente, "Eu estou aqui, eu importo." Compreendendo a dor da mãe, a Kate sentiu o seu coração amolecer com carinho. Através da sua própria presença quieta e estável, ela comunicava, "Você está aqui, você importa." E a mãe dela começou a relaxar. Kate sabia disso porque havia pausas mais longas entre as histórias e comentários — sua mãe se recostava mais na cadeira, olhava pela janela, desacelerava e parecia mais reflexiva.

Vários dias antes de a Kate planejar ir embora, sua mãe começou a lhe dizer que se sentia sozinha e pouco querida. Kate lhe respondeu, sincera, gentil e honestamente: "Mãe, é porque você não ouve as pessoas." Sua mãe congelou, mas não ficou na defensiva. Kate estivera tão verdadeiramente presente, oferecera uma compaixão tão livre de críticas, que uma confiança emergiu — aquilo não era um ataque, mas um reflexo carinhoso da verdade. Sua mãe quis saber mais: "Por favor, me conte, eu preciso saber." Kate contou a ela. Ela explicou como tinha sido para a sua irmã, para o pai delas e, agora, para o padrasto. "Quando você não ouve, as pessoas se sentem como se não tivessem importância, não se sentem reconhecidas. E é verdade — você não pode conhecê-las se você não as ouve. Você não consegue estar próxima."

Audrey olhou para a filha com uma tristeza e entendimento que cortou o coração de Kate. Algo mudou naquele momento. Talvez a dor da alienação tenha rompido as suas defesas, talvez apenas fosse o tempo dela. Audrey começou a ouvir. Os outros notaram. Depois da próxima visita da irmã, ela falou para a Kate, "Pela primeira vez na minha vida eu senti como se eu fosse uma pessoa real para ela... que eu existia!" A mudança foi mais aguda com o marido, o padrasto da Kate. Eles começaram a apreciar longos jantares e caminhadas noturnas que tinham sido abandonadas logo após o casamento deles.

Audrey não falava mais para pedir a atenção do mundo. Ela falava e ouvia para estar com outras pessoas, para compartilhar suas vidas. Como a Kate ouviu e deixou seu coração ser tocado, a fonte da mãe dela começou a se desentupir. Sua vida pode novamente fluir desde a sua fonte.

Falando e ouvindo verdades difíceis

Como parte dos meus votos de casamento para o Jonathan, li estes versos de Rainer Maria Rilke:

> *Quero desdobrar-me. Que nenhum lugar em mim se mantenha fechado, porque onde eu estou fechado, eu sou falso. Eu quero ficar claro à sua vista...*

Na minha cabeça, o caminho da intimidade significava ter coragem de revelar tudo o que eu não queria que a outra pessoa visse. Isso acabou não sendo uma tarefa simples. Eu sou ótima em ser aberta e verdadeira até que eu comece a me sentir vulnerável — envergonhada de mim mesma — ou crítica com o Jonathan. Nessas horas, eu odio a conversa, fico retraída, manipulativa ou agressiva. Não é tão fácil ficar clara à sua vista.

Apenas dois anos após nos casarmos, a extensão dos meus problemas de saúde ficou clara. Muitas das atividades que amávamos fazer juntos — *mountain hiking*, pedalar, esquiar, *bodyboarding* — já não eram possíveis para mim. O futuro não parecia bom. Meu corpo apenas se tornaria cada vez menos em forma e menos desejável. Ele, por outro lado, era jovem para a idade e saudável. Eu me afundei em um pântano de vergonha da minha condição, vergonha por ele estar preso a uma mulher envelhecida e sem saúde.

Por semanas eu me senti incapaz de dizer isso em voz alta, de deixá-lo ver a minha vergonha e insegurança. Manter aqueles sentimentos guardados era tóxico — eu estava cada vez mais assustada, distante e sombria.

Quando eu finalmente lhe disse, ele fez o que bons ouvintes fazem. Ele se certificou de que eu tinha dito tudo o que queria dizer e, então, espelhou de volta as palavras que eu tinha usado, me mostrando que ele tinha entendido. Depois disso, comunicou um amor que não estava vinculado a eu ser de nenhuma forma determinada.

É claro que, como ele prontamente admitiria, ele nem sempre é tão perfeito. Ele me disse que quando eu digo, "Querido, precisamos conversar," o seu primeiro pensamento (apenas parcialmente brincando) é, "Oh, meu Deus, eu vou morrer!" seguido rapidamente por, "Ok, o que eu fiz errado agora?" Às vezes, ele começa tenso, em atitude defensiva e, quando eu sinto a sua resistência, minha crítica aumenta. Mas nós estamos praticando a comunicação aberta. E continuamos redescobrindo algo essencial: não importa o quanto a gente não queira fazer isso, vale a pena arriscar ser vulnerável. É a única maneira de podermos confiar no nosso amor. A poeta Adrienne Rich escreveu:

> *Um relacionamento humano honesto, ou seja, um em que duas pessoas têm o direito de usar a palavra amor, é um processo de aprofundar as verdades que eles podem contar um ao outro. É importante fazer isso porque é o que rompe a autodelusão e o isolamento humanos.*

É claro, em algumas situações não é sábio ou apropriado falar as suas verdades emocionais. A hora pode ser inapropriada, ou as outras pessoas envolvidas podem não ter a habilidade ou a capacidade emocional de ouvir. Especialmente se você estiver lidando com trauma, é essencial encontrar o terapeuta ou professor certo, que possa aguentar a intensidade da experiência com você. Mesmo se você não estiver trabalhando com sentimentos baseados em trauma, é necessário um "recipiente" para dizer a verdade — outra pessoa ou grupo de pessoas que estejam empenhados com a fala e escuta conscientes. Você precisa sentir um certo grau de segurança. E eu uso a palavra "grau" de propósito. Embutida no sentimento de vergonha e vulnerabilidade está a crença que os outros não vão recebê-lo bem. Você pode não se sentir seguro, ainda assim arriscar pode deixá-lo se sentindo mais seguro e mais amado do que você estava antes de falar.

O Buda descreveu o discurso sábio como falar o que é verdadeiro e útil. A simplicidade desta descrição esconde as suas camadas de nuance. O que é verdadeiro? Certamente não o são todas as nossas avaliações e comentários sobre o que está acontecendo. O melhor que podemos fazer é nos tornar muito presentes com os nossos sentimentos verdadeiros e nomeá-los sem a segunda flecha do julgamento. E o que é útil? Se nós queremos sinceramente que as nossas palavras sirvam para aumentar o entendimento e carinho mútuos, essa intenção vai nos guiar.

Há uma grande força em compartilhar uma verdade difícil. Deixar a sua vulnerabilidade ser vista por outra pessoa atenciosa e de confiança pode começar a desvendar uma vida inteira de vergonha. Nomear um sentimento doloroso pode aprofundar e fortalecer a sintonia e compaixão mútuas. Relacionamentos se tornam mais vibrantes. Encontrar a coragem de "arriscar" — falar o que é verdade — o engrandece. Você se torna mais verdadeiro para si mesmo, mais íntimo dos outros.

Expirando: oferecendo nosso carinho

A intimidade que surge no ouvir e no falar verdades só é possível se pudermos nos abrir para a vulnerabilidade dos nossos próprios corações. Inspirar, entrando em contato com a vida que está bem aqui, é o nosso primeiro passo. Uma vez que tenhamos pensado em nós mesmos com bondade, podemos tocar os outros de uma forma vital e curativa.

Richie e eu ficamos amigos quando estávamos no terceiro ano da faculdade. Afro-americano tímido e pensativo, ele era conhecido por carregar a sua câmera por toda parte, ouvir quando os outros derramavam suas histórias sobre ele e correr na neve usando shorts de ginástica. Embora tenhamos perdido contato depois da formatura, fiquei sabendo que ele estava trabalhando como fotojornalista em Nova York. Então, mais ou menos quinze anos mais tarde, ele me ligou e pediu uma consulta comigo em uma visita que faria em breve a Washington, D.C. Ele explicou que tinha recentemente se casado com a Carly, uma mulher caucasiana que ele tinha conhecido em um curso de meditação e ele queria falar comigo sobre a família da esposa. "Eu sabia onde estava me metendo... *country club*, conservadores, o serviço completo... mas eu não tinha ideia de que seria tão difícil."

"Desde o início," ele me disse quando nos encontramos, "Sharon [a sogra dele] foi totalmente contra eu e Carly ficarmos juntos." Enquanto o pai da Carly parecia disposto a apoiar a escolha da filha, a mãe tinha lutado contra o casamento veementemente. "Ela avisou a Carly que nós éramos muito diferentes, que nós acabaríamos divorciados e infelizes. Bem..." ele disse sombriamente, "nós nos amamos profundamente, mas ela está tendo sucesso em fazer com que sejamos infelizes."

Na terceira e mais recente visita deles, Sharon tinha se recusado a ir a uma peça no teatro comunitário com eles. Ela mais tarde disse a Carly que não aguentaria encontrar os amigos do clube. "Assim que eu virasse as costas", ela reclamou, "eles começariam a fofocar sobre você e o Richie." No jantar, ela ignorou os elogios do Richie sobre o salmão e deu respostas vagas e reservadas às suas perguntas sobre uma viagem recente à Itália. Quando o Carly a confrontou em particular no andar de cima, Sharon reconheceu seu comportamento. "Eu admito, estou sendo horrível. Mas eu não consigo evitar, Carly. Ele é uma boa pessoa, uma pessoa inteligente... realmente, ele é... mas você está cometendo um erro terrível."

Carly queria parar de visitar a família — eles podiam apenas não ir no feriado de Ação de Graças e no Natal, ela disse —, mas Richie insistiu em persistir. "Não é que eu esteja tentando me martirizar", ele me disse, "Sharon é uma idiota racista e autocentrada, e podia lhe fazer algum bem se a Carly se recusasse a visitar a família dela. Eu ficaria satisfeito... estou de saco cheio. Mas algo em mim sente que ela é alcançável."

Como parte da sua prática de meditação, Richie tinha recentemente feito votos de bodisatva com o seu professor. Esses expressam um compromisso básico de deixar o que quer que surja na nossa vida despertar a compaixão, e nos dedicar a trazer ativamente essa compaixão a todos os seres. Para o Richie, os votos tinham um significado muito específico. "Eu não quero desistir de ninguém, desistir de quem eles podem ser". Mas o Richie sabia que, antes que pudesse se aproximar da Sharon, precisava se conectar com a sua própria raiva, e com o que estava por trás dela.

"É justamente nisso que queria focar, Tara", ele disse, quando se recostou na cadeira. "Eu não ficaria tão irritado se não me sentisse inseguro. É aquela questão básica de ser merecedor — ela está me dizendo que eu não mereço a filha dela."

"Esse sentimento é familiar?", perguntei.

"Ah, sim. Esse tem sido o tipo de coisa que tenho dito a mim mesmo desde que o meu pai foi embora. Naquela época, era que eu não era bom o suficiente para fazer a minha mãe feliz." Ele se sentou em silêncio por alguns momentos e continuou. "Eu pensava que deveria preencher o lugar dele e não conseguia. Ela estava sempre deprimida, sempre ansiosa."

Richie se recostou na cadeira, desanimado. "É sempre esse mesmo sentimento... de que eu sou o garoto que não consegue tirar nota, que não merece coisas boas. E não ajudou ir para aquela nossa faculdade fresca" — ele me deu um sorriso — "ou trabalhar em uma profissão de branco. Eu sei que essa coisa de falta de valor está na cultura, Tara... mas aquele garoto ainda se sente como se fosse jovem, e simplesmente não dando conta do recado."

"Quando você presta atenção, pode sentir o que aquele garoto que se sente sem valor mais quer de você?"

Ele ficou quieto e, em seguida, assentiu. "Ele apenas quer que eu o veja, o note e seja gentil."

"O que acontece se você oferece a sua gentileza interiormente?"

Por alguns minutos, Richie ficou sentado em silêncio, pensativo e imóvel. Quando abriu os olhos, ele olhou pela janela. Então, encontrou os meus olhos e sorriu.

"Obrigado," ele disse suavemente. "Acho que essa parte de mim precisa de alguma reafirmação, algum carinho. Agora mesmo eu senti como se estivesse olhando através de uma câmera para esse garoto que estava falhando em uma missão impossível. De forma alguma ele conseguiria fazer as coisas ficarem bem para a mãe dele."

Falamos sobre a sua visita de Ação de Graças próxima, e sobre como a Sharon podia ativar as suas inseguranças. Richie bolou um plano: "Vou levar a minha câmera. Vou manter os meus olhos no garoto interior... e na Sharon... em ambos com gentileza." E, com isso, ele pendurou as pernas na lateral da minha imensa poltrona, visivelmente mais relaxado.

Tive notícias do Richie novamente logo após o fim de semana de Ação de Graças. Sharon o tratara com formalidade educada — todos os outros eram da família, ele era um hóspede. "Mas continuei imaginando que estava olhando para ela por um visor de câmera", ele me disse, "e eu vi que ela estava sofrendo. Por trás daquela frieza, havia um coração amedrontado e apertado." Ele teve uma percepção libertadora: "Não é realmente de mim que ela está com medo. É da Carly ser infeliz."

Mais ou menos um dia depois ele me mandou por e-mail duas fotos excelentes, ambas da Sharon. A irmã de Carly acabara de ter um bebê, e o Richie fotografou a Sharon embalando a nova neta, olhando com adoração para a criança. A outra era de um momento descontraído quando o marido a puxara para se sentar com ele, e ela tinha caído em cima dele. Richie tirou a foto no momento em que eles estavam olhando um para o outro e rindo.

E, então, veio o Natal. Cedo, na véspera, o pai da Carly (disfarçado de Papai Noel) colocou duas caixas diante do Richie. Sharon tinha comprado umas meias para ele *online* (muito grandes) e tinha embalado uma caixa de chocolates (ele raramente comia açúcar). Um pouco mais tarde, a Sharon abriu o presente do Richie para ela. Ela encontrou as duas fotos que ele tinha tirado semanas antes, emolduradas de forma simples e elegante. Sharon começou a tremer e soluçar. Seu marido e Carly vieram para ver o que estava errado. Lá estavam as fotos da Sharon com sua neta e seu marido, parecendo radiante, amorosa e feliz. E aqui estava ela chorando. Quando ela se acalmou, ainda não conseguia falar e acenou para que as pessoas continuassem a troca de presentes.

Richie tinha verdadeiramente "visto" a Sharon — sua vulnerabilidade e seu espírito. Ele tinha manifestado seu carinho espelhando a bondade dela. Levou um ano e meio para ela dizer a ele o que aqueles presentes tinham significado e para pedir desculpas. Mas, como ele não desistiu dela, iniciou-se um descongelamento. Na noite seguinte, a irmã da Carly pediu ao Richie que lhe ensinasse a dançar swing, e ele mostrou alguns passos ao som de *jazz* no seu iPod. Ela pegou rapidamente e os outros aplaudiram enquanto ela e Richie giravam alegremente pela sala de estar. Carly deu uma olhada para a mãe, que estava em pé atrás dos outros na soleira da porta. Ela olhava com um leve sorriso, seus olhos molhados de lágrimas.

Oferecendo bênçãos

Nós somos abençoados sempre que alguém vê quem nós somos e nos ajuda a confiar na nossa bondade e integração essenciais. Uma amiga se sentiu abençoada quando a sua tia entendeu o que ela mais precisava e pagou o seu primeiro retiro de meditação. Um homem que conheço, cujo filho jovem tinha morrido de câncer no cérebro, se sentiu abençoado quando o seu rabino assegurou a ele que poderia continuar a conversar com o espírito do filho. Quando era jovem, meu sogro se sentiu abençoado pela prima mais velha, que reconheceu a sua esperteza e lhe deu um jogo de palavras.

A médica e escritora Rachel Naomi Remen conta uma linda história sobre como as bênçãos do seu avô a estimularam:

Meu avô morreu quando eu tinha 7 anos. Eu nunca tinha vivido em um mundo sem ele antes, e foi difícil para mim. Ele tinha me olhado como ninguém mais me olhava e me chamado por um nome especial, "Neshumele," que significa "pequena alma amada." Não havia mais ninguém para me chamar assim. No início, fiquei com medo de que, sem ele para me ver e dizer a Deus quem eu era, eu iria desaparecer. Mas, aos poucos, com o tempo, eu vim a entender que, de alguma forma misteriosa, eu tinha aprendido a me ver através dos olhos dele. E que, uma vez abençoados, estamos abençoados para sempre.

Muitos anos mais tarde, quando, na sua extrema velhice, minha mãe surpreendentemente começou a acender velas e a falar com Deus, eu lhe falei sobre essas bênçãos e o que elas tinham significado para mim. Ela sorriu para mim tristemente. "Eu a abençoei todos os dias da sua vida, Rachel," ela me disse. "Eu apenas nunca tive a sabedoria para fazer isso em voz alta."

A maioria de nós precisa ser relembrada de que somos bons, que podemos ser amados, que fazemos parte de algo. Se soubéssemos exatamente a força com que os nossos pensamentos, palavras e ações afetavam os corações daqueles à nossa volta, estenderíamos e daríamos as nossas mãos vezes sem conta. Nossos relacionamentos têm o potencial de ser um refúgio sagrado, um lugar de cura e despertar. Com cada pessoa que encontramos, podemos aprender a olhar atrás da máscara e ver aquele que anseia amar e ser amado. Podemos lembrar de dizer nossas bênçãos em voz alta.

MEDITAÇÃO GUIADA: TONGLEN — DESPERTANDO O CORAÇÃO DA COMPAIXÃO

A prática tibetana de *tonglen* nos treina para deixar o sofrimento entrar e oferecer a compaixão (*karuna*). Na página 193, introduzi uma versão dessa prática que focava em entrar em contato com o nosso próprio medo e despertar a autocompaixão. A próxima prática nos treina para imaginar e sentir a realidade de outros. Quando incluímos o sofrimento de outras pessoas no nosso coração, naturalmente respondemos com ternura e carinho.

> *Sente de uma forma que lhe permita estar relaxado e alerta. Solte qualquer tensão habitual e permita que seu corpo e mente se acomodem.*
>
> *A prática tradicional de tonglen começa por tomar um instante para sentir a quietude ou abertura que já está aqui. Isto é considerado um lampejo de lembrança, uma reconexão com o nosso coração e a nossa mente despertos.*
>
> *Agora traga a sua atenção para o ritmo natural e para a qualidade da sua respiração. Quando você inspirar, permita que suas células recebam essa energia vital. Com cada inspiração, se abra com receptividade total, como um balão gentilmente se expandindo com o ar. Esteja ciente da experiência de não resistir, de se permitir ser tocado pelas sensações da respiração.*
>
> *Com a expiração, note as sensações de soltar e liberar para o espaço que lhe rodeia. Imagine todo o seu corpo e consciência fluindo para*

fora com a respiração e se misturando com a vastidão do espaço. Expire em relaxamento, bem-estar e espaço.

Continue meditando na essência de receber, ser tocado com a inspiração e soltar na abertura com a expiração.

Agora convide para a sua consciência alguém que você conheça pessoalmente e que esteja sofrendo, alguém a quem que você queira ajudar. Imagine-se nas circunstâncias dessa pessoa, sentindo o medo ou o sofrimento ou a perda dessa pessoa. Como é olhar para o mundo através desses olhos? Viver dentro desse corpo em particular? Sentir com esse coração? Qual é a parte mais vulnerável e dolorosa da experiência dessa pessoa? O que ela mais precisa?

Agora, inspirando, convide toda essa dor para o seu coração, se permitindo senti-la por inteiro. Inspire, trazendo a dor para si mesmo, de forma que a outra pessoa tenha alívio. E quando você expirar, responda às suas necessidades enviando relaxamento, espaço, amor ou o que quer que vá trazer bem-estar e felicidade.

Algumas vezes, quando você inspirar, vai encontrar a sua própria resistência à dor. Se isso acontecer, mude o foco e respire por si mesmo e por incontáveis outros seres que, assim como você, estão sentindo essa mesma dificuldade, raiva, repulsa ou medo. Então, quando expirar, ofereça o que quer que ajude a você e aos outros como você a encontrar espaço e alívio.

À medida que a sua resistência for atenuada, volte a respirar pela pessoa que você pretende ajudar. Conforme você inspira e deixa a dor da pessoa lhe tocar, sinta como essa pessoa é mantida no seu coração. E, quando você exalar o ar, envie qualquer oração ou expressão de carinho que pareça ser mais sincera ou mais necessária.

Agora, amplie o receber e enviar para incluir todos aqueles seres que estão na mesma situação, experimentando o mesmo sofrimento. Se a pessoa que você quer ajudar estiver sofrendo por uma per-

da, inspire e expire por todos aqueles que estão vivenciando a dor da perda. Se essa pessoa se sente um fracasso, inspire e expire por todos os que se sentem fracassados. Sinta, quando você inspira, a boa vontade, a ternura e a receptividade incondicionais do seu coração; e, à medida que você expira, sinta a vastidão da consciência amorosa que está aqui, mantendo esse mundo.

Continue a respirar, se abrindo para a experiência universal desse sofrimento e soltando para o espaço em oração. À medida que o seu coração se abre para a enormidade do sofrimento, você se torna aquela abertura. À medida que você oferece a sua ternura, a sua consciência é inundada com compaixão.

Flexibilidade ao usar a respiração: *se em algum ponto você achar que as instruções para respirar interferem na experiência real de aceitar o sofrimento e enviar conforto e amor, ajuste o que quer que ajude a meditação. Por exemplo, você pode descobrir que precisa focar apenas na inspiração ou apenas na expiração por vários ciclos para entrar em contato com a experiência de uma forma mais completa, ou para soltar. Ou pode descobrir que é mais fácil não se concentrar na respiração.*

Ao longo de todo o seu dia: *você pode fazer uma versão abreviada de tonglen sempre que encontrar sofrimento. Se alguém que você encontrar estiver tendo dificuldades, pare. Por várias respirações, em silêncio, inspire a sua dor e expire alívio. Se você se sentir resistindo, desconectado ou com medo da dor, faça tonglen para você e todos que, como você, estejam tendo dificuldade em se abrir para a dor.*

Não importa o que surja, é uma oportunidade para praticar compaixão. Em vez de ignorar a dor ou nos julgar, podemos nos treinar para nos abrirmos para o potencial completo do amor.

Quando *tonglen* pode ser inapropriado: *se você estiver lutando com medo relacionado ao trauma, depressão acirrada ou desequilí-*

brio psicológico severo, o tonglen pode causar uma inundação emocional ou uma sensação de estar travado. Nestas situações, busque a orientação de um mestre espiritual, terapeuta ou guia de confiança para encontrar algo que possa ajudá-lo mais a encontrar o caminho da cura.

MEDITAÇÃO GUIADA: BONDADE AMOROSA — VENDO ALÉM DA MÁSCARA

Sempre que reconhecemos a bondade, o nosso coração se abre com bondade amorosa. Começando pelo amor que sentimos por aqueles mais queridos, essa versão da meditação de bondade amorosa nos ajuda a aprender a ver a bondade naqueles que são diferentes, distantes ou mesmo que nos magoam.

> *Sente-se de forma que você fique confortável e relaxado. Soltando toda a tensão que conseguir, solte seus ombros, suavize suas mãos e relaxe a sua barriga. Sinta um sorriso se espalhar nos seus olhos, suavizando a carne ao redor deles. Traga um sorriso leve para a sua boca e sinta o sorriso no interior da boca. Sorria no seu coração e então imagine o sorriso se expandindo, criando um espaço receptivo e sensível em todo o coração e na região do peito.*
>
> *Agora traga ao seu coração alguém que você ama. Tire alguns momentos para refletir sobre as qualidades que você mais aprecia. Recorde sua inteligência, humor, gentileza, vitalidade. Imagine essa pessoa quando ela sente amor por você. Esteja ciente da sua essência boa, desperta e carinhosa. No seu coração, sinta a apreciação por esta pessoa querida e comece a oferecer a sua oração. Você pode escolher quatro ou cinco das frases abaixo ou, se preferir, crie as suas.*
>
> *Que você esteja cheio de bondade amorosa, mantido em bondade amorosa... que você sinta o meu amor agora.*
>
> *Que você se sinta seguro e à vontade.*
> *Que você se aceite exatamente como é.*

Que você seja feliz.
Que você tenha uma grande paz natural.
Que você conheça a alegria natural de estar vivo.
Que o seu coração e mente despertem; que você seja livre.

À medida que você repete baixinho cada frase de bondade amorosa, imagine como seria para essa pessoa experimentar o fruto da sua bênção — a plenitude do amor, autoaceitação, paz, alegria e liberdade.

Agora amplie o seu círculo de carinho trazendo à mente uma pessoa "neutra" (pode ser alguém que você vê regularmente, mas não conhece bem ou com quem não se importa muito). Tire alguns momentos para relembrar como é a aparência dessa pessoa, como ela se move e fala. Agora tente imaginá-la olhando para um filho amado... ou tocada pela beleza de uma queda de neve recente... ou rindo, relaxada e à vontade. Lembre-se que ela quer ser feliz e não quer sofrer. Então, conforme esta pessoa se torna viva para você, use as frases acima, ou quaisquer outras que escolher, para oferecer a sua apreciação e bondade amorosa.

Agora traga à mente alguém com quem você tem um relacionamento difícil — talvez alguém que suscite raiva, medo ou dor. Primeiro tire um momento para trazer uma atenção gentil e não julgadora aos seus próprios sentimentos à medida que reflete sobre ele ou ela. Então, se voltando para essa pessoa difícil, tente ver além da máscara. Procure ver algum aspecto da sua bondade básica. Pode ajudar ver essa pessoa como uma criança pequena, dormindo pacificamente — ou na outra extremidade da vida, como alguém que acaba de morrer. Você consegue relembrar algo sobre essa pessoa que você admire, alguma qualidade de dedicação, carinho ou criatividade? Mesmo se for difícil reconhecer a bondade dessa pessoa, lembre-se que todos os seres humanos querem ser felizes, querem evitar o sofrimento. Lembre-se que a vida importa para essa pessoa assim como para você. Mantendo-a em atenção gentil, comece a oferecer as frases de bondade amorosa que lhe venham com mais facilidade.

Em seguida imagine que você está juntando todos aqueles seres por quem você acabou de rezar — uma pessoa querida, uma pessoa neutra e uma pessoa difícil. Tire um momento para se incluir, homenageando a bondade e sinceridade que você trouxe para essa meditação. Mantendo a si mesmo e aos outros no seu coração, sinta a sua humanidade compartilhada, sua vulnerabilidade e bondade básicas. Envie preces de bondade amorosa para todos de uma vez, reconhecendo que vocês estão nisso juntos.

Por fim, permita que sua consciência se abra em todas as direções — na sua frente, para cada lado, atrás de você, embaixo e acima de você. Nesse espaço vasto, sinta que a sua presença amorosa abraça todos os seres: as criaturas selvagens que voam, nadam e correm pelos campos; os cachorros e gatos que vivem em nossos lares; as formas de vida ameaçadas de extinção; as árvores e a grama e as flores; crianças em todos os lugares; seres humanos vivendo na pobreza ou com grandes riquezas; aqueles em guerra e aqueles em paz; aqueles que estão morrendo e aqueles recém-nascidos. Imagine que você pode manter a terra, nossa mãe, no seu colo e incluir toda a vida em todos os lugares no seu coração, sem limites. Consciente da bondade inerente a todos os seres vivos, mais uma vez ofereça suas preces:

Que todos os seres estejam cheios de bondade amorosa.
Que todos os seres tenham uma grande paz natural.
Que haja paz na terra, paz em todos os lugares.
Que todos os seres despertem; que todos sejam livres.

Repita essas frases várias vezes. Então, permita-se repousar em abertura e silêncio, deixando o que quer que surja no seu coração e consciência ser tocado pela *bondade amorosa.*

Ao longo de todo o seu dia: *existem várias formas de integrar a prática de bondade amorosa na sua vida diária.*

• *Estabeleça a intenção de refletir, a cada manhã ao longo de uma semana, sobre a bondade das pessoas com quem você convive. Então, durante o dia, sempre que você lembrar, ofereça silenciosamente a elas as suas preces.*

• *Sempre que alguém que você ama ou outra pessoa qualquer disparar sentimentos de irritação ou insegurança, pare, relembre algum exemplo específico da bondade daquela pessoa e mentalmente sussurre, "Que você seja feliz."*

• *Escolha uma pessoa "neutra" com quem você se encontra regularmente, lembre-se da sua bondade e silenciosamente ofereça seus desejos para o bem-estar dessa pessoa. Observe se os seus sentimentos por essa pessoa mudam.*

• *Escolha uma pessoa "difícil" e tire um tempo para refletir diariamente sobre a sua bondade. Depois de ter oferecido preces de bondade amorosa por pelo menos duas semanas, você observa uma mudança nos seus sentimentos? Houve diferença no comportamento dela em relação a você?*

• *Descubra o que acontece quando você informa uma pessoa sobre a bondade que você vê nela.*

Mantendo a sua prática estimulante e viva: *o que quer que desperte um sentimento genuíno de conexão e carinho é uma prática de bondade amorosa. Então, se a sua prática formal parece de alguma forma mecânica, experimente o seguinte:*

• *Use quaisquer palavras que façam sentido no momento.*

- *Faça a sua prece em voz alta.*
- *Diga o nome da pessoa para quem você está rezando.*
- *Imagine que o seu coração está abraçando a pessoa para quem você está rezando, ou que você está tocando o seu rosto com carinho.*
- *Imagine esses seres sentindo-se curados, amados e inspirados pela sua prece.*

Mesmo uns poucos momentos de reflexão sobre a bondade e oferecimento de bondade amorosa podem reconectar você com a pureza do seu coração amoroso.

13 . Perdendo o que amamos: a dor da separação

Aqueles que amamos desde o início
não podem ser postos de lado ou esquecidos,
depois que morrem eles ainda devem ser chorados
até não existirem...
confirmando,
o ausente não estará presente,
nunca mais. Então aquele que perdemos
pode se lançar para fora, seus milhões
de momentos de presença podem se espalhar
pela consciência livremente, como neve
coletada durante a noite em um ramo de abeto
que no meio da manhã explode
em pó brilhante na luz do sol.
GALWAY KINNELL

Grite! Não fique impassível e silencioso com a sua dor. Lamente!
E deixe o leite do amor fluir em você.
RUMI

Vou precisar de Advil se eu for sair para dar uma caminhada... mas vou ter dor de estômago se não comer alguma coisa antes... e está muito cedo. Então, o pensamento "Estou acordada", e, ao tirar o travesseiro de baixo dos meus joelhos e me virar de lado bem devagar, sinto uma dor lancinante no quadril. É outra manhã, outro dia para viver dentro de um corpo que dói.

Tento não pensar em como era antes. Posso soltar o meu eu jovem, aquele que ganhou uma olimpíada de ioga mantendo a postura da roda por mais de dezoito minutos. Posso soltar a mulher que corria cinco quilômetros quase todos os dias, que amava esquiar e praticar *bodyboarding*, ciclismo e jogar tênis. Mas e quanto a simplesmente ser capaz de vaguear pelas colinas e bosques em torno da nossa casa? E andar ao longo do rio?

Tanta coisa me foi tirada. Primeiro veio uma lesão nos joelhos enquanto eu corria. A instabilidade dos joelhos excluiu andar de bicicleta e jogar tênis. Eu me resignei a nadar como exercício, apenas para descobrir que nadar piorava as dores no meu pescoço. Agora, mesmo andar é muitas vezes doloroso. Varrer o chão, me abaixar ou pegar algo mais pesado do que uma garrafa grande de água pode me deixar com dor durante vários dias. E estou perdendo a força em todos os aspectos, pois a maioria das formas de fortalecer os músculos machuca as minhas articulações.

Perder a liberdade de me mover com facilidade é como uma espécie de morte, uma separação da experiência de vivacidade que eu amo. Mas a pior parte é olhar à frente. Eu me imagino estando com meus futuros netos, incapaz de pegá-los no colo, brincar na água, fazer farra no chão ou brincar de pega-pega na grama. Imagino ser uma prisioneira em um corpo que dói.

A COMUNIDADE DA PERDA

Como a minha doença genética é rara e pouco conhecida, eu me senti isolada na minha dor por algum tempo depois do meu diagnóstico. Mas a minha doença gradualmente me iniciou no que uma amiga chama de "comunidade da perda". Passar para esse mundo me deu um entendimento íntimo do que significa para os outros quando alguma coisa que eles amam lhes é arrancada. Clientes e alunos sempre me contaram suas histórias, mas, à medida que o meu próprio sofrimento se tornou mais visível, seu compartilhamento da vulnerabilidade se tornou mais aberto e real. Uma mulher me disse que a sua solidão parece uma morte que nunca acaba. Outra descreveu um medo tão grande que ela acredita que ele vai lhe causar insuficiência cardíaca.

A busca do Buda por liberdade começou quando ele foi confrontado com a realidade de que todos nós vamos perder tudo o que amamos. Como um jovem príncipe, Siddhartha Gautama vivia uma vida protegida, abrigado em um reino que lhe proporcionava todas as delícias e confortos terrenos. Mas uma inquietação interior o fez visitar os subúrbios abertos do reino, e lá ele encontrou primeiro um homem doente, então um homem velho, e finalmente um cadáver. Siddhartha foi sacudido do seu transe de complacência. Já não importava que ele tivesse uma linda e devotada esposa ou que ele fosse algum dia ser o rei com um grande exército para defender o seu povo. Ele foi dominado por uma única pergunta ardente: se o sofrimento e a perda não podem ser evitados, como nós humanos podemos encontrar paz e liberdade em meio às nossas vidas?

Um amigo budista de longa data assistiu a um filme na PBS (Public Broadcasting Service, rede de TV americana de caráter educativo-cultural) sobre a vida do Buda enquanto se recuperava de um ataque cardíaco grave. Depois de ver o segmento dos três encontros de Siddhartha, ele se sentou ereto com o pensamento *Existe velhice! Existe doença! Existe morte! Por que eu não sabia disso antes?* É claro que ele sabia conceitualmente. Mas agora ele realmente sabia. Nós perdemos *este* corpo. *Este* ser que amamos. *Esta* continuação da vida no futuro.

Defendendo-nos contra a perda

O Buda ensinou que passamos a maior parte da nossa vida como crianças em uma casa pegando fogo, tão fascinados com os nossos jogos que não notamos as chamas, as fundações em colapso, a fumaça à nossa volta. Os jogos são os nossos falsos refúgios, as nossas tentativas inconscientes de enganar e controlar a vida, nos esquivar da sua dor inevitável.

No entanto, essa vida não está só queimando e desmoronando. Os poemas zen reverenciam um mundo natural que está também fluindo, dançando, emanando e desabrochando. A tristeza e a alegria são tecidas inextricavelmente juntas. Quando nos distraímos da realidade da perda, também nos distraímos da beleza, da criatividade e do mistério desse mundo em constante mudança.

Quero dizer aqui que afastar-se da dor plena da perda pode ser uma resposta inteligente e compassiva — nos dá espaço e tempo para ganharmos novamente alguma energia, perspectiva e equilíbrio. Pode não ser um falso refúgio nos mantermos ocupados depois de uma perda recente — nos afundar no trabalho, livros, filmes ou cercarmo-nos de companhia. O mesmo é verdade se precisamos nos afastar das atividades regulares e compromissos sociais. Mas as nossas formas de buscar alívio não são muitas vezes saudáveis nem temporárias. Em vez disso, elas se tornam tentativas contínuas de controlar a nossa experiência para não termos que nos abrirmos para a nossa dor.

A ARMADURA DA CULPA

Alguns anos atrás, trabalhei com um casal que tinha perdido um filho adolescente, Ron, vítima de leucemia. Durante os três anos finais da vida do Ron eles desesperadamente perseguiram e esgotaram todos os protocolos médicos que os National Institutes of Health (literalmente, Institutos Nacionais de Saúde) ofereciam. Louise, que era minha cliente de terapia, largou o emprego, e o marido, Tony, passou a trabalhar em período parcial. A vida deles era uma montanha-russa, com as explosões periódicas de energia e força do Ron alimentando a sua triste determinação de "vencer a doença". Quando o menino morreu, ficaram devastados pelo sofrimento. Mas logo, sem o inimigo comum, se voltaram um contra o outro. "O simples fato de estar perto do Tony lembra o que eu perdi, desse enorme buraco aberto", Louise disse. "Sei intelectualmente que não é culpa dele, mas isso não faz diferença. Há uma voz em mim gritando, 'Você não salvou o meu bebê!'" Tony a princípio ficou atordoado e então magoado e com raiva. Eles se separaram em oito meses.

Com o Tony longe, a Louise redirecionou a culpa. Quando nos conhecemos, ela costumava me dizer como uma pessoa atrás da outra a estavam decepcionando de alguma forma — não ficando ao seu lado na separação do Tony, não entendendo realmente a perda monstruosa com que ela estava convivendo. Quando ela finalmente começou a namorar, seus relacionamentos eram curtos. "Eles simplesmente não sabem como é," ela dizia. Louise estava travada — para ela, o sofrimento de se sentir injustiçada e isolada tinha sido adicionado ao sofrimento da tristeza.

Culpar é um falso refúgio que blinda os nossos corações e nos distancia da sensação de tristeza. Nossa raiva ou ódio pode se fixar no parceiro que nos deixou por outra mulher; na ex-mulher que nos privou da visita; nos adolescentes que atraíram nosso filho para as drogas. Ou podemos reagir à dor com uma raiva mais global, como o meu cliente Justin.

Justin e Donna se conheceram na faculdade quando ambos eram voluntários numa agência de serviços comunitários, e eles se casaram logo após a formatura. Donna foi para a faculdade de direito e se tornou professora; o Justin ensinava história e era treinador de basquete em uma pequena faculdade urbana. Com as suas carreiras de professores, sua paixão pelo tênis e sua dedicação compartilhada em defender os jovens desfavorecidos, sua vida juntos era completa e satisfatória.

Donna estava fora em uma conferência quando o Justin recebeu a notícia inesperada da sua promoção a professor titular. Ela adiantou o voo de volta para celebrar com ele. No caminho do aeroporto para casa, um caminhão imenso virou e esmagou o carro dela, matando-a instantaneamente.

Quase um ano depois da morte da Donna, Justin me mandou um e-mail para pedir algumas sessões de aconselhamento por telefone. "Eu preciso voltar à consciência plena", ele escreveu. "A raiva está ameaçando me tirar o resto da minha vida."

Durante o nosso primeiro telefonema, Justin me disse que a sua resposta inicial à morte da Donna foi sentir raiva de um deus injusto. "Quando eu não estava amaldiçoando Deus, eu estava cerrando os punhos para ele, exigindo respostas: 'Ela era tão boa, tão gentil, tão necessária nesta terra... por que ela? E eu... como você pôde tirá-la de mim? O que eu fiz para merecer isso?'" Sendo um homem afro-americano de família de classe trabalhadora, Justin tinha conseguido fazer a faculdade com a ajuda de uma bolsa de estudos para jogar basquete. Ele era dedicado aos alunos e membros do time, fazia hora extra para ajudar aqueles que precisavam de apoio acadêmico ou pessoal. "Eu amava tudo o que eu fazia, mas o que me mantinha, o que mais me sustentava, era a Donna. Ela era a minha alma gêmea... e... ela se foi. Não importa que eu sempre tenha tentado fazer o meu melhor, ser uma boa pessoa, um bom cristão. Deus virou as costas para mim."

No ano seguinte à morte da Donna, a raiva do Justin para com Deus se transformou em uma raiva mais geral contra a injustiça em um desejo de confrontar quem tivesse poder. Ele sempre se envolvera com causas sociais, mas ele se tornou um para-raios para conflitos, liderando agressivamente a luta por diversidade no campus e atacando publicamente a administração da escola pela sua falta de comprometimento com a comunidade ao redor. Seu chefe de departamento antes tinha sido um aliado firme, mas agora a comunicação entre eles estava tensa. "Não é o seu ativismo, eu sou completamente a favor dele," seu chefe lhe dissera. "É o seu antagonismo... a sua postura. Esse é o problema." A irmã mais velha do Justin, sua confidente a vida toda, também o confrontara. "Sua postura básica para com a vida é de suspeita e hostilidade", ela dissera. "Você está carregando um grande peso nos ombros. É você contra o mundo." Quando perguntei a ele se aquilo parecia ser verdadeiro, ele respondeu. "Quando perdi a Donna, perdi a minha fé. Eu costumava pensar que uma sanidade básica pudesse prevalecer neste mundo. Mas agora... bem... é difícil *não* me sentir hostil."

A dor da perda frequentemente inspira o ativismo. Mães têm pressionado incansavelmente por leis contra dirigir após beber; outras lutam por uma legislação para reduzir a violência com armas; ativistas de direitos dos gays se devotam a evitar os crimes de ódio. Tal dedicação à mudança pode ser uma parte vital e empoderadora da cura. Mas a raiva não processada do Justin tinha abortado o processo de luto. Sua raiva podia ter lhe dado algum sentimento de significado ou propósito, mas, ao invés disso, ele permaneceu como vítima, em guerra contra Deus e a vida, incapaz de se curar de verdade.

A SEGUNDA FLECHA: AUTOCULPA

Depois de sofrer uma grande perda, uma das formas com que nos infligimos dor é nos fixando no fracasso pessoal. Nós focamos em como falhamos com os outros: "Eu deveria estar com ela quando deu seu último suspiro"; ou "Durante aqueles últimos meses eu estava tão ocupado, realmente não estive presente." Ou temos pensamentos obsessivos sobre a nossa responsabilidade pelo casamento que deu errado, pelo emprego perdido, pela saúde ruim ou por termos emoções incontroláveis e difíceis — acrescentando a segunda flecha de autoculpa ao nosso sofrimento.

O que nos leva a fazer isso? *Estamos usando a autoculpa como forma de ter controle da situação.* A perda expõe a nossa impotência essencial, e nós faremos o que for possível para subjugar o medo primitivo que surge ao nos sentirmos fora de controle. Grande parte da nossa atividade diária é um esforço vigilante para ficar no controle das coisas — para nos sentirmos preparados e evitar problemas. Quando isso falha, a nossa próxima linha de defesa é nos forçarmos a entrar na linha: talvez se pudermos mudar, pensamos, vamos poder nos proteger de mais sofrimento. Tristemente, entrar em guerra com nós mesmos apenas aumenta a nossa dor.

Minha doença me ensina isso repetidamente. Assim que percebo que machuquei os meus joelhos ou as minhas costas novamente — subindo uma colina íngreme, pegando uma bolsa pesada —, surge um julgamento: "Eu deveria saber," "Quando vou aprender a não me esforçar tanto?" Posso ir na direção oposta quando me sinto fraca e doente: me culpo por não dedicar tempo e energia suficientes para estar em forma.

Durante umas férias de família em Cape Cod, pensei que tinha encontrado uma ótima forma de fazer as endorfinas fluírem: andar rápido na praia. Eu estava errada. Quando voltei para a Virgínia, eu não conseguia subir ao segundo andar e estava com uma inflamação no corpo inteiro. A doença se arrastou por semanas, e o meu humor ficou péssimo. Jonathan teve que cuidar de mim, e eu fui uma paciente terrível — deprimida, egocêntrica e cronicamente irritada.

Uma manhã, fiz uma meditação crucial. Dirigi a mim mesma uma pergunta que muitas vezes acho que ajuda: "O que há entre mim e estar presente?" A princípio, a minha consciência se fixou no calor, na dor e na náusea familiares ao meu corpo. Em seguida, senti uma onda de raiva e frustração — ali eu estava, dia após dia, confinada e doente. Uma voz na minha cabeça dizia: "Eu odeio tolerar isso... eu odeio a minha vida." Então, no instante seguinte, a voz disse mordazmente, "Eu me odeio."

Há muito tempo eu não ouvia aquela voz do auto-ódio, e ela abriu os meus olhos. Comecei a investigar; quem exatamente eu estava odiando? Eu odiava o eu que estava cheio de autopiedade, o eu que se sentia humilhado por precisar de ajuda, o eu que estava tão mal-humorado e sombrio. Mas o pior era o eu que estava passando tanto tempo pensando apenas em si mesmo — que era egoísta e autocentrado.

A raiva de mim mesma desencadeou uma torrente de desespero. Eu me ouvi repetindo, "Eu não consigo fazer isso melhor..." Era como se uma parte de mim que se supunha que deveria "fazer as coisas direito" estivesse implorando por compreensão. Eu tentei muitas vezes, mas, quando me sentia doente, não conseguia me transformar em uma pessoa melhor e menos autocentrada. Meu coração amoleceu, e uma onda de tristeza me percorreu. Voltando-me contra mim mesma, eu tinha me separado das pessoas que eu amo e do meu próprio coração. "Por favor," rezei, "que eu possa ser gentil comigo mesma durante essa doença."

A LUTA PARA SERMOS BONS

Desde cedo, na infância, a maioria de nós aprende que sermos bons é a forma de ter aprovação e amor. E, então, nós recorremos a essa lição diante da perda. Se formos bons, talvez não sejamos punidos; se formos bons, talvez possamos ganhar de volta o amor ou a segurança que perdemos; se formos bons, talvez alguém vá cuidar de nós.

E então começamos a barganhar com Deus e o destino. Prometemos abrir mão de comidas que fazem mal, prometemos nos exercitar, ser generosos com os outros, rezar regularmente. "Eu nunca mais xingarei ninguém, se você me proteger de outro ataque cardíaco." "Eu vou parar de beber para sempre, se você a trouxer de volta para mim." E, mesmo se nada disso funcionar, mesmo diante da morte, podemos nos esforçar para sermos vistos (por nós mesmos assim como pelos outros) como bons, heroicos ou iluminados.

Você pode se perguntar por que este é um falso refúgio. É tão ruim tentar melhorar, ou querer que os outros pensem bem de nós? É mesmo ruim querermos nos sentir bem com nós mesmos? O problema é que, controlando a vida, nós não a estamos vivendo plenamente. Gastando toda a nossa energia em encontrar o nosso padrão de "pessoa boa", nos arriscamos a perder o conforto e a intimidade que poderíamos ter compartilhado.

Julia era uma amiga querida na nossa comunidade de meditação. Quando ela descobriu que seu câncer de mama tinha voltado, resolveu trazer a sua prática espiritual para o que quer que se desdobrasse, e ela e eu concordamos sobre encontros regulares como forma de apoiá-la durante o tratamento. Embora tenha tirado uma licença do trabalho como assistente social, Julia insistiu em continuar a ser voluntária na comunidade. Lembro de tê-la visto uma tarde, encostada na parede, sua cabeça careca coberta com um lenço brilhoso. Ela incentivava calorosamente um dos novos membros do nosso grupo. Durante um intervalo, perguntei se era uma boa ideia ela estar usando a sua energia daquela forma. "Eu me sinto melhor quando estou ajudando", disse. Então, com um sorriso, "Deus sabe, eu preciso de um tempo sem pensar sobre *moi*." Apenas mais tarde Julia admitiu que tinha chegado em casa "mais exausta do que as palavras podem descrever".

Julia morava perto do hospital e, muitas vezes, ia a pé para os seus tratamentos de quimioterapia, recusando companhia ou caronas. Seus amigos estavam preocupados com a sua independência teimosa, sua determinação em não depender dos outros. "O câncer dela entrou em metástase, ela provavelmente não vai melhorar. Quando vai deixar a gente ajudar?", alguém questionou.

Julia e eu nos encontramos logo depois e ela confessou, "Quando estou com dor, eu quero que todo mundo vá embora para poder lidar com ela sozinha."

"Como é isso para você?", perguntei, "ficar sozinha com uma dor intensa?"

"Bem", ela falou devagar, "eu não quero ninguém por perto, mas... conforme as horas passam, eu acabo me sentindo terrivelmente sozinha. Tenho essa imagem do mundo... tudo o que posso imaginar... retrocedendo para um borrão distante. E eu, presa em um corpo canceroso."

"O que aconteceria," perguntei, "se nessas horas alguém estivesse com você?"

Julia se sentou em silêncio por um minuto. "Eu não vejo porque alguém quereria estar comigo", ela observou calmamente. "É difícil admitir, mesmo para você, mas... o meu mundo se tornou bastante pequeno. Às vezes, estou apenas tentando beber água sem ter ânsia de vômito. Não tem muita consciência plena. Na maioria das vezes, estou sentindo pena de mim mesma e tentando obstinadamente sobreviver."

Ela parou de falar, se afundou de volta na poltrona e olhou para o chão.

"Julia, estou feliz por você estar me contando", falei. "Quero saber o que está acontecendo. Quero estar nisso com você o máximo que eu puder."

Ela respirou profundamente e olhou para mim. "Meus amigos querem ver a Julia corajosa e positiva, a Julia espiritualizada... não aquela que se sente derrotada... que não tem certeza se há uma razão para continuar vivendo." Ela parou de novo e me deu um olhar cansado. "Tem horas que qualquer confiança que eu já tive na meditação, no caminho espiritual — desaparece. Estou apenas sozinha e com medo. Não é o que eu quero que os outros vejam. Não é como eu quero ser."

Face a face com o controlador

Ao mesmo tempo em que a Julia lutava com a doença dela, outra amiga que fazia quimioterapia me escreveu: "Estou descobrindo que o câncer — e talvez o seu tratamento mais ainda — é um despir contínuo de cada parte que você valoriza, pedaço a pedaço, cada parte de quem você pensava que era. Ontem foi raspar o que restava do meu cabelo. É um curso intensivo sobre soltar, sobre humildade e humilhação".

Ficar doente, ficar mais próximo da morte, pode desfazer a nossa identidade como uma boa pessoa, uma pessoa de valor, uma pessoa digna, uma pessoa espiritualizada. Também nos coloca face a face com a identidade central do eu do traje espacial que eu chamo de "o controlador, ou controladora". O controlador é o diretor-executivo do ego, o eu que acreditamos ser responsável por tomar decisões e dirigir o curso das nossas vidas. Ele planeja e se preocupa obsessivamente, tentando tornar as coisas seguras e corretas, e ele pode nos dar pelo menos temporariamente uma sensação de autoeficiência e autoconfiança. Mas uma grande perda destitui o controlador. Não pudemos mudar a nós mesmos (ou nosso parceiro) o suficiente para manter o casamento. Não pudemos proteger o nosso pai de sentir a perda de dignidade na sua doença. Não pudemos impedir que a nossa filha ficasse anoréxica, nosso filho adulto de perder a custódia dos filhos. Não pudemos fazer o nosso chefe nos valorizar o suficiente para manter o nosso emprego. Ou, como a Julia, não pudemos passar pelas fases mais sombrias da nossa doença e sustentar a nossa fé.

Quando o tecido da nossa autoproteção se rompe, ficamos intensamente frágeis e vulneráveis. Às vezes, nos arrastamos para ressuscitar o controlador — ficando ocupados, culpando os outros, nos culpando, tentando consertar as coisas. Mas, se estivermos dispostos a deixar que haja um vão, se pudermos viver na presença sem o controlador, a cura se torna possível.

Aprofundando o render-se

A minha controladora pode manter a perda acuada por meses a fio. Se eu puder continuar a fazer as coisas — ensinar, servir a nossa comunidade, aconselhar os outros —, o chão fica firme sob os meus pés. Mas, alguns anos atrás, bem antes do nosso retiro de meditação de inverno, o meu corpo entrou em colapso. Fui parar no hospital, sem poder ensinar, ou, por falar nisso, ler, andar ou ir ao banheiro sem arrastar um soro intravenoso.

Lembro-me de deitar na cama do hospital naquela primeira noite, sem poder dormir. Por volta das 3 da manhã, uma enfermeira idosa veio verificar os meus sinais vitais e olhar a minha ficha. Vendo que eu a olhava, ela se inclinou e me fez um afago no ombro. "Oh, querida", ela sussurrou gentilmente, "você está se sentindo mal, não está?"

Quando ela saiu, lágrimas começaram a cair no meu rosto. A gentileza tinha aberto a porta para o quão vulnerável eu me sentia. Quão pior podia ficar? E se eu não ficasse bem o suficiente para ensinar? Será que eu deveria sair do conselho da nossa comunidade de meditação? Será que eu seria pelo menos capaz de me sentar diante de um computador para escrever? Não havia nada em relação ao futuro com que eu pudesse contar.

Então, um verso de Rumi veio à minha mente:

> *Esqueça o futuro...*
> *Eu veneraria alguém que pudesse fazer isso...*
> *Se você puder dizer "Não há nada adiante," não vai haver nada lá.*
> *A cura da dor é na dor.*

Comecei a refletir sobre isso, repetindo, "Não há nada adiante, não há nada adiante." Todas as minhas ideias sobre o futuro recuaram. Em seu lugar estava o aperto do medo em carne viva, o aperto no meu coração do qual eu vinha fugindo. Quando dei permissão ao medo — prestei atenção nele, respirei com ele —, pude sentir uma tristeza profunda e cortante. "Apenas esteja aqui," falei a mim mesma. "Abra-se para *isso*." A dor estava puxando, rasgando o meu coração. Solucei em silêncio (não querendo perturbar a minha companheira de quarto), invadida por um surto de tristeza depois do outro. A casa estava pegando fogo, e este eu humano estava face a face com a sua fragilidade, sua transitoriedade, com a inevitabilidade da perda.

Ainda assim, quando o meu choro diminuiu, uma sensação de alívio se instalou. Não era bem paz — eu ainda estava com medo de estar doente e afastada da vida —, mas o fardo de ser a controladora, de pensar que eu podia controlar o futuro ou lutar contra a perda, tinha ido embora naquele momento. Estava claro que a minha vida não estava em minhas mãos.

Aqueles seis dias no hospital foram uma lição de humildade e entrega. Um pulso que não passava de 45; médicos que não conseguiam descobrir o que estava errado; comida que eu não conseguia comer; data de ser liberada estendida. No entanto, o mais incrível de observar foi a luta da controladora para permanecer no comando.

No terceiro dia, eu estava andando em torno do perímetro da unidade cardíaca, abalada com o quanto me sentia fraca, com quão incerto era o meu futuro. Então, pela décima milésima vez, a minha mente avançou, antecipando como eu poderia reconfigurar a minha vida, o que eu teria que cancelar, como eu poderia lidar com aquele corpo em deterioração. Quando vi que a controladora estava de volta em ação, voltei ao meu quarto e me joguei exausta na cama do hospital. Deitada ali, os pensamentos em círculo também entraram em colapso, e eu afundei sob a superfície, na dor.

O mestre tibetano Chögyam Trungpa ensinou que a essência de uma prática espiritual libertadora é "encontrar o nosso limite e amolecer." O meu limite estava bem ali: a solidão aguda, o desespero sobre o futuro, o aperto do medo. Eu sabia que precisava amolecer, me abrir. Tentei manter a minha atenção onde a dor era mais aguda, mas a controladora ainda estava lá, agarrada. Era como se eu tivesse caído em um buraco escuro de tristeza e morrido. Gentilmente, comecei a me encorajar a sentir o que estava lá e amolecer. Quanto mais doloroso era o limite da tristeza, mais terna a minha voz interna se tornava. Em um dado ponto, coloquei a mão no meu coração e disse, "Querida, apenas amoleça... solte, está tudo bem." E à medida que caia naquele buraco de tristeza, entrei em um espaço cheio com a ternura do amor puro. Ele me envolveu, me abraçou, inundou o meu ser. Encontrar o meu limite e amolecer era morrer na presença amorosa atemporal.

De algumas formas, o hospital foi um ótimo lugar para praticar. Tão pouco controle, tantas horas sozinha, tantas rodadas de vulnerabilidade. Nos dias remanescentes, repeti para mim mesma inúmeras vezes: "Querida, apenas amoleça." Sempre que eu reconhecia que estava tensa em preocupações e planejamentos ansiosos, observava aquilo como "meu limite". Então eu me convidava a amolecer. Descobri que a gentileza fazia toda a diferença. Quando voltei para casa, as histórias e medos sobre o futuro ainda estavam lá. A controladora ia e vinha. Mas eu tinha uma confiança mais profunda de que podia encontrar a minha vida com um coração aberto e presente.

Perdas sem luto

Se você já esteve de luto profundo, você sabe o que é se render. Tal luto é saudável, purificador e inteligente. Ele nos permite metabolizar a dor da perda e continuar vivendo. Ele nos deixa abrir espaço para o amor. Ainda assim, para muitas pessoas, o controlador não deixa o seu posto o suficiente para o luto se desdobrar. E, então, podemos carregar uma tristeza escondida por anos. A perda prematura da infância, o abuso sexual, o pai perdido no divórcio, os anos perdidos para o vício, a morte de um amigo próximo — qualquer uma dessas perdas ainda pode estar lá, aprisionada no nosso corpo e mente.

Existe um preço para perdas sem luto: elas nos impedem de nos envolver completamente com a vida que amamos. O resultado pode ser uma espécie de torpor; podemos nos descobrir não tocados pela beleza ou pelo carinho dos outros; podemos reagir a eventos de forma ansiosa ou com raiva. Quando a próxima grande perda vem, como inevitavelmente acontece, a nossa compulsão por falsos refúgios tem um pico; nós intuímos o oceano de tristeza à espreita e resistimos a sermos levados. Mas essas perdas novas também nos apresentam uma oportunidade preciosa.

Alguns meses depois que o Justin e eu tivemos a nossa primeira consulta telefônica, a sua mãe de 75 anos teve um derrame. Sua voz ficou muito agitada quando ele me contou sobre a resistência que tinha encontrado ao tentar se comunicar com a companhia de seguros. A empresa parecia não entender que a recuperação dela dependia de uma reabilitação mais abrangente. "Não há nada que eu possa fazer para agilizar essa maldita burocracia insensível... nada... nada!"

Justin estava mais uma vez vivendo na sombra da perda e preso em reatividade. Concordamos que essa era uma oportunidade para trazer a atenção plena de RAIN para a sua experiência imediata. Ele começou por rapidamente identificar o que ele chamava de "raiva pura e justa" e, então, se interromper, permitindo que aquela raiva estivesse lá. Depois de várias rodadas de investigação, se deu conta de outra coisa.

"Sinto um peso no peito, como se uma grande garra congelada estivesse me comprimindo. E eu estou com medo."

"Medo de quê?", perguntei gentilmente.

Depois de uma longa pausa, Justin falou em voz baixa. "Ela provavelmente vai se sair bem dessa, mas uma parte de mim está com medo de perdê-la."

Ficamos ao telefone juntos enquanto o Justin respirava com o seu medo, sentindo o aperto congelado no peito. Então, ele perguntou se podia me ligar outra vez naquela semana. "Esta é uma dor profunda", ele disse, "eu preciso passar algum tempo com ela."

"Alguma coisa se abriu, Tara", ele explicou uns dias mais tarde. "A preocupação com a minha mãe está completamente misturada com a morte da Donna. É como se a Donna tivesse acabado de morrer ontem, e eu estou completamente destruído. Algo em mim está morrendo de novo..." Justin teve que esperar alguns momentos antes de continuar. "Eu não tinha terminado o luto. Nunca consegui admitir que uma parte de mim morreu com ela." Ele mal acabou de dizer essas palavras e começou a chorar copiosamente.

Sempre que o controlador é destituído, há uma abertura para simplesmente estarmos com o que existe. A minha controladora estava sem emprego quando desembarquei no hospital. Agora, o do Justin estava desativado, e dessa vez ele estava disposto a enfrentar a perda que ele não tinha encarado e vivido completamente. Em vez de correr para uma nova causa, ele passou os dois meses seguintes focado em cuidar da mãe. Também passou horas sozinho, jogando argolas ou batendo em bolas de tênis contra uma parede. Algumas vezes, entrava na sua casa vazia e se sentia como se tivesse acabado de perder a Donna outra vez. Estava em carne viva.

Mas a tristeza tem o seu próprio tempo. Como o poeta e filósofo irlandês John O'Donohue nos diz:

> *Tudo com que você pode contar agora é que*
> *O sofrimento vai permanecer fiel a si mesmo*
> *Mais do que você, ele sabe seu caminho*
> *E vai encontrar o tempo certo*
> *Para puxar muitas vezes a corda da dor*
> *Até que aquele monte de lágrimas enroscado*
> *Tenha se reduzido à sua última gota.*

Justin tinha se aberto para a presença que podia libertar o seu monte de lágrimas. Seis meses mais tarde, durante a nossa última consulta, ele me disse que estava novamente em ação. "Estou envolvido num trabalho com diversidade mais uma vez e, provavelmente, mais efetivo. Faz sentido... De acordo com a minha irmã, eu não estou mais em guerra com o mundo."

Lamentar a perda conscientemente está no centro do caminho espiritual. De formas grandes e pequenas, cada uma das nossas perdas nos liga ao que amamos. É natural que busquemos administrar a dor da separação do jeito que conseguirmos. Ainda assim, quando despertamos, podemos permitir que o nosso sofrimento se mantenha fiel a si mesmo. Podemos voluntariamente nos render ao luto. Honrando o que se foi, estamos livres para amar a vida que está aqui.

"Por favor, me ame"

O mestre indiano Sri Nisargadatta escreve: "A mente cria o abismo. O coração o cruza." Às vezes, o abismo do medo e do isolamento é tão amplo que nos contemos, incapazes de entrar no santuário da presença, congelados na nossa dor. Nesses momentos, precisamos experimentar o amor para começar a descongelar.

Isso foi verdadeiro para a Julia, membro da nossa comunidade, à medida que continuava seu tratamento contra o câncer. Ela não se queixava do cansaço e da dor, mas, como sua amiga Anna comentou, "Parece que ela mal está ali." E, apesar da sua determinação de "apenas lidar comigo mesma", ela estava cada vez mais dependente. Seus amigos se organizaram para levar comida para ela, e uma noite, quando Anna levou-lhe a sopa, encontrou Julia enrolada na cama, voltada para a parede. Julia agradeceu a Anna fracamente, disse que se sentia nauseada, e pediu que ela deixasse a sopa no fogão. Ela ouviu a porta fechar e adormeceu por um tempo. Quando acordou, sentiu a solidão usual, a percepção de que estava presa em um corpo, a caminho da morte. Começou a chorar baixinho e, então, para a sua surpresa, sentiu uma mão gentil em seu ombro. Anna tinha fechado a porta, mas, em vez de sair, permanecera sentada em silêncio ao seu lado. Agora, o choro contido se transformou em soluços profundos. "Vá em frente, querida, apenas deixe acontecer... está tudo bem", Anna sussurrou. Ela lhe disse: "Está tudo bem, estamos juntas", conforme Julia se entregou à agonia do medo e da dor reprimidos.

Depois de mais ou menos 20 minutos, com pausas para lenços de papel e água, a Julia se acalmou. Ela ainda estava um pouco enjoada e, além disso, se sentia fraca de tanto chorar. Mas, pela primeira vez em muito tempo, estava profundamente relaxada.

"Algum escudo que eu tinha colocado entre mim e o mundo se dissolveu", Julia me contou na semana seguinte. "Mesmo depois que a Anna foi embora, eu podia sentir o seu carinho. A solidão despareceu." Mas, então, continuou, vários dias depois o escudo endureceu outra vez. Ela tinha uma consulta com o oncologista e ele lhe disse que o câncer tinha se espalhado. "Acho que me sinto mais isolada quando fico com medo."

"O escudo está aí agora?", perguntei. "Você se sente com medo e isolada?" Ela assentiu. "Não está tão intenso porque estamos juntas. Mas tem um lugar aqui dentro que sente tanto medo...".

"Tire alguns momentos e preste atenção a esse lugar." Julia se recostou na poltrona e fechou os olhos. "Você pode sentir o que esse lugar mais precisa?"

Julia ficou quieta pelo que pareceu ser um longo tempo. "Ele quer amor. Não apenas o meu amor, no entanto... ele quer que os outros se importem. Ele está dizendo 'Por favor, me ame.'"

"Julia, veja se você consegue deixar esse desejo, esse anseio por amor, ser tão grande quanto ele queira ser. Apenas dê permissão a ele e o sinta de dentro para fora." Ela novamente assentiu e se sentou em silêncio, sobrancelhas unidas, concentrada.

"Sinta de quem você mais quer receber amor... e, quando alguém lhe vier à mente, visualize essa pessoa bem aqui e peça... diga as palavras, 'Por favor, me ame.' Você pode então imaginar como seria receber amor, exatamente da maneira que você quer."

Julia voltou a concordar e ficou em silêncio total. Depois de um minuto ou dois, sussurrou um "Por favor, me ame", quase inaudível. E então, novamente, conseguiu falar um pouco mais alto. Lágrimas apareceram nos cantos dos seus olhos. Eu a incentivei a continuar por quanto tempo quisesse — visualizando qualquer pessoa como uma possível fonte de amor, dizendo "Por favor, me ame." Também sugeri que ela se imaginasse se abrindo e se permitindo receber o amor. Ela continuou e, conforme dizia as palavras, chorava. Gradualmente seu choro diminuiu e então apenas repetia as palavras bem baixinho. Houve espaços profundos de silêncio. Seu rosto se suavizou e corou ligeiramente. Ela tinha um leve sorriso.

Quando abriu os olhos, eles estavam brilhando. "Eu me sinto abençoada", me disse. "Minha vida está completamente sustentada pelo amor."

Nós nos encontramos pela última vez três semanas antes da morte de Julia. A Anna a tinha levado a um parque cedo naquela manhã antes que tivesse qualquer pessoa em volta. Elas colocaram uma manta no chão para meditar e a Julia foi capaz de ficar confortável, recostada numa árvore. "Eu não sei quanto tempo mais eu vou ter", disse, "então, enquanto estávamos em silêncio, eu fiz um ritual interno. Senti essa vida preciosa que eu amo e que estou deixando — meus amigos, toda a comunidade de meditação, você... dançar swing, cantar, o oceano... oh, tanta beleza, as árvores..." Lágrimas brotaram e Julia se interrompeu, sentindo a tristeza conforme falava. Então, continuou: "Eu podia sentir a solidez do imenso carvalho apoiando-me e a sua presença. Comecei a rezar... Eu disse, "Por favor, me ame." Imediatamente o amor estava lá. Ele me inundou, esse saber estar conectada, saber ser a mesma vivacidade, a mesma única consciência. Então a grama e os arbustos, os pássaros, a terra, as nuvens... Anna, qualquer pessoa em quem eu pensasse... cada ser estava me amando e nós estávamos unidos naquela consciência. Eu *era* o amor, eu era uma parte de tudo." A Julia ficou em silêncio por um tempo. Então ela disse devagar, "Você sabe o que eu estou descobrindo, Tara? Quando você aceita que você está morrendo... e você se volta para o amor, não é difícil se sentir em unidade com Deus."

Nós nos sentamos em silêncio, saboreando a companhia uma da outra. A nossa conversa vagueou; falamos sobre cachorros (ela amava o meu poodle e insistia que o cachorro estivesse com a gente quando nos encontrávamos), perucas, perucas em cachorros recebendo quimioterapia e sobre um retiro próximo. Nós estávamos com o coração leve e profundamente à vontade. Nós nos abraçamos muitas vezes antes de ela sair. A percepção que a Julia teve da unicidade estava incorporada como um amor generoso e profundamente doce. Ao dividir a sua sabedoria e ao expressar aquele amor, ela me deu seu presente de despedida.

VENDO ALÉM DOS VÉUS

Na tradição Lakota/Sioux, uma pessoa que está de luto é considerada mais *wakan*, mais sagrada. Existe uma percepção de que, quando alguém é atingido pelo raio súbito da perda, essa pessoa fica no limiar no mundo espiritual. As preces daqueles que estão de luto são consideradas especialmente fortes, e é apropriado pedir ajuda a eles.

Você deve se recordar de como é estar com alguém que esteve em luto profundo. A pessoa não tem uma camada de proteção, nada para defender. O mistério olha através dos olhos dessa pessoa. Por ora, a pessoa aceitou a realidade da perda e parou de se apegar ao passado ou se agarrar ao futuro. Na abertura sem chão do sofrimento, há uma plenitude de presença e uma sabedoria natural profunda.

Thich Nhat Hanh expressa essa sabedoria numa forma que me tocou profundamente. Ele encarou a morte da mãe como um dos grandes infortúnios de sua vida. Ele tinha lamentado por ela por mais de um ano quando ela apareceu para ele em um sonho. Nele, eles estavam tendo uma conversa maravilhosa, e ela era jovem e linda. Ele acordou no meio da noite e teve a distinta impressão de que ele nunca perdera a mãe. Ela estava viva nele.

Quando saiu da cabana no monastério e começou a andar entre as plantas de chá, ele ainda sentia a presença ao seu lado. Como ele diz tão lindamente, "Ela era a luz da lua me acariciando como fizera tantas vezes, muito terna, muito doce." Continuando a andar, ele sentiu que seu corpo era uma continuação viva de todos os seus ancestrais, e que, juntos, ele e sua mãe estavam "deixando pegadas no solo úmido."

No meu entender, seu ano de luto, de experimentar essa grande perda humana diretamente, permitiu-lhe encontrar refúgio em um amor atemporal. Cada um de nós deve se entregar ao rio da perda pessoal para descobrir o que é eterno, o que nunca pode ser levado embora. Como Thich Nhat Hanh expressou a sua verdade, "Tudo o que eu tinha que fazer era olhar para a palma da minha mão, sentir a brisa no meu rosto ou a terra sob os meus pés para lembrar que a minha mãe está sempre comigo, disponível em qualquer tempo."

Seja lamentando a perda da nossa própria vida, ou da vida de outra pessoa, cada um de nós tem a capacidade de ver além dos véus de separação. Se nossos corações estão dispostos, o sofrimento se torna o portal para a consciência amorosa, a entrada para a nossa natureza desperta.

> *E quando o trabalho da dor estiver terminado,*
> *A ferida da perda vai se fechar*
> *E você terá aprendido*
> *A afastar seus olhos*
> *Daquela fenda no ar*
> *E ser capaz de entrar no lar*
> *Na sua alma onde o seu ente amado*
> *Esperou o seu retorno*
> *O tempo todo.*
> — JOHN O'DONOHUE

Reflexão guiada: oração em face da dificuldade

Uma oração expressa o anseio do seu coração. Quando oferecida com presença e sinceridade, pode revelar a fonte do que você almeja — a essência amorosa de quem você é. As instruções e reflexões apresentadas a seguir são oferecidas como um apoio para despertar a vitalidade, a profundidade e o poder de cura da sua oração.

É possível que você já reze espontaneamente em tempos de grande necessidade e angústia. Sem chamar de oração, você pode dizer algo como, "Oh, por favor, oh por favor", e clamar pelo alívio da dor, por alguém para tomar conta de você, por ajuda para alguém que você ama, por alguma forma de evitar uma grande perda.

Se for esse o caso, comece a investigar a sua experiência. Qual é o sentimento imediato que dá origem à sua prece? Pelo que você reza? Para quem ou para o que você reza? Tornar-se mais consciente de como você reza espontaneamente vai abri-lo para uma prática mais intencional. Você pode considerar a oração como um experimento em curso, aproveitando as seguintes instruções.

Postura para a sua oração:

Se colocar as palmas das mãos juntas na altura seu coração, você se sente conectado com a sua sinceridade e abertura? O que acontece se você fecha os olhos? E se você abaixa a cabeça? Descubra se estes apoios tradicionais para a oração servem para você, e, caso não sirvam, explore que outras posições ou gestos o conduzem mais a um coração aberto.

Chegando:

Mesmo quando você está em meio a emoções muito fortes, é possível e valioso parar e estabelecer uma sensação de presença para orar. Depois de ter assumido seja qual for a postura mais adequada para você, repouse em quietude. Respire profundamente algumas vezes para ficar atento. Então, à medida que a sua respiração volta ao ritmo natural, tire alguns momentos para relaxar qualquer tensão evidente no seu corpo. Sinta-se aqui, agora, com a intenção de rezar.

Ouvindo:

A força e a pureza da sua oração emergem de entrar em contato pleno com a sua experiência sentida. Traga uma atenção ouvinte ao seu coração e ao que quer que seja na sua vida que pareça mais difícil nesse momento. Pode ser uma perda recente ou iminente, ou uma situação que provoca sofrimento, confusão, dúvida ou medo. Como se assistindo a um filme, foque no quadro do filme que seja mais doloroso emocionalmente. Esteja ciente da sensação no seu corpo — na sua garganta, peito, barriga e qualquer outro lugar. Onde os seus sentimentos estão mais fortes? Leve o tempo que precisar, se permitindo entrar plenamente em contato com a sua vulnerabilidade e a sua dor.

Imagine que você possa habitar o lugar mais vulnerável dentro de você, sentindo esse lugar intimamente a partir de dentro. Se ele pudesse se expressar, o que comunicaria? Oculta dentro da dor, o que essa parte de você mais quer ou precisa? É ser vista e entendida? Amada? Aceita? Estar segura? O seu anseio está direcionado a certa pessoa ou figura espiritual? Você gostaria de ser abraçado pela sua mãe? Reconhecido e aprovado pelo seu pai? Curado ou protegido por Deus? Seja qual for a carência, deixe-se ouvi-la e se abra para a sua intensidade.

Expressando a sua oração:

Com uma oração silenciosa ou sussurrada, chame pelo amor, pela compreensão, proteção ou aceitação que deseja. Você pode se ver dizendo, "Por favor, que eu possa ser melhor, mais gentil, e mais digno." Ou você pode dirigir a sua prece a outra pessoa ou ser: "Papai, por favor, não me deixe." "Mamãe, por favor, me ajude." "Deus, cuide da minha filha, por favor, por favor, deixe que ela fique bem." Você pode se sentir separado de alguém e chamar o nome dessa pessoa, dizendo, "Por favor, me ame; por favor, me ame." Você pode desejar que o seu coração desperte e chamar pelo bodhisattva da compaixão (Kwanyin), "Por favor, que meu coração se abra e seja livre."

Sua prece vai continuar a se aprofundar se, conforme você a expressa em palavras, você permanecer em contato direto com a sua vulnerabilidade e sensação de desejo. Diga a sua prece várias vezes com toda a sinceridade do seu coração. Descubra o que acontece se você se entrega totalmente a sentir e expressar o que você deseja.

INCORPORANDO A ORAÇÃO:

Muitas vezes o nosso querer ou desejo particular não é a expressão plena do que realmente desejamos. Da mesma forma, o objeto do nosso desejo, a pessoa a quem pedimos por amor e proteção, pode não oferecer o que nós verdadeiramente precisamos. Em vez disso, esses são portais para uma experiência mais profunda, uma abertura para uma fonte mais profunda.

À medida que você sente suas vontades e desejos, pergunte-se, "Qual é a experiência pela qual eu anseio? Se eu conseguisse o que eu quero, como seria?"

Use a sua imaginação para descobrir. Se você quer que uma pessoa em particular o ame, visualize aquela pessoa abraçando e olhando para você com amor incondicional. Então solte qualquer imagem daquela pessoa e sinta internamente que você está sendo banhado em amor. Se você quer se sentir seguro, imagine que você está inteiramente cercado por uma presença protetora. Então sinta aquela paz e conforto enchendo todas as suas células. O que quer que você esteja desejando, explore como seria experimentar a sua essência pura como uma sensação no seu corpo, coração e mente. Por fim, descubra o que acontece quando você se rende a essa experiência, quando você se torna o amor ou a paz que está desejando.

AO LONGO DO DIA:

Sua exploração formal da oração cria condições para inserir orações mais curtas na sua vida. Lembrar-se de rezar no meio de atividades diárias vai lhe ajudar a ficar alinhado com a gentileza e a sabedoria do seu coração.

- *No começo do dia, defina a sua intenção: que situações, emoções ou reações deveriam ser um sinal para rezar?*

- *Antes de rezar, tire um momento para parar, respirar e relaxar. Embora seja útil ficar quieto, não é necessário assumir uma postura específica.*

- *Preste atenção ao seu corpo e ao seu coração, entrando em contato com a sensação das suas emoções. O que mais importa nesse momento, e na sua vida, para se abrir — sentir e confiar?*

- *Faça a sua prece mentalmente. As palavras podem vir espontaneamente, ou você pode recitar uma prece que você já tenha descoberto e que esteja viva e tenha significado para você.*

Peça amor ao amigo
Peça a ele de novo
Porque eu descobri que todo coração
Vai obter aquilo pelo que mais reza.
— HAFIZ

PARTE IV

O portal da consciência

14 . Refúgio na consciência

Ser íntimo é sentir o silêncio, o espaço onde tudo está acontecendo.
ADYASHANTI

A sabedoria me diz que eu não sou nada. O amor me diz que eu sou tudo. Entre os dois, a minha vida flui.
SRI NISARGADATTA

Escrever e falar sobre a natureza da consciência é um processo que nos torna humildes; como o terceiro patriarca do zen disse: "Palavras! O caminho está além da linguagem." Quaisquer palavras usadas, quaisquer pensamentos que elas evoquem, não é isso! Assim como não podemos ver os nossos próprios olhos, não podemos ver a consciência. *O que estamos procurando é o que está olhando.* A consciência não é outro objeto ou conceito que a nossa mente possa entender. Nós podemos apenas *ser* a consciência.

Uma amiga que é pastora Unitária me contou sobre um encontro inter-religioso do qual ela participou. Teve início com uma pergunta: qual é a nossa linguagem de comum acordo para nos referir ao divino? Devemos chamá-lo de Deus?

"De jeito nenhum," respondeu uma feminista Wicca. "Que tal deusa?"

"Ha," observou um pastor Batista, "espírito?"

"Não," declarou um ateu.

A discussão continuou por um tempo. Por fim, um nativo americano sugeriu "o grande mistério", e todos concordaram. Cada um sabia que qualquer que fosse o seu entendimento pessoal, o sagrado era em essência um mistério.

A consciência, natureza verdadeira, o que somos — é um mistério. Encontramos o mesmo mistério sem palavras quando alguém morre. Depois que a mãe dele faleceu, o Jonathan olhou para mim e disse, "Pra onde ela foi?" Eu me lembro de sentar com o meu pai quando ele estava morrendo — ele estava lá, e então não estava mais. Seu espírito, aquela consciência animada, não estava mais presente no seu corpo. Nada nesse mundo de experiência é mais chocante para a nossa visão. Isso leva embora todos os nossos acessórios conceituais. Não podemos entender com as nossas mentes o que ocorreu. O amor é a mesma coisa. Nós falamos sem parar sobre o amor, mas quando trazemos à mente alguém que amamos e realmente investigamos "O que é o amor?", caímos no mistério. O que é a própria existência, com todas as suas particularidades, suas formas de vida estranhas, sua beleza, sua crueldade? Não entendemos. Quando perguntamos "Quem eu sou?" ou "Quem está consciente?" e realmente paramos para examinar, não encontramos resposta.

O mestre tibetano Sogyal Rinpoche escreve,

> *Se tudo muda, então o que é realmente verdade? Há alguma coisa por trás das aparências, algo sem limite e infinitamente espaçoso, onde a dança da mudança e da impermanência acontece? Há de fato algo no que possamos confiar, que realmente sobrevive ao que chamamos de morte?*

Essa investigação nos volta ao refúgio atemporal da consciência pura. Quando nos perguntamos, "A consciência está aqui?" a maioria de nós provavelmente para, sente a presença da consciência e diz sim. Ainda assim, a cada dia nós agitadamente nos afastamos dessa consciência aberta e mergulhamos em ocupações e planejamento. Nosso condicionamento nos impede de descobrir a paz e a felicidade que são intrínsecos a nos refugiarmos na consciência. Ver como encobrimos o mistério de quem nós somos é uma parte essencial de encontrar a liberdade.

Através da válvula redutora

Em *The Doors of Perception* ("As Portas da Percepção"), Aldous Huxley chamou a consciência de "Mind at Large" ("Mente Liberta"). Ele nos lembra:

> Cada um de nós é potencialmente a Mente Liberta. Mas, como somos animais, o nosso negócio é sobreviver a qualquer custo. Para tornar a sobrevivência biológica possível, a Mente Liberta tem que ser afunilada através da válvula redutora do cérebro e do sistema nervoso. O que sai do outro lado é um gotejamento miserável do tipo de consciência que vai nos ajudar a ficar vivos na superfície desse planeta Particular.

A função primária do nosso cérebro é bloquear o excesso de informação, assim como selecionar e organizar a informação que nos permitirá ter sucesso. Quanto mais sentimos estresse, menor a abertura da nossa atenção. Se estamos famintos, pensamos obsessivamente em comida. Se nos ameaçam, nos fixamos em nos defender ou em dar o primeiro golpe para afastar o perigo. Nossa atenção estreitamente focada é o instrumento de navegação principal do eu identificado com o ego.

Vi uma tirinha uma vez na qual, em um bar, um cara diz ao atendente do bar: "Eu não sou nada, no entanto eu sou tudo no que eu consigo pensar". Se você refletir sobre com que frequência você está vivendo o seu dia tentando "resolver alguma coisa," você vai ter uma medida de como a válvula redutora está moldando a sua experiência. E, se você notar quantos pensamentos são sobre você mesmo, você vai ver como a válvula cria um universo completamente autocentrado. Isso é verdadeiro para todos nós!

Esse girar incessante dos pensamentos ressuscita continuamente a nossa identidade do traje espacial. As nossas histórias continuam a nos relembrar que precisamos melhorar as nossas circunstâncias, ter mais segurança ou prazer, evitar erros e problemas.

Mesmo quando não há problemas reais, temos uma sensação de que deveríamos estar fazendo alguma coisa diferente do que quer que seja que estejamos fazendo no momento. "Por que você está infeliz?" pergunta o escritor Wei Wu Wei. "Porque 99.9% de tudo o que você faz é para si mesmo... e não existe um você."

Embora possamos entender isso conceitualmente, a percepção do eu pode parecer muito forte e real. Mesmo organismos unicelulares têm uma percepção rudimentar de "eu aqui dentro, mundo lá fora." Como reconhece Huxley, desenvolver um eu funcional foi essencial para a evolução no nosso planeta particular. Mas isso não significa que o eu do traje espacial marque o fim da nossa viagem evolucionária. Nós temos a capacidade de perceber a nossa integração verdadeira a algo infinitamente maior.

Se não conseguirmos acordar para quem nós somos além da história do eu, o nosso sistema vai registrar uma "dificuldade". É um atraso do desenvolvimento que mostra uma insatisfação, estresse sem fim, solidão, medo e falta de alegria. Essa dor emocional não é um sinal de que devemos descartar o nosso eu funcional. É um sinal de que a dimensão atemporal do nosso ser está esperando ser percebida. Como ensina o *coach* executivo e escritor Stephen Joseph, "Nós ainda podemos funcionar como uma entidade aparente separada, enquanto apreciamos a realidade paralela da nossa vasta presença infinita. Nós precisamos dos dois domínios. Quando um policial nos para, ainda precisamos mostrar a ele a nossa habilitação, e não simplesmente apontar para o céu."

A maioria de nós é rápida para pegar a nossa habilitação. Se a nossa percepção de identidade está ligada ao eu egoico, nós vamos passar a vida tensos com a certeza da perda e também da morte. Não seremos capazes de nos abrir completamente para a vivacidade e o amor que estão aqui no momento presente. Sri Nisargadatta escreve,

Enquanto você se imagina como algo tangível e sólido, uma coisa entre coisas, você parece algo de curta duração e vulnerável, e é claro que você vai se sentir ansioso para sobreviver. Mas, quando você souber que está além do espaço e do tempo, você não terá mais medo.

Uma breve reflexão: imagine que você está olhando um álbum de fotos da sua vida. Lá está você no jardim de infância, no último ano do ensino médio, quando você começou no seu primeiro emprego, se apaixonou, teve seu primeiro filho (se tiver algum). Existem fotos celebrando as suas conquistas, mas talvez também haja fotos de tempos de grande insegurança e perdas. Então você se olha no espelho. Quem é você? Considere como o seu corpo mudou, a sua visão de mundo, a sua percepção do que é importante na vida, seus prazeres, seu humor. Agora se pergunte, em cada tempo e lugar, ao longo de todos esses anos e momentos, o que sobre mim não mudou? O que sempre esteve lá?

Você consegue sentir que sempre houve, e há agora, uma consciência, uma presença que sabe, um espaço de consciência que percebe o que está acontecendo? Se pudermos começar a perceber esse mistério dentro da nossa existência, a nossa relação com esse mundo que muda se transforma. Podemos abraçar a percepção pessoal do eu de uma forma mais leve. Não reagimos tão fortemente às coisas se elas não saírem do jeito que queríamos.

Outra vez, as palavras de Sri Nisargadatta:

> *O mundo real está além dos nossos pensamentos e ideias; nós o vemos através da rede dos nossos desejos divididos em prazer e dor, certo e errado, interior e exterior. Para ver o universo como ele é, você deve dar um passo além da rede. Não é difícil fazer isso, porque a rede está cheia de buracos.*

Confiando em quem somos

Quando pela primeira vez comecei a participar do ashram em Boston aos vinte e dois anos, pressupus que ia levar em torno de oito anos de esforços dedicados para atingir a liberdade além da rede. Histórias de buscadores espirituais como o Buda capturavam a minha imaginação. Eles tinham experimentado um momento súbito e simbólico de despertar — um momento libertador de perceber sua verdadeira natureza como uma consciência imutável e luminosa. Esse despertar foi irreversível, eles não estavam mais presos pela identidade do eu. Depois, seus corações estavam completamente abertos, suas mentes claras e livres.

Embora eu tenha sido ardentemente atraída pela ideia de estar "liberada para sempre", esse não foi o meu caminho. O despertar tem sido gradual, e o transe do eu ainda pode parecer pegajoso e doloroso. Como eu torno as minhas fraquezas públicas, os alunos muitas vezes ficam curiosos sobre o que mudou ao longo das décadas. A diferença entre agora e alguns anos atrás é essa: eu confio na consciência — e na experiência da presença viva e amorosa — como sendo a percepção mais familiar, real e verdadeira do que eu sou. Mesmo quando estou bem infeliz, aquela confiança, a percepção da presença amorosa como refúgio, ainda está em segundo plano, me guiando para casa.

Alguns anos atrás, fiquei cada vez mais consciente de assumir uma atitude que eu chamei de "pessoa especial". Sentimentos de autoimportância e de ser especial sempre estiveram comigo. Sendo a mais velha de quatro filhos, eu estava acostumada a mandar, a ser aquela que merecia as maiores porções e mais atenção. Como compartilhei em *Radical Acceptance*, eu conhecia o lado oposto de "pessoa especial" intimamente — a sensação de ser imperfeita e inadequada. Mas, com o meu papel crescente como professora e guia espiritual, me deparava periodicamente com a soberba, o que me causava sofrimento. Sempre que me julgava melhor do que os demais — mais sábia, evoluída espiritualmente ou inteligente —, eu criava uma separação, uma barreira. Não apenas em relação àquelas pessoas com quem eu estava, mas no meu próprio coração.

Eu queria me livrar da "pessoa especial". Quando eu notava que estava em "modo ocupada", pressupondo que os outros iriam me obsequiar, mentalmente sussurrava "pessoa especial" e fazia uma pausa com atenção plena. Quando os alunos me elogiavam ou eu recebia e-mails elogiosos, eu parava, sentia o inchar do orgulho e aprofundava a minha atenção. "Isso não é sobre 'mim'", eu lembrava a mim mesma. "Não é preciso levar isso para o lado pessoal." Quando eu me pegava a ponto de perguntar ao Jonathan se ele podia ir ao correio porque eu tinha muitas coisas importantes a fazer, eu ficava quieta. Mas muitas vezes eu não notava a pessoa especial até depois do fato. Eu chegava em casa depois de dar aula em um *workshop* do dia inteiro e me perguntava quanto do tempo eu tinha ficado presa em um papel que me separava da presença e da conexão completas.

Num domingo à noite eu me sentei para meditar e imediatamente comecei a revisar a sequência das atividades da semana que se iniciava. Então, à medida que eu me aquietava, uma imagem apareceu na minha mente. Era uma luz radiante à minha volta, me chamando. Mas eu estava presa dentro de uma bolha pegajosa — da pessoa especial. Eu queria soltar a bolha, estourá-la para sair, me misturar com a luz da consciência que parecia tão próxima. Mas a desejada experiência de unidade parecia dolorosamente fora do meu alcance: o meu eu do traje espacial estava muito contraído, muito enraizado. "O que mais eu posso fazer?" disse uma voz desesperada na minha mente. "Estou tentando o máximo que posso acordar disso. Não sei o que mais eu posso fazer."

Uma onda de compreensão passou por mim. Aquilo era tão familiar. É claro que "eu" não posso fazer isso — um eu não pode desfazer a si mesmo. E o eu não é um problema. Quantas vezes eu tinha lutado para ser diferente, me sentindo imperfeita, só para perceber que a resposta era parar de lutar? Não importava se o eu se sentia inflado ou desinflado, a dor era por estar em guerra. Uma voz gentil dentro de mim disse, "Pare. Apenas pare."

Eu queria, eu conhecia a sabedoria de soltar. Mas o meu corpo segurava, angustiado, queria que as coisas fossem diferentes, com medo de algo estar errado. Outra vez eu ouvi a voz. "Querida, por favor, pare." E, mais uma vez, como eu já tinha sentido tantas vezes, a presença da bondade amorosa me permitiu me abrir para a verdade. Eu me peguei inclinando a minha cabeça e unindo as minhas mãos em um gesto de oração. De alguma forma, eu estava oferecendo toda a percepção estreita de um eu controlador à bondade amorosa. Eu não estava tentando me livrar de nada. Estava apenas reconhecendo que tudo aquilo pertencia a algo maior. A luta parou. As palavras na minha cabeça, as ideias sobre o que estava errado, tudo caiu. Nisso, a bolha do eu se dissolveu. Meu mundo se abriu em um espaço de quietude, com correntes de calor e ternura passando por ele. Quando pensamentos e sentimentos começaram a aparecer, notei algumas pistas da pessoa especial. "Olhe o que eu fiz, eu me rendi e estou livre disso," e então, é claro, "Oh não — ela está de volta!" e então, um sorriso interno. Outra vez as palavras "Pare... apenas pare," seguidas por inclinar a minha cabeça e soltar. Quando a luta parou, uma presença silenciosa que eu sabia ser a minha casa se tornou acessível. E com aquilo eu tive uma sensação de paz, de confiar em quem eu realmente era.

Lembrando de parar

A maioria de nós está trabalhando muito. É como se estivéssemos em uma lancha acelerando ruidosamente, tentando achar um lugar quieto, pacífico e calmo. Estamos resolvendo problemas, respondendo a demandas, nos preparando para o que vem a seguir, melhorando a nós mesmos. Mas apenas fazemos mais ondas e barulho onde quer que andemos. Isso vai contra todo o nosso condicionamento ambicioso, mas a verdadeira liberdade vem quando desligamos o motor e ficamos naturalmente quietos. O que estamos buscando não está "lá fora", não é um eu melhorado que apenas requer mais esforço vigilante e controle. É a consciência silenciosa que já está *aqui*, descoberta no pano de fundo do que quer que experimentemos.

A prática de meditação mais libertadora é parar de controlar e deixar as coisas serem como são. Quando ensino isso aos meus alunos, muitos ficam preocupados que se eles pararem de focar ativamente a atenção, vão passar o tempo todo em um transe mental. Digo a eles que existem muitas práticas de sabedoria — acalmar a mente seguindo a respiração, notar o que está acontecendo, oferecer autocompaixão, inclinar a cabeça em oração — que nos ajudam a nos inclinar em direção ao não controlar. Mas, se a nossa tendência for nos agarrarmos a essas práticas, reforçamos a percepção de um eu que está no comando do show. A arte é direcionar a atenção com um toque leve e então soltar qualquer controle. Não podemos confiar em um estado mental que é manipulado a ser. Apenas permitindo verdadeiramente que a vida seja como é podemos vir a perceber e confiar no nosso estado natural de consciência. Precisamos parar.

Ananda, o discípulo mais dedicado do Buda, o serviu e acompanhou por muitos anos. Em todo esse tempo, ele trabalhou vigorosamente para se iluminar. Ele praticava meditação, era impecável na sua generosidade, sábio na fala, bom de coração. Ainda assim, depois da morte do Buda, quando um grande conselho de monges iluminados foi planejado, Ananda não estava qualificado para participar. Embora honrado como alguém profundamente gentil e sábio, ele ainda não tinha alcançado a liberdade interior.

Na véspera do encontro da reunião do conselho, Ananda prometeu praticar vigorosamente toda a noite e não parar até atingir o seu objetivo. Mas, apesar dos seus esforços heroicos, não obteve progresso. Perto do amanhecer, exausto e desencorajado, ele decidiu soltar o esforço e simplesmente relaxar. Nesse estado, atento, mas sem nenhum apego à conquista, ele descansou sua cabeça no travesseiro — e se tornou liberto.

É claro, a receita para a liberdade não é simplesmente deitar e descansar. É importante lembrar que Ananda tinha dedicado décadas a serviço de outras pessoas e a cultivar uma consciência lúcida e atenta. Ele havia se dedicado a perceber a verdade. Ainda assim, como muitos de nós, ele prendeu a sua mente e o seu coração em um objetivo. Ele tinha que se soltar, parar de "fazer" inteiramente, para alcançar a liberdade da sua natureza verdadeira.

Aprendendo a soltar:
treinando a consciência aberta

O mestre tibetano Chögyam Trungpa uma vez abriu uma aula desenhando um V em uma folha grande de cartolina. Ele então perguntou aos presentes o que ele tinha desenhado. A maioria respondeu que era um pássaro. "Não," ele lhes disse. "É o céu com um pássaro voando nele."

A forma como nós prestamos atenção determina a nossa experiência. Quando estamos no modo fazer ou controlar, a nossa atenção se estreita, e nós percebemos objetos em primeiro plano — o pássaro, um pensamento, um sentimento forte. Nesses momentos nós não percebemos o céu — a experiência em segundo plano, o oceano de consciência. A boa notícia é que podemos intencionalmente predispor as nossas mentes a não controlar e a uma atenção aberta.

Minha introdução formal à consciência aberta foi pelo *dzogchen* — uma prática budista tibetana. Até então, eu tinha treinado concentração e atenção plena, sempre focando em um objeto (ou mudando de objetos) de atenção. No *dzogchen*, como ensinado pelo meu professor Tsoknyi Rinpoche, nós repetidamente soltamos qualquer coisa em que a nossa atenção se fixe e nos voltamos para a consciência que está assistindo. O convite é para reconhecer a qualidade de céu da mente — a vivacidade vazia e aberta da consciência — e *ser* essa mente.

Meu primeiro retiro com Tsoknyi Rinpoche afrouxou as minhas amarras de uma forma maravilhosa. Quanto mais eu me familiarizava com a presença da consciência, mais fraca a base para os sentimentos e histórias que sustentavam a minha percepção do eu. Tensões no meu corpo e na minha mente se desembaraçavam, e o meu coração respondia com ternura a quem quer ou o que quer que me viesse à mente. Saí daquele retiro, e de retiros posteriores de *dzogchen*, me sentindo muito espaçosa e livre.

Recentemente conheci o trabalho de Les Fehmi, um psicólogo e pesquisador que por décadas tem documentado clinicamente a cura profunda que surge de repousar na consciência aberta. Na década de 1960, pesquisadores começaram a correlacionar ondas cerebrais alfa síncronas com estados de profundo bem-estar, paz e felicidade. Fehmi, um líder pioneiro e inovador nessa pesquisa, buscou estratégias que poderiam aprofundar e amplificar as ondas alfa. Fazendo experimentos com alunos voluntários, ele monitorou os seus eletroencefalogramas enquanto eles visualizavam paisagens pacíficas, ouviam música, observavam luzes coloridas ou inalavam vários aromas. Mas foi só depois que ele fez a pergunta "Você consegue imaginar o espaço entre os seus olhos?" que os seus níveis de ondas alfa verdadeiramente se elevaram. Ele fez outra: "Você consegue imaginar o espaço entre as suas orelhas?" As ondas alfa tiveram um pico outra vez. Outros experimentos confirmaram o efeito do que Fehmi denominou "atenção aberta focada." A chave era convidar a atenção para o espaço (ou quietude, silêncio ou atemporalidade) e mudar para um foco não objetivo.

A atenção estreitamente focada afeta nosso corpo-mente inteiro. Sempre que nos fixamos em fazer planos, na nossa próxima refeição, em julgamentos, em um prazo iminente, o nosso foco estreito produz ondas (beta) mais rápidas no cérebro. Nossos músculos ficam tensos, e os hormônios do estresse, cortisol e adrenalina, são liberados. Embora necessário para algumas tarefas, como um estado contínuo, essa constelação de estresse nos afasta da saúde plena, do coração aberto e da clareza mental.

Em contraste, a atenção com foco aberto descansa o cérebro. Com uma pausa sustentada de processar informações — memórias, planos, pensamentos sobre si mesmo —, as ondas cerebrais desaceleram para alfa síncronas. Nossos músculos relaxam, os níveis de hormônios do estresse baixam, o fluxo sanguíneo é redistribuído. Por não estar mais operando no modo reatividade lutar-ou-fugir, nosso corpo e mente têm vivacidade, sensibilidade, abertura e bem-estar.

É possível que você tenha notado o efeito da consciência aberta quando olha para o céu à noite e sente a sua imensidão. Ou bem cedo, no silêncio da manhã, antes do nascer do sol. Ou quando o mundo está quieto depois de uma nevasca. Nós vibramos com esses momentos porque eles nos conectam com a percepção mais íntima daquilo que nós somos. Sentimos a profundeza do nosso ser no céu noturno, o mistério do que somos no silêncio, na quietude. Nesses momentos de consciência sem objetivo, há um voltar para casa sem palavras, uma percepção do puro ser.

Explorando o espaço interno

Minha consciência de espaço interior ganhou vida quando levei meu filho, Narayan, para ver um filme IMAX chamado *Cosmic Voyage* ("Viagem Cósmica"). Nós fomos catapultados para o espaço, primeiro através do nosso sistema solar e da Via Láctea, e então em etapas até as bordas externas do universo observável.

Para ter uma noção de escala, a luz de Andrômeda, a galáxia mais próxima da nossa, leva 2,4 milhões de anos para nos atingir. Quando a vemos, a luz esteve correndo em nossa direção a aproximadamente 300.000 km/s por 2,4 milhões de anos. E, além da nossa vizinhança galáctica, estima-se que haja 80 bilhões de outras galáxias, inimaginavelmente distantes.

Depois disso, o filme nos trouxe de volta à Terra e, através de uma gota de água, o *zoom* cósmico foi revertido. Descemos por domínios cada vez menores até a menor partícula conhecida, um quark.

Nós sabemos que o espaço sideral é vasto e, em sua maior parte, vazio, mas, em geral, consideramos o mundo familiar como algo mais sólido. Ainda assim, os átomos que compõem o nosso corpo são na verdade 99,99% espaço vazio. A distância entre os átomos e a distância dentro dos átomos, comparadas com a sua massa, nos tornam tão espaçosos internamente quanto o universo em que vivemos.

Fiquei impressionada pela realidade de que o espaço interior é uma versão microcósmica do espaço sideral. Desde então, descobri que ficar atenta ao corpo, e então intencionalmente sentir o espaço interno, colapsa as nossas orientações habituais. Eu e o outro, aqui e lá, agora e depois, tudo fica para trás. O mesmo acontece com dentro e fora. Quando sentimos o alcance infinito do universo e a profundeza infinita dentro de nós, nos sentimos nos dissolvendo no espaço contínuo desperto — em uma vasta consciência sem divisões.

O passo para trás

Descobri que ajuda pensar na existência — todo o jogo de sons, pensamentos, corpos e árvores — como o primeiro plano da vida, e na consciência como o segundo plano. Na tradição zen, a mudança de focar no primeiro plano da experiência para repousar no puro ser é chamada de "passo para trás". Sempre que damos um passo para fora dos pensamentos e nos lembramos da presença que está aqui, estamos dando o passo para trás. Se acordamos de uma história limitante de quem somos e nos reconectamos com a nossa consciência essencial, estamos dando o passo para trás. Quando a nossa atenção muda de uma fixação estreita em qualquer objeto — som, sensação, pensamento — e reconhece o espaço desperto que contém tudo, estamos dando o passo para trás. Nós chegamos a esta compreensão quando não existe nenhum outro lugar para pisar. Nada. Relaxamos de volta na imensidão e no silêncio da consciência em si.

Você pode parar por um momento e receber esse mundo vivo. Deixe os seus sentidos estarem despertos e completamente abertos, assimilando tudo uniformemente, permitindo que a vida apenas seja o que é. Quando você notar os sons e sensações mudando, também note a corrente subjacente de consciência — *esteja consciente da sua própria presença*. Permita que a experiência da vida continue se desdobrando em primeiro plano enquanto você sente esta quietude interior alerta em segundo plano. Você consegue sentir como as experiências continuam a acontecer através de você, sem de forma alguma capturarem ou confinarem a consciência inerentemente espaçosa? Você é o céu com o pássaro voando. Um breve ensinamento tibetano evoca essa presença ilimitada:

> *Completamente acordado, sentidos totalmente abertos*
> *Completamente aberto, a consciência não fixada.*

As três qualidades da consciência desperta

Quando Siddhartha Gautama se sentou embaixo da árvore bodhi, estava determinado a compreender a sua verdadeira natureza. Siddhartha tinha um profundo interesse pela verdade. As perguntas "Quem eu sou?" e "O que é a realidade?" o impeliram a olhar profundamente para dentro e fazer brilhar uma luz na sua própria consciência.

Como uma história zen nos lembra, esse tipo de investigação não é uma exploração analítica ou teórica. Um dia, um noviço pergunta ao abade do monastério, "O que acontece depois que nós morremos?" O venerável velho monge responde, "Eu não sei." Desapontado, o noviço diz, "Mas eu pensei que o senhor fosse um monge zen." "Eu sou, mas não um monge morto!" As perguntas mais poderosas direcionam a nossa atenção a este exato momento.

Para praticar a autoinvestigação, aquietamos a mente e perguntamos "Quem eu sou?" ou "Quem está consciente neste instante?" ou "Quem está ouvindo?" Então, olhamos gentilmente de volta para a consciência para ver o que é verdade. Em última análise, descobrimos que não há forma de a mente responder a essas perguntas — não há uma coisa para realmente ver ou sentir. A questão é simplesmente olhar, e então soltar no nada que está aqui. A pergunta "Quem eu sou?" tem o objetivo de dissolver a sensação de alguém que procura.

Mas isso não é o que acontece imediatamente. Primeiro encontramos todos os tipos de coisas que pensamos que somos, todos os padrões de emoções e pensamentos, nossas memórias, as histórias de quem achamos que somos. Nossa atenção fica se fixando em elementos do primeiro plano. Talvez tenhamos entrado em contato com um sentimento. Mas continuamos investigando. "Quem está sentindo isso?" perguntamos, ou "Quem está consciente disso?" E, quanto mais perguntamos, menos descobrimos onde pousar. Eventualmente a pergunta nos traz ao silêncio — não há mais passos atrás. Não podemos responder.

A descoberta do nada, de acordo com ensinamentos do budismo tibetano, é o "ver supremo". Ela revela *a primeira qualidade básica da consciência: o vazio ou a abertura*. A consciência está desprovida de qualquer forma, de qualquer centro ou fronteira, de qualquer proprietário ou eu inerente, de qualquer solidez.

Ainda assim, a nossa investigação também revela que, embora vazia de "qualquer coisa", a consciência tem vivacidade — uma luminosidade de saber contínuo. Rumi coloca desta forma: "Você está olhando para a luz com os próprios olhos eternos dela." Sons, formas e cores, assim como sensações, são espontaneamente reconhecidos. Todo o rio de experiência é recebido e conhecido pela consciência. *Essa é a segunda qualidade básica da consciência: a qualidade de estar desperta ou sabedoria.*

Se soltarmos e repousarmos nessa abertura desperta, descobrimos como a consciência está relacionada à forma: quando qualquer coisa vem à mente — uma pessoa, situação, emoção —, a resposta espontânea é calor ou ternura. Essa é *a terceira qualidade da consciência: a expressão de amor incondicional ou compaixão*. Os budistas tibetanos chamam isso de capacidade não confinada da consciência, e ela inclui a alegria, a apreciação e muitas outras qualidades do coração.

Quando o Siddhartha olhou dentro da sua própria mente, ele percebeu a beleza e a bondade da sua natureza essencial e ficou livre. As três qualidades fundamentais do nosso ser — abertura/vazio, vivacidade e amor — estão sempre aqui. Muito do caminho do refúgio verdadeiro é nos familiarizarmos com elas e vivermos a partir delas. Aos poucos, percebemos que essa consciência desperta e terna é mais verdadeiramente o que somos do que qualquer história que estejamos contando sobre nós mesmos. *Ao invés de um ser humano em um caminho espiritual, somos um espírito se descobrindo através de uma encarnação humana.* Quando começamos a entender e confiar nisso, a nossa vida se enche de graça cada vez mais.

Tornando-se uma criança maravilhada

Uma das reflexões que eu mais amo é retirada de um ensinamento budista tibetano que oferece um lindo reconforto. Ele nos diz que o refúgio da consciência é:

> *Mais próximo do que podemos imaginar.*
> *Mais profundo do que podemos imaginar.*
> *Mais fácil do que podemos imaginar.*
> *Mais maravilhoso do que podemos imaginar.*

Mais próximo do que podemos imaginar.
E se hoje, agora mesmo, for tudo o que você tem? Você consegue se permitir chegar ao centro do agora e experimentar a quietude interna alerta dentro de você? Você consegue sentir a consciência que está olhando através dos seus olhos, ouvindo sons, percebendo a sensação? Como é reconhecer que a consciência está mais próxima do que você pode imaginar?

Mais profundo do que podemos imaginar.
Questione-se, "Eu estou sonhando?" e olhe para ver se a sua mente está ocupada com uma história de realidade que está encobrindo o mistério. O que acontece se você parar por apenas um momento, der um passo para fora dos seus pensamentos e sentir o espaço entre eles e em volta deles? Você consegue se deixar repousar no espaço de não-saber? Consegue sentir a profundidade e a vivacidade sem medida do espaço interior? Como é reconhecer que a consciência é mais profunda do que você consegue imaginar?

Mais fácil do que podemos imaginar.

O poeta sufi Hafiz diz que nós somos diferentes dos santos porque ainda pensamos que temos "mil movimentos sérios." Mas, assim como caímos no sono e nos perdemos no fazer, podemos acordar. Convide a si mesmo para ficar à vontade, para desistir de qualquer plano ou qualquer tentativa de controle. Relaxe o seu corpo e a sua mente e permita que tudo aconteça — sons, sensações, sentimentos. Explore o que significa cair de volta na presença, descansar verdadeiramente na presença. Você consegue sentir a abertura alerta que já está e sempre esteve aqui? Como é perceber que voltar para casa na consciência é mais fácil do que você imagina?

Mais maravilhoso do que podemos imaginar.

A consciência experimenta a sua própria essência através da sensibilidade do nosso corpo, coração e mente. Você consegue sentir que agora mesmo a consciência está percebendo o próprio dinamismo, vivacidade e criatividade no seu corpo? Você pode sentir que ela está acordando para a própria vastidão e luminosidade por meio da sua mente? Como é perceber que viver com esse corpo, mente e coração despertos é mais maravilhoso do que você pode imaginar?

Quando entendemos que essa consciência misteriosa está criando e brilhando em tudo, incluindo nós mesmos, nos tornamos uma "criança maravilhada." Permanecemos inteiramente envolvidos na vida. Nós nos entregamos ao trabalho e à diversão, à criatividade e à paixão, à nossa família e aos amigos. Sentimos emoções, prazer e dor. E, ao longo de tudo isso, nos lembramos da nossa natureza atemporal. Isso permite que andemos pelo mundo com receptividade, reverência e amor incondicional.

Até alguns anos atrás, ser uma "criança maravilhada" era uma linda ideia, algo que eu aspirava, mas não tinha vivido de forma contínua. Então, no meio da minha doença alguma coisa mudou, trazendo ar fresco para a minha vida. No breve capítulo final que segue, vou tentar compartilhar essa experiência de refúgio verdadeiro.

REFLEXÃO GUIADA: EXPLORANDO O ESPAÇO INTERNO

Conforme percorremos a vida, precisamos de uma atenção flexível, que seja capaz de um foco estreito em objetos ou experiências (como imagens, sensações ou sons), assim como de um foco aberto que perceba a presença do espaço. Aprender a prestar atenção ao espaço interno cultiva essa flexibilidade: nos familiarizamos com a base sem forma e impessoal de toda a experiência. Mesmo quando a lente se estreita, estamos menos inclinados a nos fixar e reagir nos agarrando ou resistindo.

Como a maioria das pessoas acha menos efetivo seguir uma meditação escrita, a versão completa de áudio desta meditação pode ser encontrada no meu *website* (em inglês). Para ter uma amostra simples você pode ler as perguntas abaixo, e, depois de cada uma, feche os olhos e reflita por aproximadamente quinze segundos. Observe o que quer que surja espontaneamente. Não há necessidade de fazer esforço — simplesmente seja receptivo à sua experiência.

Você consegue imaginar o espaço entre os seus olhos?
Você consegue imaginar o espaço entre as suas orelhas?
Você consegue imaginar que a região entre a sua testa e a parte de trás do seu crânio está cheia de espaço?
Você consegue imaginar que as suas mãos estão cheias de espaço?
Você consegue imaginar que o seu peito está cheio de espaço?
Você consegue imaginar que a sua barriga está cheia de espaço?
Você consegue imaginar que seu corpo inteiro está cheio de espaço?
Você consegue imaginar que o espaço dentro do seu corpo, e o espaço que se estende para fora infinitamente, é contínuo?
Você consegue imaginar que este espaço contínuo está alerta — cheio de consciência?

Você consegue imaginar repousar neste espaço alerta e contínuo?

REFLEXÃO GUIADA: QUEM SOU EU?

A pergunta fundamental na maioria das tradições espirituais é "Quem sou eu?" A prática formal de autoinvestigação é uma forma poderosa de relaxar e aquietar a mente. Você pode praticar "Uma Pausa para a Presença" (página 34) ou "Explorando o Espaço Interno" (na página 199). Embora pensamentos e emoções continuem a surgir naturalmente durante essa meditação, é melhor iniciá-la quando as emoções não estiverem intensas.

Se você quiser tentar praticar com os olhos abertos, tente encontrar um lugar onde você possa olhar diretamente para o céu aberto ou para uma vista que não o distraia facilmente. Também é bom olhar por uma janela, para uma parede vazia ou para o espaço aberto de um cômodo.

Sente-se confortavelmente de forma que você fique alerta e relaxado. Se os seus olhos estiverem abertos, repouse o olhar em um ponto levemente acima da sua linha de visão. Suavize os olhos de forma que o olhar não esteja focado e que você também esteja recebendo imagens da área periférica da sua visão. Relaxe a região ao redor dos seus olhos e deixe a testa ficar lisa.

Olhando para o céu, ou imaginando um céu claro e azul, deixe a sua consciência se misturar com aquele espaço sem limites. Permita que a sua mente fique completamente aberta — relaxada e espaçosa. Tire alguns momentos para ouvir os sons, observando que eles estão acontecendo por conta própria. Repouse na consciência que inclui mesmo os sons mais distantes.

Da mesma forma que os sons estão aparecendo e desaparecendo, permita que as sensações e emoções surjam e se dissolvam. Deixe a sua respiração passar facilmente, como uma brisa gentil. Esteja consciente dos pensamentos flutuando como nuvens que passam.

Repouse em uma consciência aberta e não distraída, e, com uma atenção receptiva, note a exibição de sons, sensações, sentimentos e pensamentos se modificando.

Conforme a mente repousa nessa atenção que ouve, investigue "Quem está consciente neste instante?" ou "Quem está ouvindo?" Você pode também perguntar "O que está consciente neste instante?" ou "O que está ouvindo?" Olhe de volta para a consciência com interesse e um toque leve — apenas dando uma olhada para ver o que é verdade.

O que você observa? Há um "algo" ou "eu" que você percebe que esteja estático, sólido ou contínuo? Há uma entidade que existe separada das correntes de sentimentos, sensações ou pensamentos que mudam? O que você realmente vê quando olha para a consciência? Há algum limite ou centro para a sua experiência? Você está consciente de estar consciente?

Depois de olhar de volta para a consciência, solte e relaxe completamente no mar de vivacidade. Solte e deixe estar, permitindo que a vida se desdobre naturalmente na consciência. Repouse no não fazer, na consciência sem distração.

Continue a repousar na consciência até que a mente novamente foque em um som, em uma sensação ou em alguma outra experiência. Quando você perceber que a sua mente se fixou em um pensamento particular — em um julgamento ou comentário mental, uma imagem ou história —, gentilmente olhe para a consciência para reconhecer a fonte do pensamento. Investigue: "Quem está pensando?" Ou você pode perguntar: "O que está pensando?" ou "Quem está consciente neste instante?" Olhe de volta para a consciência com um toque leve, simplesmente dando uma olhada para ver quem está pensando.

Então, solte e relaxe completamente no que quer que você veja.

Solte e deixe estar, permitindo que a vida se desdobre naturalmente na consciência. Repouse em não fazer, na consciência não distraída. Cada vez que liberar o aperto dos pensamentos, certifique-se de relaxar completamente. Descubra a liberdade do relaxamento desperto, de deixar a vida ser como é. Olhe e veja, solte e seja livre.

Se sensações ou emoções chamarem a sua atenção, olhe de volta para a consciência da mesma forma, perguntando quem está se sentindo com calor, cansado ou com medo. Entretanto, se essas sensações ou emoções forem de alguma forma fortes ou atraentes, em vez de se voltar para a consciência, traga uma atenção acolhedora e gentil diretamente para a experiência. Você pode sentir o aperto do medo, por exemplo, e usar a respiração para se reconectar com a abertura e a ternura (veja as instruções para tonglen na página 199). Quando você for capaz de se relacionar com a sua experiência com equanimidade e compaixão outra vez, retome a prática de repousar na consciência e na investigação.

Se, a qualquer momento, você notar que a mente ficou distraída, reabra a sua atenção para os sentidos — ouça os sons, sinta as sensações. Então, conforme você se estabiliza na presença atenta, continue a investigar a consciência que está por trás de toda experiência.

Se escolher, você pode construir uma prática similar à investigação ativa: diga ou pense "Eu sou" e não adicione nada. Esteja atento ao silêncio e à quietude que seguem as palavras. Sinta a sua presença, o seu ser puro e descontraído. Solte e seja aquela presença.

É importante praticar a autoinvestigação de forma fácil e sem esforço, sem contrair a mente para fazer certo. Para evitar gerar estresse, é melhor limitar a prática a intervalos de cinco a dez minutos. Você pode fazer períodos curtos de prática formal inúmeras vezes por dia.

Como prática informal, tire alguns momentos, sempre que lembrar, para olhar para a consciência e ver o que é verdadeiro. Então, solte e deixe estar. Em tempo, o transe de um eu separado vai se tornar cada vez mais aparente, e você vai começar a perceber o resplendor vazio da consciência que é o seu verdadeiro lar.

Reflexão guiada: dando o passo para trás

Nossa consciência natural se revela quando paramos de lutar para controlar ou manipular a nossa atenção. Essa meditação oferece um aparente paradoxo: nós intencionalmente soltamos qualquer fazer proposital. Embora isso seja em si mesmo um tipo sutil de fazer, com a prática continuada, o soltar começa a ocorrer espontaneamente sempre que reconhecemos a tensão de controlar.

Antes de começar, você pode praticar "Explorando o Espaço Interno" (página 323), ou alguma outra meditação que ajude você a se acalmar, aquietar a mente e relaxar.

Encontre uma postura que seja ereta e confortável e se aquiete. Se possível, solte qualquer busca, qualquer luta, qualquer objetivo. Agora se permita entrar no estado receptivo de ouvir. Ouça em todas as direções, perto e longe, sem se fixar em nenhum som em particular, assimilando tudo de forma uniforme. Explore ouvir não apenas com os seus ouvidos, mas com a sua consciência plena — ouvir sons, sensações, respiração.

Neste estado receptivo, deixe a vida ser exatamente como ela é. Verifique o seu corpo e, se encontrar tensão, reconheça isso como um sinal de resistência e solte. Simplesmente note a tensão e permita que ela seja como é. Se houver inquietação, permita que ela seja como é.

A consciência é fluida; ela reconhece experiências diferentes sem controlar ou resistir. Imagine-se como um passageiro em um carro, consciente da experiência conforme ela surge e passa, como a paisagem fora da sua janela. Você não está no controle. Você não tem nenhuma ideia do que deve acontecer, ou de onde você está indo. Você está apenas notando e permitindo. Você está sendo a consciência.

Se pensamentos surgirem, simplesmente note "Isso é só um pensamento." Solte, retorne para o agora, para a presença. Se você descobrir a mente tentando interpretar ou dirigir a meditação, solte. Às vezes, sussurrar mentalmente "solte" pode ajudar a mente a liberar o que ela está segurando. Quando você soltar um pensamento, tire alguns momentos para notar a diferença entre qualquer pensamento e a vivacidade e o mistério do aqui e agora.

Você pode descobrir que soltou os pensamentos e está focando nos sons, sentimentos ou sensações no primeiro plano da sua experiência. Explore o que acontece quando você solta mais uma vez, e sente o segundo plano da experiência, sua própria presença. Você não pode ver, ouvir ou localizar essa presença, ainda assim pode relaxar nesta dimensão sem forma do ser.

Quando você dá o passo para trás e se rende à presença, uma espacialidade silenciosa entra na consciência. O silêncio está ouvindo os sons, os pensamentos. Uma enorme calma recebe a experiência da vivacidade. Tudo está acontecendo na abertura desperta. Simplesmente repouse nesse espaço aberto, continuando a permitir que sons e sentimentos da vida fluam.

À medida que a sua prática de meditação se aprofunda, é valioso passar pelo menos parte do seu tempo de prática soltando todo o controle, relaxando e repousando numa consciência aberta e permissiva.

15 . Um coração que está pronto para tudo

Há um lugar no coração onde tudo se encontra.
Vá lá se quiser me encontrar.
Mente, sentidos, alma, eternidade, tudo está lá.
Você está lá?
Entre no vaso de imensidão que é o coração.
Ofereça-se com abandono total...
Uma vez que você souber o caminho, a natureza da atenção vai te
chamar para retornar, muitas vezes, e ficar saturado de saber,
"Eu pertenço a este lugar, estou em casa aqui."
SUTRAS RADIANTES, TRADUZIDO POR LORIN ROCHE *(para*
o inglês)

O meu professor nos conduzia no retiro: "Enviem *chi* para os lugares onde sentem dor." Visualizei correntes fluidas de luz banhando os meus joelhos doloridos. Ele continuou: "Imagine como essas suas partes seriam se elas fossem totalmente vigorosas e fortes, fluindo energeticamente com o resto do seu corpo."

Aquela não era uma prática budista. Eu estava fazendo um retiro de dez dias de cura *qigong*, baseado em um sistema chinês de meditação parada e em movimento. Na essência do *qigong* está o entendimento de que este mundo é feito de *chi*, um campo invisível de energia, a expressão dinâmica da consciência pura.

Por muitos anos eu tinha ouvido que o *qigong* era uma meditação ideal para a cura física. Quando experimentei as práticas pela primeira vez, descobri que elas me ajudavam a me sentir mais incorporada e energeticamente sintonizada. Então, depois que a minha saúde piorou, decidi explorar o *qigong* mais profundamente. Mas, no terceiro dia de retiro, me deparei com muitas dúvidas. Algumas das instruções pareciam distintamente "não-budistas"! Eu estava tentando manipular a minha experiência e criar um corpo feliz e saudável. O que aconteceu com soltar o controle e aceitar a vida como ela é? Será que todo esse direcionamento de energia e visualização não me tornaria apenas mais apegada a ser saudável? Dada a realidade da minha doença, essa parecia ser uma proposição perdedora.

Ainda assim, eu tinha pago a minha taxa de participação e continuei a seguir as instruções dos mestres. Na manhã seguinte, acordei antes do amanhecer e fiz a prática sozinha — me conectando ao oceano de *chi*, trazendo atenção e energia para várias partes do meu corpo. Depois de mais ou menos meia hora, saí e comecei a caminhar por um caminho sinuoso no interior do norte da Califórnia. Cada passo machucava. Meus joelhos doíam e sentia uma pontada em um dos lados do meu quadril.

"E agora?" murmurei sombriamente. "Supõe-se que eu deva enviar mais *chi* para o meu corpo?"

Então parei — o ressentimento com o meu corpo chamou a minha atenção. Quando olhei mais de perto, o ressentimento rapidamente deu lugar a uma tristeza familiar. Por que eu não podia apenas andar nessa terra sem sentir dor? Lágrimas começaram a cair à medida que eu entrava em contato com a enormidade da minha frustração e da minha aflição. "Eu quero me sentir viva. Eu quero me sentir viva. Por favor. Por favor. Que eu possa me sentir plenamente viva." Dar nome a isso me abriu para o que estava por trás da minha aflição. "Eu amo a vida." Embutido na tristeza, como sempre, estava o amor. Uma voz dentro de mim repetia as palavras sem parar, à medida que uma ternura delicada e vibrante enchia o meu coração.

Permissão para amar a vida

Eu andara contendo esse amor, resistindo a me envolver completamente com a vida. Era uma reação a me sentir traída pelo meu corpo, uma defesa contra uma perda maior. Mas, no meu medo de estar apegada à saúde, eu não tinha me permitido sentir a verdade — eu amo a vida. O *qigong* não tinha a ver com sentir apego, mas sim com abraçar plenamente a vivacidade. Naquele momento, decidi parar de conter o meu amor.

Quando permiti que o sentimento de "eu amo a vida" fosse tão pleno quanto ele queria ser, o "eu" caiu. O que sobrou foi um coração aberto e radiante — tão amplo quanto o mundo. Essa presença terna amava tudo: as faixas suaves de rosas e cinzas no céu, o cheiro dos eucaliptos, as águias lá no alto, os pássaros cantando. Amava aquela mulher que estava parada em silêncio a uns cem metros de distância, também olhando para as cores do amanhecer. Amava as sensações dolorosas e prazerosas mutáveis nesse corpo. Agora, enviar *chi* para os meus joelhos fazia sentido intuitivamente. Era a resposta natural e carinhosa da consciência para a sua criação. "Eu" não estava amando a vida — a consciência estava amando a vida.

Essa experiência me levou a ver e liberar uma crença limitante inconsciente que eu mantive por algum tempo — uma crença de que o domínio da consciência sem forma era mais espiritual e valioso do que as formas vivas deste mundo. Esse preconceito contra o mundo vivo pode ser encontrado em várias tradições religiosas. Ele emerge em algumas interpretações dos ensinamentos do Buda como uma insistência em nos guiar contra os prazeres dos sentidos — beleza, fazer amor, música, diversão. Ele emerge no status superior de monges em relação a monjas, em valorizar a vida monástica em relação à família e à vida leiga, e em avisos contra apegos nos relacionamentos pessoais próximos. Agora acredito que esse preconceito vem do medo e da desconfiança da própria vida. Para mim, reconhecer isso na minha própria psique foi um presente.

Nós não precisamos transcender o mundo real para perceber a nossa verdadeira natureza e para viver em liberdade. Nós somos a vivacidade e somos a presença sem forma que é a sua fonte; nós somos o vazio corporificado. Quanto mais amamos o mundo da forma, mais descobrimos uma presença não dividida, vazia de qualquer sentido de um eu ou de um outro. E, quanto mais percebemos o espaço aberto e sem forma da consciência, mais incondicionalmente amamos as formas mutáveis da criação. O refúgio na consciência e o refúgio na vivacidade (a verdade do momento presente) são, em última análise, inseparáveis. Para mim, os três refúgios se tornam um quando sinto que eu sou a consciência, amando a sua expressão como vivacidade.

O Sutra do Coração dos textos budistas Mahayana nos dizem: "Forma é vazio, vazio é forma. Vazio nada mais é do que a forma, forma nada mais é do que o vazio." Não podemos separar o oceano das ondas. Nosso caminho é perceber a qualidade vasta de oceano do nosso ser e apreciar as ondas que aparecem na superfície.

Feliz sem motivo

Durante os dias finais do retiro, a minha disposição de amar a vida se desdobrou em uma felicidade muito profunda e estável. A felicidade não era dependente das coisas serem de uma determinada forma — meus humores e meu conforto físico tinham altos e baixos. Eu estava feliz sem motivo. Essa felicidade não condicionada — ou bem-estar — é um sabor de despertar. Ela surge quando confiamos na nossa essência como consciência e sabemos que todo esse mundo vivo é parte do nosso coração. Estar feliz sem motivo me deu um tipo de confiança ou fé em que, independentemente do que acontecesse, tudo estaria bem.

Voltei para casa e entrei em um delicioso ritual diário de meditação e *qigong*. Durante aquelas primeiras semanas eu ia até o rio e descia por entre pedras e arbustos até uma praia isolada. Encorajada pelos sons de água corrente, pela areia firme e pelo ar do início da manhã, eu praticava a presença em movimento e parada. Você pode provavelmente imaginar o que veio em seguida. Depois que machuquei o meu joelho na pequena descida até a praia, mudei a minha prática para o nosso deck. Alguns dos movimentos de braço distenderam o meu pescoço, e tive que minimizá-los. Depois disso, ficar de pé começou a distender as minhas pernas e eu comecei a praticar em uma cadeira. Então, choveu por uma semana seguida.

E, ainda assim, estava tudo realmente bem. Mais do que bem. Em uma daquelas manhãs molhadas, enquanto eu estava sentada, a minha mente ficou muito quieta. A minha atenção se abriu de uma forma gentil e inteira para o fluxo mutável da experiência — dor, ondas de cansaço, pensamentos efêmeros, sons de chuva. Continuando a prestar atenção, senti a sutil sensação de vivacidade (energia *chi*) que permeava todo o meu corpo. Essa vivacidade não era sólida, era espaçosa, uma dança de luz. Quanto mais eu me abria para essa vivacidade, mais eu podia sentir uma quietude interna alerta, o espaço interior de fundo do puro ser. E, quanto mais eu repousava naquela quietude, mais o mundo se tornava intensamente vivo.

Depois de mais ou menos 30 minutos, abri os meus olhos e olhei para a samambaia exuberante que está pendurada no nosso quarto, para a sua delicadeza e sua graça. Eu estava apaixonada pela samambaia, pela particularidade da sua forma (como o universo inventou as samambaias?) e pela vibração e pela luz do seu ser. Naquele momento, a samambaia era tão maravilhosa quanto qualquer cena gloriosa perto do rio. Eu era a consciência amando a minha criação. E eu estava feliz sem motivo. Eu não precisava que as coisas fossem do meu jeito. Eu estava grata pela capacidade de apreciar a vida, assim como ela é.

Quando conduzo meditações sobre dizer sim à vida às vezes, convido os alunos a sentir o quão fundo esse sim pode ir. Nós podemos decidir amar a vida. Podemos conscientemente ter a intenção de amar sem retenção. Embora continuemos a nos fechar, podemos sempre começar exatamente com o que estamos sentindo e trazer gentileza para a nossa resistência. Podemos dizer sim ou não. Conforme nós intencionalmente aprofundamos o nosso sim, descobrimos uma aceitação incondicional — uma consciência aberta e que permite — que nos liberta. Não estamos dependentes de a vida ser de uma determinada forma; a abertura da nossa própria presença faz surgir um contentamento profundo. Nosso hábito é pensar que há uma causa particular para a nossa felicidade — o verde novo do início da primavera, o som do riso de uma criança ou as sensações de brincar nas ondas do oceano. Mas o que realmente nos permite ser felizes é o espaço de fundo da presença silenciosa, que permite. Cada vez que encontramos a vivacidade com presença, a presença se intensifica, e a consciência sente a si mesma. O verde vivo nos desperta para esse espaço interior de presença, assim como o riso ou o brilho e o borrifo da água. Estamos habitando a nossa plenitude e felizes sendo quem somos.

Da próxima vez que você estiver consciente do bem-estar — de se sentir feliz ou em paz —, veja se você consegue sentir o espaço de presença que deu lugar à experiência. Como o filósofo Friedrich Nietzsche escreveu,

> *Para a felicidade, quão pouco basta para a felicidade!... O mínimo, precisamente, a coisa gentil, a mais leve, um lagarto sussurrando, uma respiração, uma sacudida, um olhar...*

A DANÇA DO VAZIO

Esse mundo de forma é a consciência vazia na sua exibição dinâmica. Árvores, vermes, prédios, computadores, foguetes, seres humanos. Formas não têm um ser inerente permanente. Como ondas surgindo do oceano, as formas são uma constelação temporária e estão inerentemente conectadas a todas as outras formas. Cada um de nós é a atividade da consciência — a dança do vazio.

Amo essa expressão zen porque ela reconhece a inseparatividade da falta de forma e da forma, do vazio da consciência e da sua expressão na vivacidade. Lembrar que todos os humores e ações surgem da consciência vazia — que eles não são propriedade de um eu — nos livra da reatividade. Isso nos torna mais responsáveis e hábeis a responder ao nosso clima interior. Quando nos tornamos cientes da consciência e despertos nos nossos sentidos, entramos no fluxo da vida e podemos responder ao que quer que aconteça com graça e cuidado.

Quando falo sobre o altruísmo e a liberdade da dança do vazio, os alunos muitas vezes se questionam se isso significa se afastar do crescimento pessoal e do trabalho. Será que isso é apenas outra forma de desvalorizar a vida que estamos vivendo aqui e agora? Se encontrarmos liberdade interior, ainda estaremos interessados em curar a nós mesmos e ao nosso mundo?

Se essa pergunta aparece, normalmente me lembro da Mari, que começou a vir às aulas de meditação quando percebeu que estava ficando esgotada. Por mais de uma década, a Mari trabalhou como captadora de recursos para um grande grupo de direitos humanos. Mas o ambiente político estava cada vez mais desagradável, facções rivais competiam pelo controle da organização, os doadores eram raros, e ela questionava a ética de alguns dos seus colegas. Mari tinha comunicado ao grupo que iria sair e não queria mais se envolver com política ou ativismo. Para ela, era um "basta!".

Pelos quatro anos seguintes, a Mari trabalhou em uma loja de artigos esportivos, frequentou aulas de meditação e retiros, e encontrou tempo para se reconectar com uma antiga paixão — observar pássaros. Depois de uma aula de meditação, ela me disse, "É durante aquelas caminhadas, durante as horas pela manhã cedo em que observo e ouço, que volto para casa para o silêncio, para a minha própria presença." Naquele silêncio atento, o caso de amor da Mari com os pássaros se aprofundou. "Eles não são algo fora de mim," ela me disse, "eles são parte da minha paisagem interior." Conforme foi ficando mais alarmada com a perda de habitat, Mari percebeu que a sua vida de ativista não tinha acabado.

Exploramos isso juntas numa sessão de aconselhamento e a Mari começou a confiar que dessa vez as coisas seriam diferentes. Ela concordou em captar recursos para um grupo ambientalista, sabendo que haveria egos conflitantes dentro dessa organização também. Ela iria inevitavelmente ter episódios de desencorajamento, mas a Mari tinha encontrado refúgio. Ela podia se reconectar com a consciência que faz surgir pássaros e árvores, egos e desencorajamento, o jogo completo da vida. Ela podia lembrar da sabedoria da dança do vazio e servir a este mundo imperfeito.

O mestre espiritual Adyashanti, que escreveu um livro chamado *A Dança do Vazio*, sugere que, à medida que vivenciamos o nosso dia, nos perguntemos: "Como o vazio ou a consciência está experimentando isso (comer, andar na rua, tomar banho, conversar)?" Também gosto de me perguntar, "Como esse coração vazio desperto está experimentando o que está acontecendo?" É esclarecedor dar um passo para fora da nossa história de um eu e receber sensações, sentimentos e sons da perspectiva do coração e da consciência. Nós não nos opomos a nada, não resistimos nem avaliamos nada. A vida flui através de nós.

Quando presto atenção assim, eu não estou de forma alguma afastada da vida. Em vez disso, sem o autofoco eu me torno parte do fluxo de vivacidade. Assim como o rio sabe como fluir ao redor das pedras, eu posso responder intuitivamente ao desdobramento da vida. Sou mais espontânea no momento, mais naturalmente clara e carinhosa na minha resposta ao que está à minha volta. Tenho visto isso com outras pessoas também. Estejamos servindo ou saboreando, quando há uma consciência da dança do vazio, nos tornamos sinceros em relação a como vivemos. Isso é verdade mesmo diante da perda inevitável.

Alguns anos atrás, li uma história memorável sobre o violinista Itzhak Perlman. Perlman teve pólio quando era criança e, em cada uma das suas apresentações, ele entra lentamente com muletas, senta, solta o aparelho das suas pernas e então se prepara para tocar. Ele fez o mesmo de sempre em uma apresentação no Lincoln Center em Nova York. Nessa ocasião, entretanto, ele tinha tocado apenas algumas das primeiras notas quando uma das cordas no seu violino arrebentou. Todo o público pôde ouvir o estalo quando ela se rompeu. O que vai acontecer agora? Todos se perguntaram. Ele vai ter que colocar o aparelho, andar pelo palco, encontrar outro violino?

Ele sentou quieto, fechou os olhos e parou. Então ele sinalizou para o maestro começar de novo. Perlman entrou novamente no concerto, tocando com uma paixão, força e pureza inimagináveis. Talvez algumas das pessoas que assistiam possam tê-lo sentido modulando, mudando, reconfigurando a peça na sua cabeça, de tão profunda que foi a sua imersão ao criar. Quando ele terminou, houve um silêncio impressionado. Então veio a explosão de aplausos, à medida que as pessoas se levantavam e aplaudiam de todos os cantos da sala.

Perlman sorriu, secou o suor da sua testa, e levantou o seu arco para silenciar a multidão. Então ele falou, não com presunção, mas em um tom quieto, pensativo e reverente. "Vocês sabem, às vezes é tarefa do artista descobrir que música você ainda pode fazer com o que te sobrou."

Recentemente fiquei desapontada ao descobrir que essa história foi posta em dúvida. Mas a mensagem continua comigo. Nós colocamos peso nas nossas vidas com lembranças de como costumávamos ser e medos do que ainda temos a perder. Mas, quando nos rendemos ao momento presente, nós, como o Perlman, nos tornamos a dança do vazio — uma parte do fluxo criativo. Respondemos com um coração terno à dor e à beleza do nosso mundo. Fazemos música com o que nos sobrou.

Um coração que está pronto para qualquer coisa

Quando o Buda estava morrendo, ele deu uma mensagem final para o seu amado assistente Ananda e para as gerações por vir: "*Seja uma luz para si mesmo. Não se entregue a refúgios externos.*"

O que ele queria dizer? Nosso refúgio derradeiro não é outro além do nosso próprio ser. Há uma luz de consciência que brilha em cada um de nós e nos guia para casa. Nós nunca estamos separados dessa consciência luminosa, não mais do que as ondas estão separadas do oceano. Mesmo quando nos sentimos mais envergonhados ou solitários, reativos ou confusos, nunca estamos realmente separados do estado desperto do nosso coração-mente.

Este é um ensinamento poderoso e lindo. Todos nós seres humanos comuns temos essa vivacidade essencial; essa consciência amorosa e aberta é a nossa natureza mais profunda. Nós não precisamos chegar a algum lugar ou mudar a nós mesmos — nosso refúgio verdadeiro é o que somos. Confiar nisso nos abre para as bênçãos da liberdade.

O monge budista Sayadaw U Pandita descreve essas bênçãos de uma forma maravilhosa: *um coração que está pronto para qualquer coisa*. Quando confiamos que somos o oceano, não temos medo das ondas. Temos confiança de que o que quer que surja é algo com o que podemos lidar. Não precisamos perder a nossa vida nos preparando. Não precisamos nos defender contra o que virá a seguir. Somos livres para viver plenamente o que está aqui e para responder com sabedoria.

Você pode se perguntar: "Será que eu consigo imaginar como seria, neste momento, ter um coração que está pronto para qualquer coisa?"

Se os nossos corações estão prontos para qualquer coisa, podemos nos abrir para as nossas perdas inevitáveis e para as profundezas da nossa tristeza. Podemos sofrer pelos nossos amores perdidos, nossa juventude perdida, nossa saúde perdida, nossas capacidades perdidas. Isso é parte da humanidade, parte da expressão do nosso amor pela vida. Quando trazemos uma presença corajosa para a verdade da perda, permanecemos disponíveis para as formas incomensuráveis em que o amor brota na nossa vida.

Se os nossos corações estiverem prontos para qualquer coisa, nós vamos espontaneamente estender as mãos quando os outros estiverem sofrendo. Viver de forma ética pode nos sintonizar com a dor e a necessidades dos outros, mas, quando os nossos corações estão abertos e despertos, nos importamos instintivamente. Este se importar é incondicional — ele se estende para fora e para dentro sempre que houver medo e sofrimento.

Se os nossos corações estão prontos para qualquer coisa, estamos livres para sermos nós mesmos. Há espaço para a característica selvagem dos nossos eus animais, para emoção e brincadeira. Há espaço para os nossos eus humanos, para intimidade e compreensão, criatividade e produtividade. Há espaço para o espírito, para a luz da consciência inundar os nossos momentos. Os tibetanos descrevem essa confiança em ser quem somos como "o rugido do leão."

Se os nossos corações estão prontos para qualquer coisa, somos tocados pela beleza, poesia e mistério que enchem o nosso mundo. Quando Munindra Ji, professor de meditação vipassana, foi questionado sobre por que ele praticava, sua resposta foi, "Para que eu veja as pequenas flores roxas ao lado da estrada quando ando até a cidade a cada dia." Nosso coração sem defesa pode se apaixonar pela vida repetidamente todos os dias. Nós nos tornamos crianças maravilhadas, gratos por estarmos andando na terra, gratos por pertencermos uns aos outros e a toda a criação. Encontramos refúgio verdadeiro em cada momento, em cada respiração. Somos felizes sem motivo.

Minha prece é que nós confiemos na beleza dos nossos corações e da nossa consciência. Dando as mãos, que possamos trazer a cura e a liberdade ao nosso mundo.

> *Que todos os seres percebam que a sua essência é a consciência amorosa.*
> *Que todos os seres vivam as suas vidas a partir desse coração desperto.*
> *Que todos os seres sejam felizes.*
> *Que todos os seres toquem uma imensa paz natural.*
> *Que haja paz na terra, paz em todos os lugares.*
> *Que todos os seres despertem e sejam livres.*

Reflexão guiada: prece de aspiração
O fundamental para o despertar espiritual é lembrar — estar em contato com o que é mais importante para o seu coração. Existem duas preces clássicas de aspiração na tradição budista que nos ajudam a lembrar.

- Que todas as circunstâncias que surjam na minha vida — as grandes dificuldades, a boa sorte e a alegria — sirvam para despertar o meu coração e a minha mente.

   Traga à mente o que quer que você esteja enfrentando agora mesmo na sua vida. Conforme aprofunda a sua atenção nessa situação, você consegue imaginar como isso poderia ajudar a invocar o seu amor e sabedoria naturais?

- Que esta vida traga benefícios a todos os seres

   Considere como a sua vida está intimamente entrelaçada com o mundo natural como um todo. Você pode sentir que, quando você se torna cada vez mais aberto e gentil, as ondas se estendem infinitamente em todas as direções?

Reflexão guiada: encontrando o refúgio verdadeiro

As três facetas do refúgio verdadeiro — consciência, verdade e amor — se tornam vivas quando dedicamos a nossa presença a elas. Essa simples reflexão vai lhe dar acesso crescente a ambos os refúgios primeiramente introduzidos no capítulo 4, o interno e o externo. Em última análise, é um convite para repousar o seu coração no que é verdadeiro, na pureza e no brilho da sua própria essência. Coloquei essa meditação no final desse livro, pois você agora já percorreu cada um dos portais. Tomados em conjunto, eles revelam o único sabor de liberdade inerente a todos os caminhos do despertar.

Você vai recitar mentalmente as três frases — eu tomo refúgio na consciência; eu tomo refúgio na verdade; eu tomo refúgio no amor — e, após cada uma, refletir sobre o que é vital e significativo sobre o refúgio particular. Em vez de consciência-verdade-amor, você pode usar as palavras em sânscrito Buda (ou natureza búdica)- -Darma-Sanga.

Na minha própria prática, uso a ordem clássica budista (vista anteriormente) para os refúgios. Sinta-se livre para adaptar essa reflexão — a sequência e a linguagem — para seja lá qual for a forma que mais faça sentido para você. Deixe essa prática ser um ritual novo e criativo, que alinhe a sua vida com o que mais importa.

Agora comece a primeira recitação, sussurrando mentalmente Eu tomo refúgio na consciência.

Ao oferecer essas palavras, você pode sentir uma ressonância com um ser humano ou figura espiritual que expresse as qualidades de consciência desperta — de luminosidade, abertura, amor. Você consegue imaginar a mesma presença iluminando o seu ser? Ou talvez seja mais natural sentir diretamente a presença desperta que vive dentro de você. Você pode simplesmente se perguntar, "A consciência está aqui?" Como é notar a presença da consciência? Como a sua mente experimenta o espaço da consciência? Seu corpo? Seu coração? O que acontece quando você se solta neste refúgio de consciência? O que acontece quando você repousa o seu coração no que é verdadeiro?

Agora comece a repetir mentalmente a frase "Eu tomo refúgio na verdade".

Quando oferecer essas palavras, tire um momento para recordar o que é preciso para você sobre o caminho espiritual — sobre a prática e os ensinamentos de meditação, sobre viver uma vida compassiva. Essa é a expressão exterior de um caminho de verdade. Com isso na sua consciência, abra-se sem resistência para o fluxo mutável da sua experiência momento-a-momento. Vindo para o centro do agora, esteja consciente dos sons, sentimentos e sensações que estão surgindo e passando. Qual é a experiência de se abrir para a vida, assim como ela é? O que acontece quando você se solta nesse refúgio de verdade? O que acontece quando você repousa o seu coração naquilo que é verdadeiro?

Agora volte-se para a frase "Eu tomo refúgio no amor".

Quando oferecer estas palavras, note o que elas significam para você. Você tem uma sensação de estimar e valorizar a sua família e amigos? Elas trazem um anseio por pertencer mais? Permita que um amigo ou pessoa amada em particular venha à mente e, conforme você sente a bondade e carinho dessa pessoa, note a resposta do seu coração. Há calor? Ternura? Abertura? Agora solte qualquer ideia de "outro" e se abra diretamente ao amor em si. Note o que acontece quando você relaxa e se deixa ser aquele amor. O que acontece quando você habita plenamente esse refúgio de amor? O que acontece quando você repousa o seu coração no que é verdadeiro?

Você pode "tomar refúgio" dessa forma como parte da sua prática regular de meditação, ou a qualquer momento. Se você se aproximar dessa prática a cada vez com vigor e curiosidade, ela vai continuar a revelar as profundezas do seu ser. Às vezes. você pode passar muitos minutos refletindo sobre cada refúgio, e, outras vezes, apenas um breve contato vai despertá-lo para uma presença aberta e terna.

Em nome da aurora
E das pálpebras da manhã
E da lua andarilha
E da noite quando ela parte,

Eu juro que não vou desonrar
Minha alma com ódio,
Mas me oferecer humildemente
Como um guardião da natureza,
Como um curandeiro da miséria,
Como um mensageiro do encantamento,
Como um arquiteto da paz.

Em nome do sol e seus espelhos...
E da noite extrema...
E das estações gloriosas
Do vagalume e da maçã,

Eu vou honrar toda a vida
— onde quer que seja e com que forma tenha
Ela pode morar – na Terra, minha casa
E nas mansões das estrelas.

-DIANE ACKERMAN,
"PRECE DA ESCOLA"

Recursos adicionais:

Para informações sobre a agenda de ensinamentos de Tara Brach, acesse o site www.tarabrach.com (em inglês).

Índice

MEDITAÇÕES GUIADAS

Meditação guiada: bondade amorosa — recebendo amor, 196

Meditação guiada: bondade amorosa — sendo gentil consigo mesmo, 47

Meditação guiada: bondade amorosa — vendo além da máscara, 274

Meditação guiada: estar aqui, 67

Meditação guiada: tonglen — despertando o coração da compaixão, 271

Meditação guiada: tonglen — uma presença de cura com o medo, 199

Meditação guiada: uma pausa para a presença, 34

Meditação guiada: um coração que perdoa os outros, 248

Meditação guiada: voltar, 65

REFLEXÕES GUIADAS

Reflexão guiada: dando o passo para trás, 327

Reflexão guiada: encontrando o refúgio verdadeiro, 340

Reflexão guiada: explorando o espaço interno, 323

Reflexão guiada: inventário de crenças, 170

Reflexão guiada: lembrando da coisa mais importante, 82

Reflexão guiada: meus top 10, 144

Reflexão guiada: o escaneamento do autoperdão, 222

Reflexão guiada: o sorriso do Buda, 126

Reflexão guiada: pegando crenças em movimento, 171

Reflexão guiada: prece de aspiração, 339

Reflexão guiada: quem sou eu?, 324

Reflexão guiada: terminando a guerra contra você mesmo, 223

Reflexão guiada: trazendo RAIN para a dor, 124

Reflexão guiada: trazendo RAIN para a obsessão, 147

Agradecimentos

Minha comunidade estendida foi uma fonte de refúgio preciosa nessa jornada de escrita:

Tive a grande sorte de ter Toni Burbank — editora por excelência e agora uma amiga querida — me fazendo companhia no desdobramento deste livro. Sua compreensão do coração e do brilho humano no ofício do escritor proporcionou uma edição e orientação inestimáveis ao longo de todo o processo.

Tive o privilégio de contar com o talento brilhante da Barbara Gates no planejamento inicial e no esboço dos primeiros capítulos e, depois, ainda no início, com o comentário astuto da Beth Rashbaum, minha primeira editora na Random House. Angela Polidoro, também da Random House, ofereceu sua atenção, clareza e cuidado excelentes para levar o *Refúgio Verdadeiro* à sua fruição.

Agradeço profundamente a minha agente, Anne Edelstein, pelo calor, entusiasmo e orientação sábia que fizeram dela uma aliada e amiga tão confiável e maravilhosa.

Fui abençoada com um círculo de pessoas queridas que revisaram o manuscrito, oferecendo incentivos que revigoraram o meu espírito e sugestões que ajudaram a simplificar e refinar a minha escrita. Muita gratidão a Jack Kornfield, Barbara Graham, Stephen Josephs, Darshan Brach e Nancy Brach.

Apoiando-me durante todo o processo, minha assistente, Janet Merrick, cuidou de cada ponta solta, desde fazer cópias até responder e-mails e solicitar permissões. Tenho imensa gratidão por seu serviço generoso e amoroso. Mais recentemente, Cindy Frei passou a integrar a equipe, trazendo sua energia extraordinária, seu brilho e know-how em mídia, marketing e produção de vídeo.

À minha sangha na região de Washington, D.C. e para além desta — colegas professores, alunos e amigos no caminho espiritual — meu profundo agradecimento por compartilhar suas histórias e seus corações, por me ensinar e por trazer sua sinceridade e dedicação às práticas de presença.

Uma intensa reverência de amor e gratidão aos meus professores, do passado e do presente. Esses bodisatvas me inspiraram com sua dedicação em perceber a verdade, incorporar o amor e trabalhar para o despertar de todos os seres.

Para Cheylah, Hakuna (agora falecida) e Dandy (também falecido) — que me levaram para passear, me aplaudiram com suas caudas abanando e me cobriram com afeto ilimitado — desejo a vocês infinitas carícias, guloseimas e brincadeiras, aqui e onde quer que estejam.

Sobre a autora

Tara Brach, Ph.D., é psicóloga clínica, conferencista e reconhecida professora de meditação budista da atenção plena (vipassana). Ela é a fundadora e professora sênior da Insight Meditation Community de Washington, D.C., e ensina meditação em centros nos Estados Unidos, incluindo o Spirit Rock, o Omega Institute, o Kripalu Center e o Smithsonian Institute.

A Dra. Brach ofereceu palestras e workshops para profissionais da área da saúde mental em inúmeras conferências profissionais. Estes, junto com mais de quinhentas palestras em áudio e noventa vídeos, abordam o valor da meditação para aliviar o sofrimento emocional e servir ao despertar espiritual.

A Dra. Brach é autora de *Radical Acceptance: Embracing Your Life with the Heart of a Buddha* (Aceitação Radical: abraçando a sua vida com o coração do Buda). Ela mora em Great Falls, no Estado da Virgínia, nos EUA, com seu marido, Jonathan, sua mãe, Nancy, e seus três cães.

Que muitos seres
sejam beneficiados.

Para mais informações sobre lançamentos da Lúcida Letra, cadastre-se em
www.lucidaletra.com.br

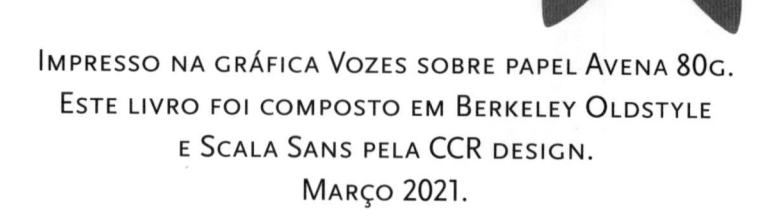

Impresso na gráfica Vozes sobre papel Avena 80g.
Este livro foi composto em Berkeley Oldstyle
e Scala Sans pela CCR design.
Março 2021.